劳动预备制教材
职业培训教材

# 常用工具软件应用

中国劳动社会保障出版社

**图书在版编目(CIP)数据**

常用工具软件应用/张洪喜，尚晓新主编. —北京：中国劳动社会保障出版社，2012
ISBN 978-7-5167-0014-3

Ⅰ.①常…　Ⅱ.①张… ②尚…　Ⅲ.①软件工具　Ⅳ.①TP311.56

中国版本图书馆CIP数据核字(2012)第245214号

中国劳动社会保障出版社出版发行
（北京市惠新东街1号　邮政编码：100029）
出版人：张梦欣
*
北京市艺辉印刷有限公司印刷装订　新华书店经销
787毫米×1092毫米　16开本　15.5印张　366千字
2012年10月第1版　2019年9月第7次印刷
**定价：28.00元**

读者服务部电话：(010)64929211/84209101/64921644
营销中心电话：(010)64962347
出版社网址：http://www.class.com.cn

# 前言

《中华人民共和国就业促进法》规定："国家采取措施建立健全劳动预备制度，县级以上地方人民政府对有就业要求的初高中毕业生实行一定期限的职业教育和培训，使其取得相应的职业资格或者掌握一定的职业技能。"

为进一步加强劳动预备制培训教材建设，满足各地实施劳动预备制对教材的需求，我们会同中国劳动社会保障出版社，对 2000 年出版的机械、电工、电子、计算机、汽车维修、餐饮服务、商业服务、服装制作、建筑类等劳动预备制培训的专业课教材组织有关人员进行修订改版，并新编了美容保健、数控加工、会计文秘类的专业课教材。

在组织修订、编写教材时，考虑到接受培训人员的实际水平，为了使学员在较短时间内掌握从业必备的基本知识和操作技能，我们力求做到学习的理论知识为掌握操作技能服务，操作技能实践课题与生产实际紧密结合，内容深入浅出、图文并茂，增强教材的实用性和可读性。同时，注意在教材中反映新知识、新技术、新工艺和新方法，努力提高教材的先进性。

为了在规定的期限内更好地完成劳动预备制培训，各专业按照公共基础课＋专业课的模式进行教学。公共基础必修课教材为《法律常识》《职业道德》《就业指导》《计算机应用》，选修课教材为《应用数学》《实用写作》《英语日常用语》《劳动保护知识》《实用物理》《交际礼仪》。专业课教材分为专业基础知识教材和专业技术（理论和实训一体化）教材，每个专业一般 2～3 本。

在这批教材的修订、编写过程中，编审人员克服各种困难，较好地完成了任务。在此，谨向付出辛勤劳动的编审人员表示衷心感谢。

由于编写时间有限，教材中可能有一些不足之处，我们将在教材使用过程中听取各方面的意见，适时进行修改，使其趋于完善。

**人力资源和社会保障部教材办公室**

# 简　介

本书介绍了目前最流行、最常用的各类工具软件，包括计算机硬件检测工具、系统增强与维护工具、文件管理工具、磁盘管理工具、上传与下载工具、电子书阅读与制作工具、网络聊天工具、多媒体播放软件、多媒体制作与处理工具、图形图像软件、动画及三维制作工具、光盘制作与应用软件等。在每个单元后还安排了一定的练习，便于学员进行训练。

本书由张洪喜、尚晓新、吴正杰、秦琳花、徐大伟、尚继超、郭亚静、王文丹、陈蕾蕾、周春成、王娜、李文明、石永海、常静编写，张洪喜、尚晓新主编，吴正杰、秦琳花为副主编；赵惠民主审。

# 目　录

# 单元 1　计算机硬件检测工具

硬件设备是计算机的基础，也是计算机系统中看得见、摸得着的部分，因此了解和熟悉计算机硬件，便成为人们系统地学习计算机知识的重要组成部分。在这一过程中，用户可通过硬件检测工具来了解硬件设备的各种信息，以此达到了解计算机硬件参数的目的。此外，还可借助硬件性能测试工具，客观地了解硬件的性能以及硬件参数与其实际工作能力之间的对应关系。

## 课题 1　认识硬件检测工具

**学习目标：**

1. 理解计算机硬件检测工具的工作原理。
2. 理解计算机性能测试工具的工作原理。

硬件检测工具是以查看硬件信息、测试硬件性能为目的的计算机软件。目前，主要在两种情况下使用硬件检测工具：一是查看硬件信息或了解其性能，二是辨别硬件真伪。

在购买计算机时，使用硬件检测工具辨别硬件真伪是防止商家以次充好的重要方法。对于部分硬件设备，使用硬件检测工具还可快速辨别其质量的优劣。

### 一、信息检测工具的工作原理

在生产过程中，硬件厂商会在硬件设备的特定位置加入特殊信息，其内容包括产品的型号、规格、工作参数等，以便系统能正常识别该硬件，并保证整个计算机的稳定运行。只需借助软件来读取这些特殊信息，便可了解到产品的型号、规格、工作参数等内容。

### 二、性能测试的工作原理

性能测试工具的工作原理是：为指定的硬件设备模拟一个应用环境，从而通过评判任务的实际完成情况与效率来为其打分，以便量化性能指标。或者通过记录计算机在完成某一特定任务时所花费的时间来了解部分硬件的性能。

如 Super PI 是一款通过计算圆周率的数值来测试 CPU 数值运算能力的工具，常用来测试系统的稳定性及性能。测试时，所计算圆周率的位数越多，所花费的时间就会越长。因此在计算相同位数的圆周率时，所花费的时间越少，表明 CPU 的计算能力越强。

## 课题 2　CPU 检测工具——CPU－Z

**学习目标：**

1. 了解 CPU－Z 软件的安装方法。

2. 掌握 CPU－Z 软件的使用方法。

CPU 是计算机最为重要的硬件之一，其性能在一定程度上决定了计算机性能和档次。目前，用于检测 CPU 最常用的工具是 CPU－Z。其特点是启动及检测速度都相当快，且支持的 CPU 种类也较为齐全。

**一、软件的安装**

**操作步骤：**

❶双击安装文件，进入“安装向导－CPUID CPU－Z”界面，如图 1—1 所示，单击“下一步”按钮。

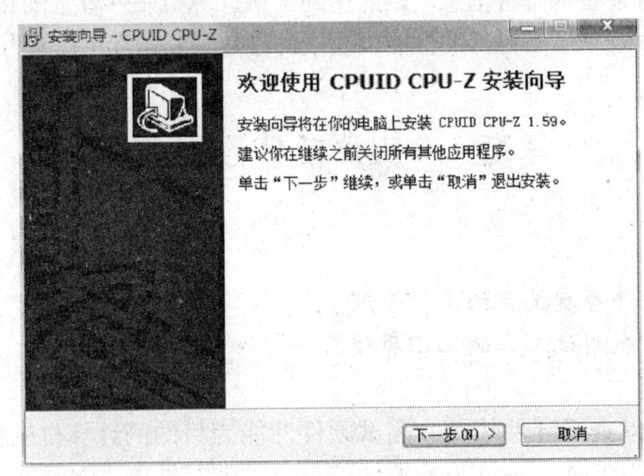


图 1—1 “安装向导－CPUID CPU－Z”界面

❷在弹出的“许可协议”界面中选择“我接受协议”单选按钮，单击“下一步”按钮。

❸在弹出的“选择目标位置”界面中直接单击“下一步”按钮，选择默认安装位置。

❹在弹出的“选择开始菜单文件夹”界面中直接单击“下一步”按钮，选择默认安装位置。

❺进入“完成 CPUID CPU－Z 安装”界面，单击“完成”按钮，完成该软件的全部安装工作。

**二、软件使用**

在启动 CPU－Z 的过程中，该软件会自动检测当前计算机的 CPU、内存、主板等方面的信息。在进入 CPU－Z 主界面后，程序首先显示 CPU 的名称、开发代号、封装及制造工艺、CPU 规格、支持的指令集和 CPU 时钟速率与缓存等基本信息。可通过单击不同的选项卡来显示检测到的相应信息。

**1. “处理器”选项卡**

在“处理器”选项卡中可以查看到检测出的处理器的名称、代号、插槽、工艺、核心电压、规格、系列、型号、步进、扩展系列、扩展型号、修订、指令集等信息，还可以查看到时钟（核心 ＃0）的核心速度、倍频、总线速度及前段总线等信息，在缓存方面还可以查看到一、二级的数据及指令等相关信息，如图 1—2 所示。

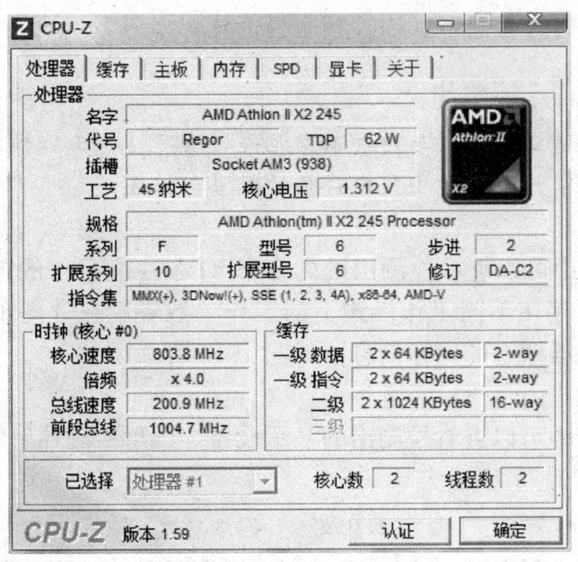

图 1—2 “处理器”选项卡

**2. “缓存”选项卡**

CPU 缓存是位于 CPU 与内存之间的临时存储器，其作用是加快 CPU 获取数据的速度，以便提高 CPU 的工作效率。在“缓存”选项卡中可以查看到 CPU 缓存方面的详细信息，如一、二级数据缓存等，如图 1—3 所示。

**3. “主板”选项卡**

在“主板”选项卡中可以查看检测出主板的制造商、模型、芯片组类型、南桥等信息，以及 BIOS 版本和发布日期等内容，如图 1—4 所示。了解主板型号能够有助于用户找到最为适合的主板驱动程序。

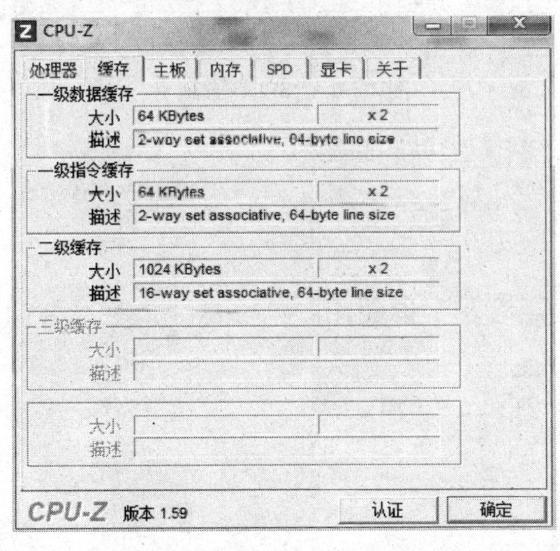

图 1—3 “缓存”选项卡

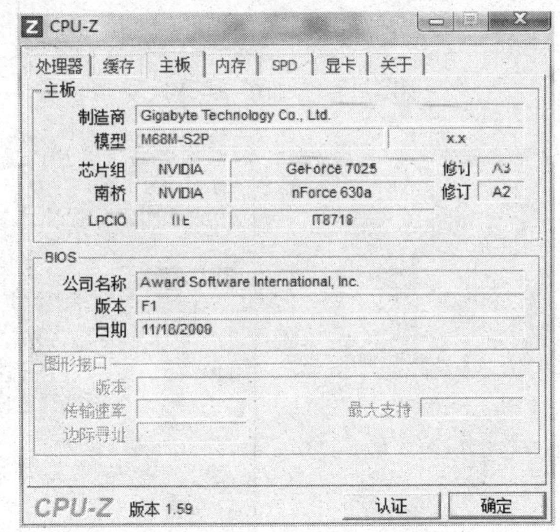

图 1—4 “主板”选项卡

**4. “内存”选项卡**

在“内存”选项卡中可以查看检测出的系统所用内存的类型、大小，以及是否开启双通道工作模式和内存工作时序信息，如内存频率等信息，如图 1—5 所示。

**提 示**

内存是否开启双通道工作模式与内存本身无关，决定这一工作模式能否开启的关键在于主板是否支持，以及当前计算机所安装内存条的数量与位置。

**5. “SPD”选项卡**

在“SPD”选项卡中可以查看检测出的内存 SPD 芯片所记录的内存信息，例如内存带宽、工作模式，以及内存在不同工作模式下的工作参数等。在“内条插槽选择”下拉列表中，还可选择查看不同插槽上的内存信息，如图 1—6 所示。

**6. “显卡”选项卡**

在“显卡”选项卡中可以查看检测出的显示设备、图形处理器、时钟频率、生产工艺及显存的相关信息，如图 1—7 所示。

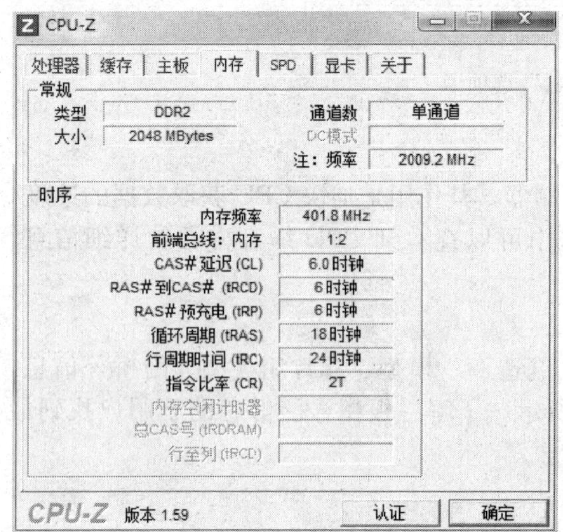


图 1—5 “内存”选项卡

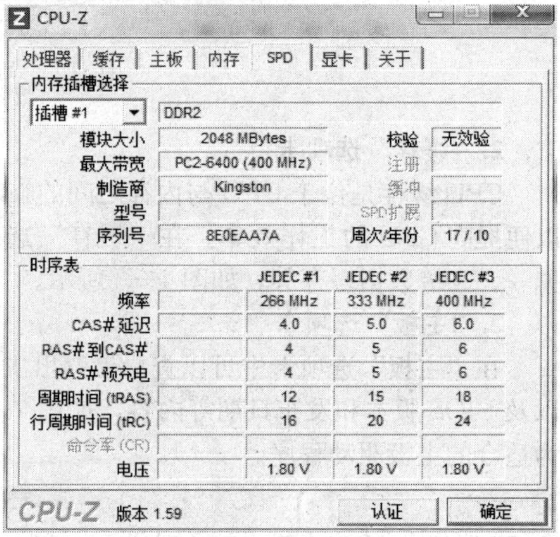

图 1—6 “SPD”选项卡

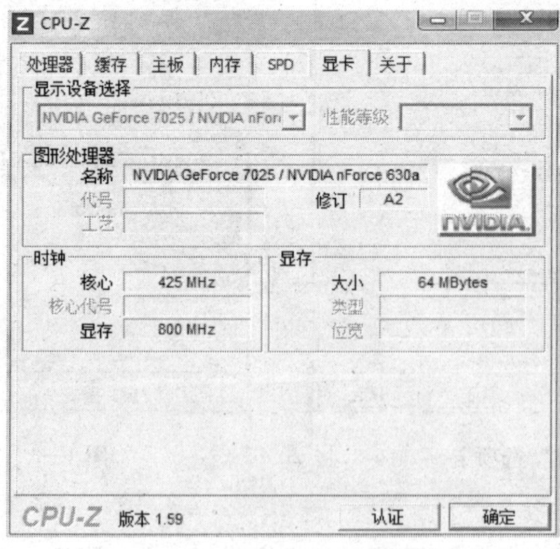


图 1—7 “显卡”选项卡

**三、检测报告**

在“关于”选项卡（见图 1—8）中的“About CPU - Z”选区中列出了当前使用的 CPU - Z 软件的版本、作者及相关网站，并声明了该软件是一款基于 CPUID SDK 开发的免费软件。在“Windows Version”选区中显示了当前使用的操作系统版本。在“Tools”选区中可通过单击“Save Report (. TXT)”按钮产生一个文本格式的检测报告，如图 1—9 所示。

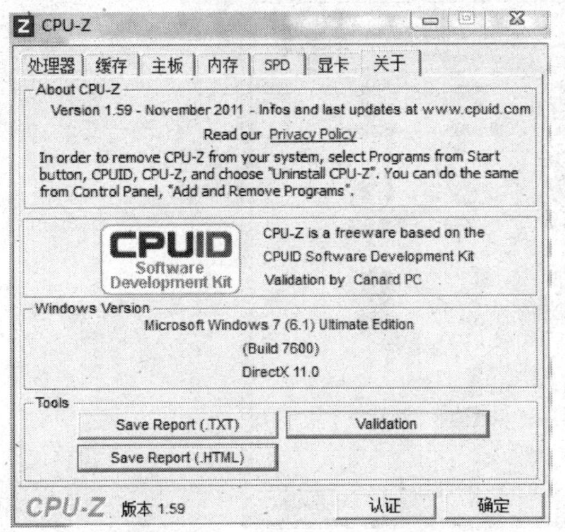


图 1—8 “关于”项卡

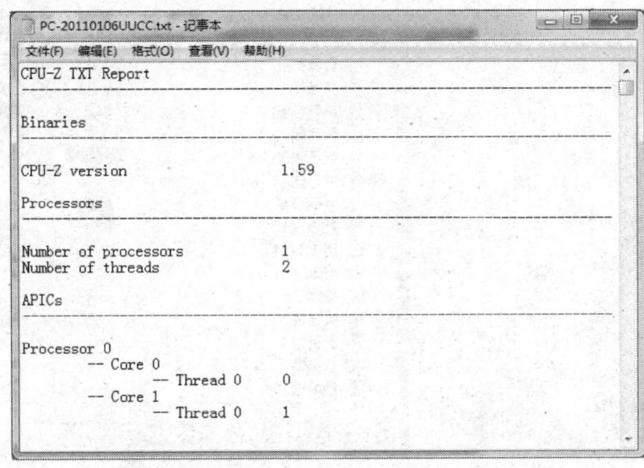


图 1—9 CPU - Z 产生的文本格式检测报告

CPU - Z 通过检测 CPU 芯片中所记录的信息来识别 CPU 身份，因此，当使用 CPU - Z 来检测发布时间晚于所有 CPU - Z 版本推出时间的 CPU 时，便会出现无法检测或无法正确检测的情况。只需使用最新版本的 CPU - Z，即可保证大多数新型号 CPU 能够被正确检测。多数软件在发布新版本时，都会公布版本更新的内容。因此，只需查看 CPU - Z 的版本更新内容，即可了解新版本的 CPU - Z 能够正常识别的 CPU 型号。

由于 CPU - Z 开发商涉足显卡检测领域的时间不是很长，因此检测显卡的功能还不是很完善，想要更完善地检测出显卡的数据信息还要使用更加专业的软件。

## 课题 3 硬件型号检测工具——EVEREST Ultimate Edition

**学习目标：**

1. 掌握使用 EVEREST Ultimate Edition 检测计算机硬件的方法。
2. 掌握查看其他硬件信息的方法。

EVEREST Ultimate Edition 是一款几乎能够检测所有类型计算机硬件型号的检测工具，这使得用户只需掌握一款软件的使用方法，即可详细查看到各种型号计算机硬件设备的信息。

随着软件功能的扩展，EVEREST Ultimate Edition 的功能已不再局限于硬件检测，它还拥有软件信息查询和硬件性能测试等功能模块。在互联网上下载到免安装的绿色版软件后，双击文件夹中的 everest. exe 文件即可运行该软件，弹出 EVEREST Ultimate Edition 窗口，如图 1—10 所示。窗口中显示的图标有：计算机、主板、操作系统、服务器、显示设备、多媒体、存储设备、网络设备、DirectX、设备、软件、安全性、配置、数据库、性能测试。单击这些图标即可打开相应的窗格，显示相应选项的测试参数。

图 1—10　EVEREST Ultimate Edition 窗口

## 一、软件的使用

由于 EVEREST Ultimate Edition 所支持的硬件类型与型号众多，因此该软件采用了硬件关联的方式来组织信息查询模块。下面以“主板”图标为例进行说明。

**操作步骤：**

❶单击主界面左窗格内的“主板”图标，该窗格中将显示中央处理器（CPU）、CPUID、主板、内存、SPD、芯片组、BIOS 和 ACPI 等硬件或部件的查询图标，如图 1—11 所示。

图 1—11　“主板”上的硬件或部件

❷单击主界面左窗格内的“中央处理器（CPU）”选项，主界面的右窗格内将显示出本机的“中央处理器（CPU）”参数，如处理器名称、内部名称、制程步进、指令集、原始频率、最低/最高倍频、Engineering Sample、L1 代码缓存、L1 数据缓存、L2 缓存等参数信息，如图 1—12 所示。

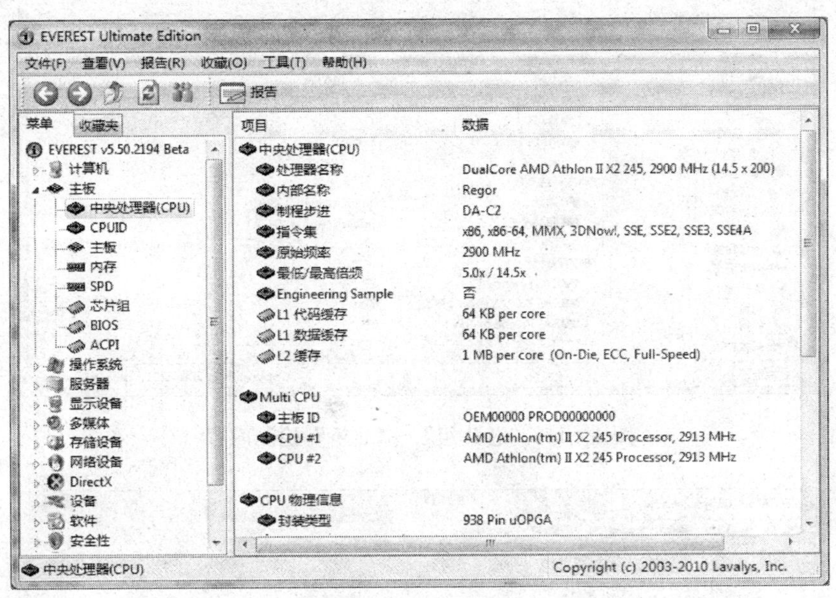


图 1—12 “中央处理器（CPU）”检测内容

❸单击主界面左窗格内的“CPUID”选项，主界面的右窗格内将显示出本机的“CPUID”相关属性，如制造商、名称、修订版本、扩展修订版本、AMD 产品 ID（针对于 AMD CPU 的选项）、平台 ID 和 HTT/CMP 单元等参数信息。

❹单击主界面左窗格内的“主板”选项，主界面的右窗格内将显示出本机的“主板”相关属性，如主板、前端总线特性、内存总线特性、主板物理信息和主板制造商等参数信息。

❺单击主界面左窗格内的“内存”选项，主界面的右窗格内将显示出本机的“内存”相关属性，如物理内存、交换区、虚拟内存、页面文件和 Physical Address Extension（PAE）等参数信息。

❻单击主界面左窗格内的“SPD”选项，主界面的右窗格内将显示出本机的“SPD”相关属性，如内存模块、内存计时、内存模块特性和内存模块制造商等参数信息。

❼单击主界面左窗格内的“芯片组”选项，在主界面右窗格的上部“设备描述”选区中单击选择“北桥”选项，主界面的右窗格内将显示出本机的“芯片组”相关属性，如北桥属性、内存控制器、内存计时、错误修正、内存插槽和芯片组制造商等参数信息，如图 1—13 所示。若在主界面右窗格的上部“设备描述”选区中单击选择“南桥”选项，在主界面的右窗格内则会显示本机的“南桥”相关属性，如南桥属性、集成图形控制器、时钟发生器和芯片组制造商等参数信息，如图 1—14 所示。

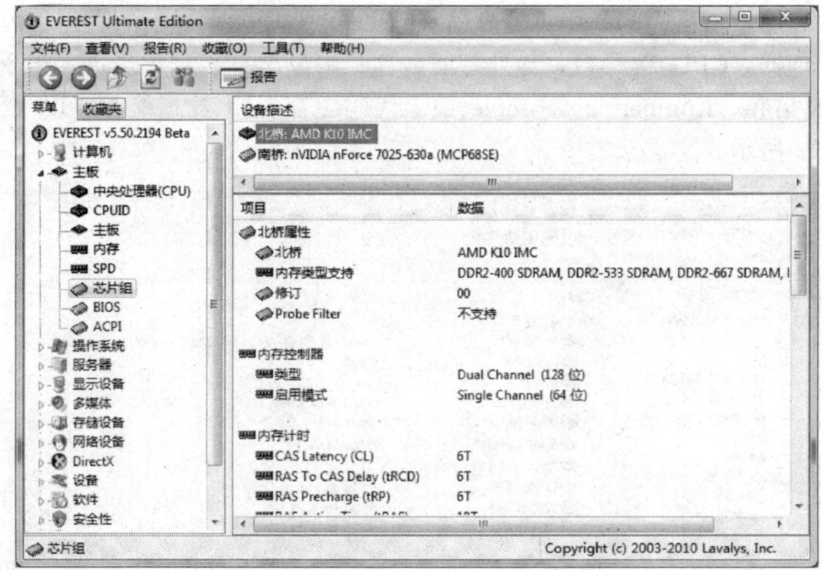


图 1—13 “芯片组”-“北桥”检测内容

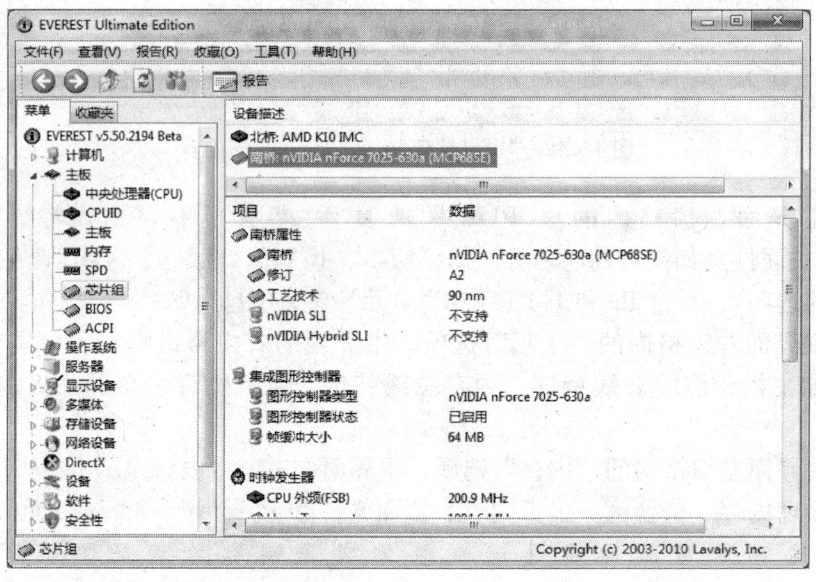


图 1—14 “芯片组”-“南桥”检测内容

❽单击主界面左窗格内的“BIOS”选项，主界面的右窗格内将显示出本机的“BIOS”相关属性，如 BIOS 属性、BIOS 制造商、问题和建议等参数信息。

❾单击主界面左窗格内的“ACPI”选项，主界面的右窗格内将显示出本机的“ACPI”相关属性，如 ACPI 表属性的参数信息。

**提示**

传统意义上，主板芯片组由一颗北桥芯片和一颗南桥芯片组成，但随着 AMD 将北桥芯片内的内存控制器集成于 CPU 内部，AMD 系统平台便出现了拥有两颗北桥芯片的现象。

事实上，这两颗北桥芯片的功能各不相同，作用也不一样，工作时并不会出现冲突。

## 二、常见硬件的详细信息

### 1. 显示系统模块

此软件检测的内容还有很多，如选择主窗口“显示设备”选项可以显示出关于“显示系统模块”的详细内容，方法与查询“主板”的详细内容类同。

 **提示**

图形处理器（Graphic Processing Unit，GPU）是相对于 CPU 的一个概念，由 NVIDIA 公司提出，指的是显卡核心芯片，其性能影响着计算机显示系统的整体性能。

### 2. 存储系统模块

在主窗口“存储设备”选项中，选择“ATA”选项，即可查看当前计算机所用硬盘的型号、序列号、设备类型、缓存容量等信息，如图 1—15 所示。

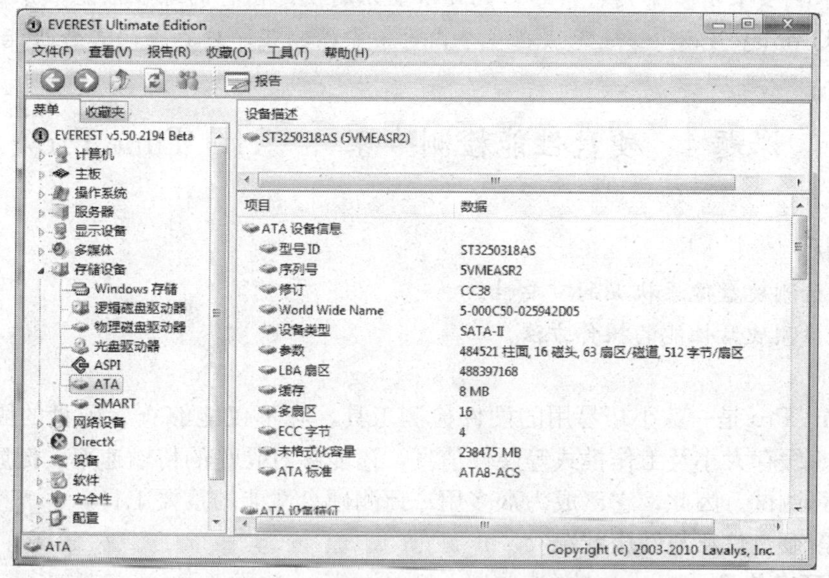


图 1—15 “存储设备”-“ATA”检测内容

 **提示**

选择同一分支内的“光盘驱动器”选项，则可查看光驱的具体型号和盘片支持情况等信息。

### 3. 生成检测报告

对硬件信息进行检测后，使用 EVEREST Ultimate Edition 还可以生成数据报告。

操作步骤：在 EVEREST Ultimate Edition 主界面工具栏内单击“报告”按钮后，单击弹出对话框内的“下一步”按钮，即可弹出相应的报告对话框。

 **提示**

1. 执行“报告/报告向导”命令后，也可弹出相应的报告对话框。

2. 在“报告配置文件”界面中，选择“硬件相关内容”单选按钮后，再单击“下一步”按钮。接下来，选择“报告格式”界面内的 HTML 单选按钮，并单击“完成”按钮。稍等片刻后，EVEREST Ultimate Edition 便会在弹出的对话框内显示生成的计算机硬件详细报告。

**4. 了解内存的工作速度**

通常用户只需查阅内存工作参数，便可大致了解内存的实际工作能力。不过，使用 EVEREST Ultimate Edition 的内存性能检测工具，还可更为直观地了解到内存的工作性能。

操作步骤：启动 EVEREST Ultimate Edition 后，执行“工具/内存与缓存测试”命令，启动内存与缓存检测工具。

 提示

当计算机内安装有多个内存条时，此处所显示的便是内存的综合性能。并且，当前版本 EVEREST Ultimate Edition 还无法在多个内存条中检测某一内存条的工作性能。

## 课题 4　硬盘性能检测专家——HD Tune Pro

**学习目标：**

1. 了解检测硬盘健康状况的重要性。
2. 掌握检测硬盘性能的操作方法。

HD Tune Pro 是一款小巧易用的硬件检测工具，它不仅能够查看硬盘的固件版本、序列号、容量、缓存大小及工作模式等硬件信息，还能够对硬盘的传输速率、健康状况和随机存取能力进行测试。因此，它已成为众多用户评测硬盘性能的重要工具。

### 一、了解硬盘信息与健康状况

**1. 了解硬盘信息**

启动 HD Tune Pro 后，选择主界面内的“磁盘信息”选项卡，即可查看当前硬盘的分区状况以及所支持的技术特性和部分硬盘信息，如图 1—16 所示。

**2. 了解硬盘健康状况**

单击“健康状况”选项卡，HD Tune Pro 将以列表形式向用户报告硬盘当前运行状况与工作记录累计数据等信息，并以此来分析并得出硬盘的健康状况，该检测每分钟进行一次刷新，如图 1—17 所示。

 提示

当计算机内安装有多块硬盘时，可通过单击 HD Tune Pro 程序主界面左上角的下拉列表按钮，在不同硬盘间进行切换，以查看不同硬盘的信息和健康状况。

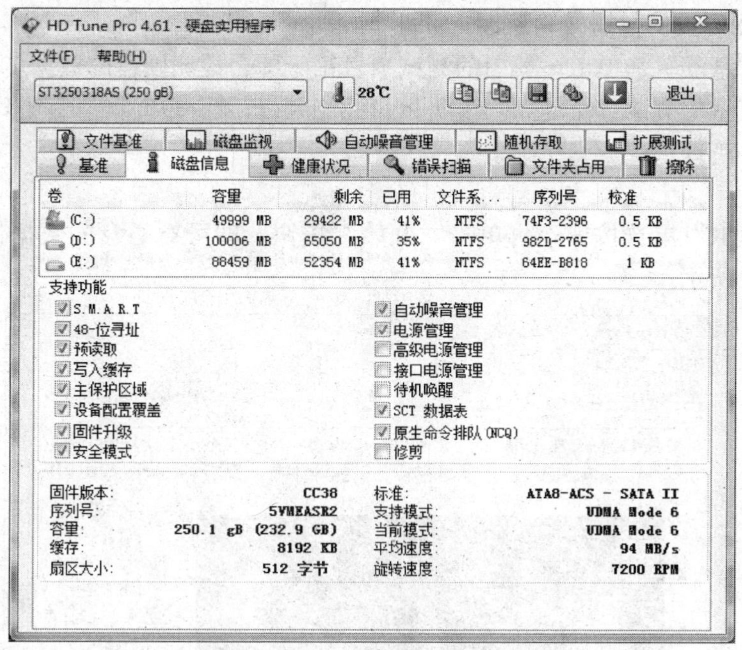

图 1—16 “磁盘信息”选项卡

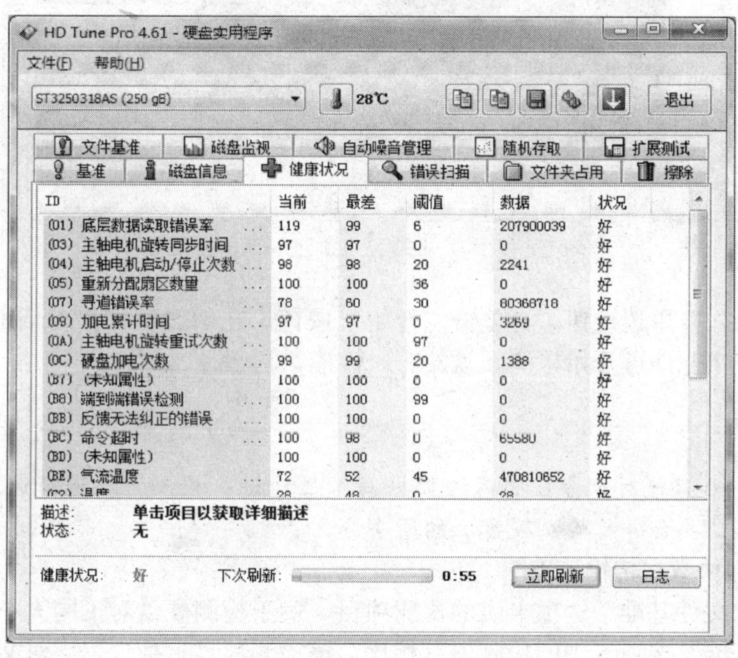

图 1—17 “健康状况”选项卡

## 二、检测硬盘性能

HD Tune Pro 拥有多种不同的硬盘性能检测方式，可使用户能够全面了解硬盘在不同工作环境下的性能。

**1. 综合检测硬盘的数据传输速率**

单击选择“基准”选项卡，其中的测试项目用于综合检测硬盘的数据传输速率。在测试结果中，传输速率的测试数值越高，表明磁盘性能越好；“存取时间”和“CPU 使用率”项的测试数值越小越好。

**操作步骤：**

❶选择“读取”单选按钮，再单击“开始”按钮，即可对磁盘的数据读取能力进行测试，如图 1—18 所示。

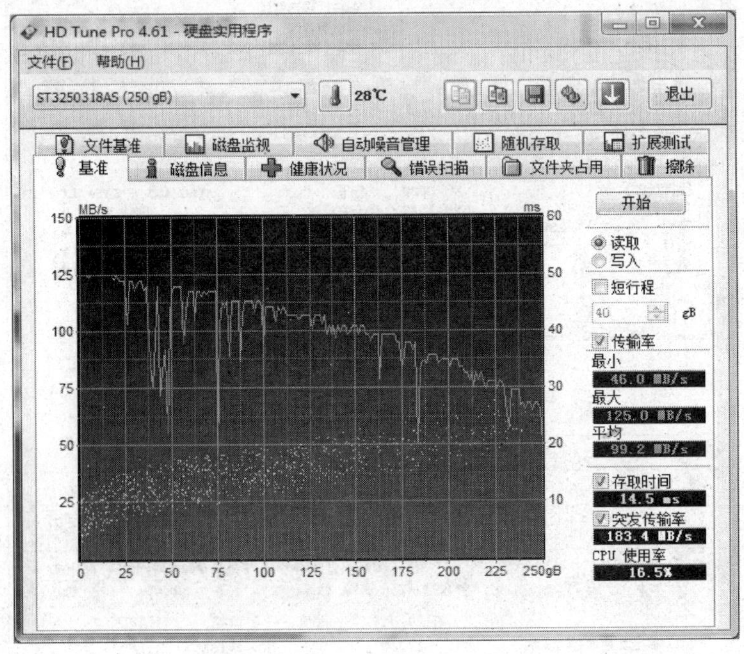


图 1—18 “基准”选项卡—“读取”选项

❷选择“写入”单选按钮，再单击“开始”按钮。在勾选所弹出对话框中的复选框后，单击“确定”按钮，即可开始检测硬盘的写入性能。

 注意

HD Tune Pro 只能对未分区硬盘的数据写入性能进行检测，在进行此项测试时至少需要两块硬盘，且需要合并待检测硬盘上的所有分区。

**2. 检测文件块数据传输速率**

该功能是“文件基准”选项卡内的检测项目，用于检测硬盘对不同大小文件块的数据传输速率。与“基准”选项卡中的检测项目相比，该检测项目更接近程序对文件的读取或保存等实际应用。

操作步骤：单击“文件基准”选项卡，“驱动器”和“文件长度”设置如图 1—19 所示，单击“开始”按钮，开始检测硬盘在读/写指定大小文件块时的性能。

“延迟”选项用于设置每次进行读/写操作的时间间隔（单位为 s），以便硬盘在完成一

次读或写操作后，能够恢复至正常工作状态，从而客观地评判硬盘对指定大小文件块的读/写性能。设置时，文件的长度越大，所需延时时间越长。

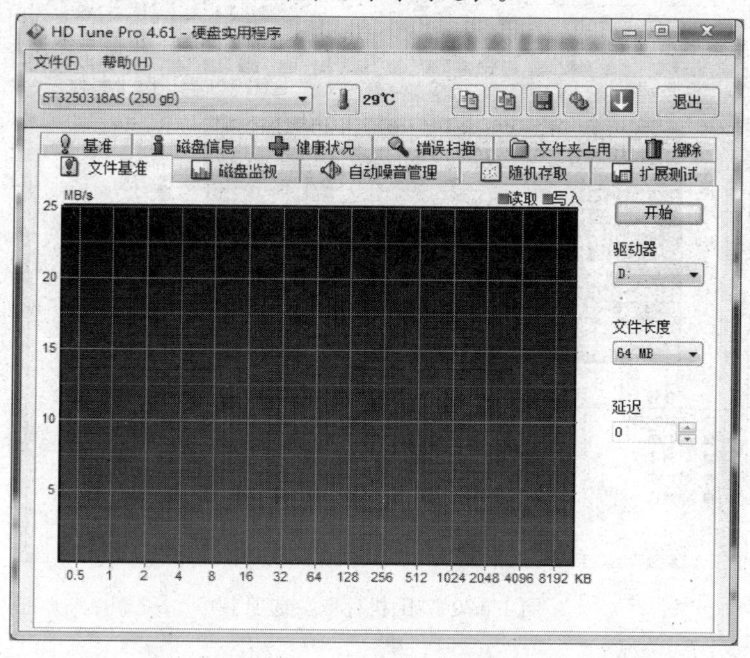


图 1—19 “文件基准”选项卡

**3. 检测随机数据传输速率**

在“随机存取”选项卡中，HD Tune Pro 将对硬盘随机读取或写入不同大小文件块的性能进行检测，从而检测硬盘在进行大批量文件复制时的性能。

**操作步骤：**

❶在程序主界面左下角勾选检测用文件块长度前的复选框后，选择“读取”单选按钮，再单击“开始”按钮，即开始检测硬盘对不同长度文件的随机读取能力。检测完成后，检测结果将以表格的形式出现在窗口的下半部分，如图 1—20 所示。

❷选择“写入”单选按钮，再单击“开始”按钮。单击“确定”按钮，则开始检测硬盘在随机写入数据时的能力。

**注意**

此项检测也只能针对未分区的硬盘，因此只有在拥有至少两块硬盘，且未对待检测硬盘分区的情况下才能进行检测。

**4. 开启 AAM 后的硬盘性能**

AAM（Automatic Acoustic Management）的作用是通过调节硬盘盘片的转速，来解决硬盘工作噪声过大的问题。正常情况下，硬盘工作时的噪声主要来源于硬盘本身的震动和频繁的磁头操作。硬盘盘片的转速越快，由此产生的硬盘震动也就越剧烈，噪声也就越大。而随着硬盘盘片转速的降低，硬盘对电能的消耗也会随之减少。也就是说，AAM 功能在降低硬盘性能、降低硬盘工作噪声的同时，还会使硬盘更加节能。

由于硬盘性能与硬盘盘片的转速有着极大关系，因此在启用 AAM 功能后必然会影响硬

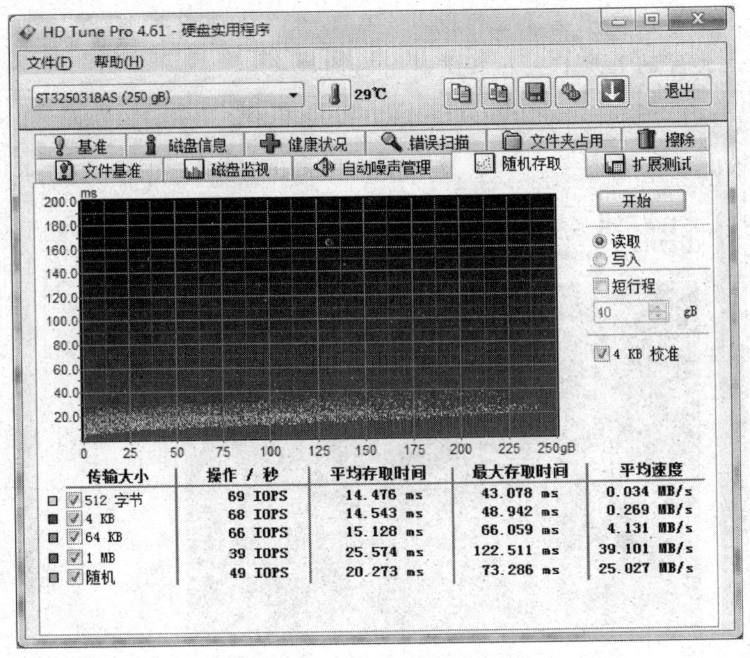


图 1—20 “随机存取”选项卡

盘性能。为此，HD Tune Pro 专门为用户提供了 AAM 性能检测项目，用户可以利用该检测项目来了解硬盘在启用 AAM 后的性能，以便寻找硬盘性能与硬盘噪声之间的平衡点。该性能的测试通过“自动噪声管理”选项卡来进行。

操作步骤：单击“自动噪声管理”选项卡，勾选“启用”复选框，并单击“重设”按钮，再单击“测试”按钮即可开始检测，检测结果如图 1—21 所示。

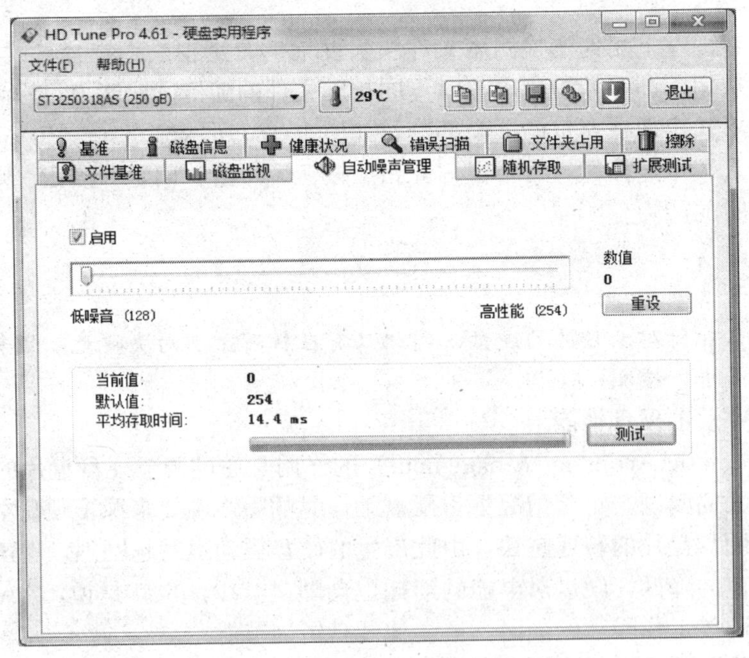


图 1—21 “自动噪声管理”选项卡

**提示**

目前几乎所有的硬盘都支持该功能，这使得部分对噪声较为敏感的用户能够通过降低硬盘性能来获取较好的工作环境。此外，部分厂商还推出了能够自动调节盘片转速的硬盘，能使硬盘始终工作在性能与工作噪声之间的最佳平衡点上。

**5. 硬盘“错误扫描”**

此功能可对硬盘进行错误扫描，以便检测出硬盘中损坏的部分。

操作步骤：单击“错误扫描”选项卡，勾选“快速扫描”复选按钮，在“开始”和“结束”下拉列表中分别选择开始和结束的位置，并选择其单位。单击“开始”按钮，即可对硬盘进行错误扫描。其中绿色块表示良好，红色块表示损坏，如图 1—22 所示。

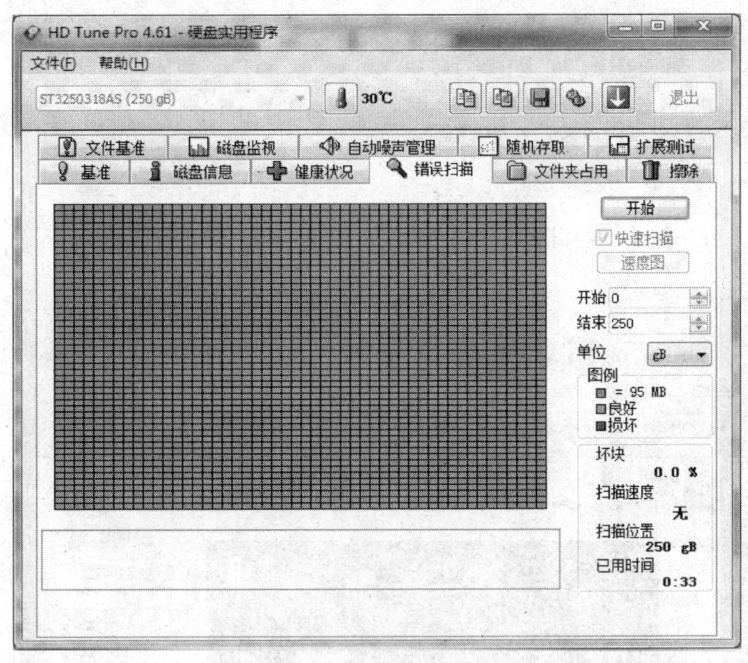


图 1—22 “错误扫描”选项卡

**6. “文件夹占用”扫描**

此功能对硬盘中的文件夹占用情况进行扫描。

操作步骤：单击“文件夹占用”选项卡，在窗口的左上角硬盘下拉列表中选择需要检测的硬盘，单击“扫描”按钮即可对该硬盘中的各个分区文件夹占用情况进行扫描，如图 1—23 所示。

**7. “磁盘监视”扫描**

此功能可对硬盘当前的“读取”和“写入”情况进行监视扫描。

操作步骤：单击“磁盘监视”选项卡，在窗口的左上角硬盘下拉列表中选择需要检测的硬盘，勾选“全部磁盘”复选按钮，单击“开始”按钮即可对该硬盘当前的“读取”和“写入”情况进行监视扫描，扫描结果如图 1—24 所示。

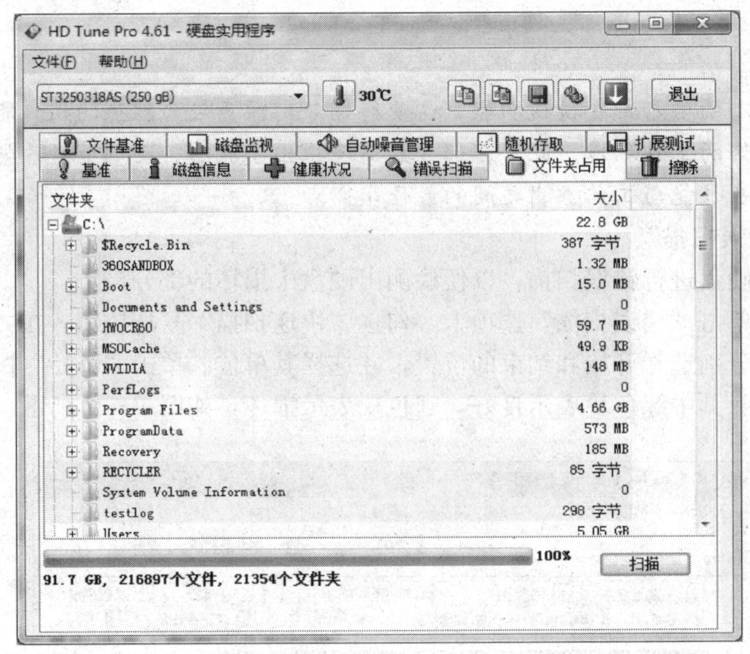


图 1—23 “文件夹占用”选项卡

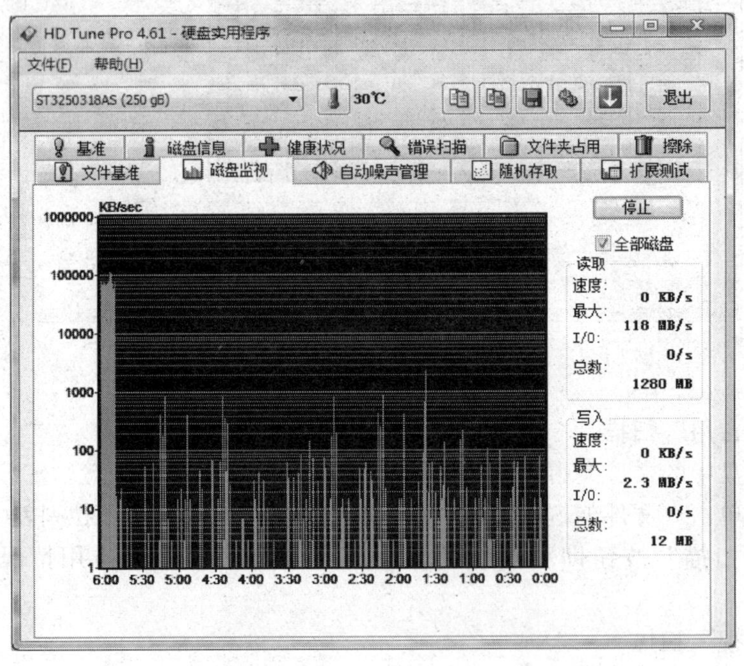


图 1—24 “磁盘监视”选项卡

**8. HD Tune Pro 开机自动运行**

操作步骤：启动 HD Tune Pro 后，单击主界面中的“选项”按钮。然后勾选弹出对话框中的“随系统运行”和“最小化启动”复选框，单击“确定”按钮即可。

**提示**

由于 HD Tune Pro 在启动后会在通知区域实时显示硬盘温度，因此将 HD Tune Pro 设置为开机自动运行能够使用户随时了解硬盘的工作状况。

**9. 判断硬盘是否存在坏块**

操作步骤：判断硬盘是否存在坏块需要使用软件进行检测。在 HD Tune Pro 中，只需单击“错误扫描”选项卡内的“开始”按钮即可检测硬盘坏块。

**提示**

在检测前，勾选“快速扫描”复选框，可减少检测所花费的时间，但检测结果有时会出现偏差。

## 练　习

用截图的方式回答以下问题。要求图片均为 JPEG 格式，其命名以题号为序进行，如第 2 题中的第 3 小题，则命名为“2－3. JPEG”。将这些图片均存入以“学号”＋“姓名”命名的文件夹中，将该文件夹压缩存入作业 U 盘或发送至教师指定的信箱中。

1. 使用 CPU 检测工具

(1) 检测查看处理器的名字、代号、插槽、工艺、核心电压、规格、系列、型号、步进、扩展系列、扩展型号、修订、指令集等信息。

(2) 检测查看 CPU 缓存方面的详细信息。

(3) 检测查看主板的制造商、模型、芯片组类型、南桥等信息，以及 BIOS 版本和发布日期等内容。

(4) 检测查看系统所用内存的类型、容量。

(5) 检测查看内存 SPD 芯片所记录的内存信息。

(6) 检测查看显示设备、图形处理器、时钟频率、生产工艺及显存的相关信息。

2. 使用硬件型号检测工具

(1) 检测查看处理器名称、内部名称、制程步进、指令集、原始频率、最低/最高倍频、Engineering Sample、L1 代码缓存、L1 数据缓存、L2 缓存等参数信息。

(2) 检测查看制造商、名称、修订版本、扩展修订版本、AMD 产品 ID、平台 ID 和 HTT/CMP 单元等参数信息。

(3) 检测查看主板、前端总线特性、内存总线特性、主板物理信息和主板制造商等参数信息。

(4) 检测查看物理内存、交换区、虚拟内存、页面文件和 Physical Address Extension (PAE) 等参数信息。

(5) 检测查看内存模块、内存计时、内存模块特性和内存模块制造商等参数信息。

(6) 检测查看北桥属性、内存控制器、内存计时、错误修正、内存插槽和芯片组制造商等参数信息。

(7) 检测查看南桥属性、集成图形控制器、时钟发生器和芯片组制造商等参数信息。

(8) 检测查看 BIOS 属性、BIOS 制造商、问题和建议等参数信息。

(9) 检测查看 ACPI 表属性的参数信息。

3. 使用硬盘性能检测专家

(1) 检测查看技术特性和部分硬盘信息。

(2) 检测查看硬盘的健康状况。

(3) 检测查看硬盘的数据传输速率、存取时间和 CPU 使用率。

(4) 检测查看硬盘中损坏的部分。

(5) 检测查看硬盘中文件夹占用情况。

(6) 检测查看硬盘当前的“读取”和“写入”情况。

# 单元 2　系统增强与维护工具

操作系统的功能、性能和健康程度决定了计算机硬件性能所能发挥的程度。也就是说，尽可能地提高操作系统的运行速度和效率，是充分发挥计算机硬件性能的关键。为此，人们为操作系统开发了众多的系统增强与维护工具，以保证计算机实际应用能力的充分发挥。

## 课题 5　系统工具概述

**学习目标：**

1. 了解系统增强的目的及方法。
2. 理解计算机维护的意义。

系统工具是以增强系统功能、检测系统性能以及清理系统垃圾和维护系统正常运行为目的的功能软件。利用系统工具可以使操作系统时刻保持良好的运行状态，从而更好地管理及使用计算机，以满足人们在工作、学习或娱乐等方面的需求。

### 一、系统增强的目的

随着 IT 技术的不断发展，任何操作系统在技术上都会出现落伍的情况，直接表现为不兼容最新软件或无法直接支持新的硬件设备等。此时，用户便需要通过安装系统增强软件使计算机能够适应新的技术。

在 Windows 操作系统中最为主要的系统增强软件主要有以下两种类型：

#### 1. 系统补丁程序

Windows 操作系统补丁程序是微软公司针对系统漏洞而发布的专用程序，其功能是修补系统漏洞。这样一来，不仅可以保证操作系统的稳定运行，还可防止部分用户蓄意攻击和破坏计算机。

在 Windows XP 中执行“开始”菜单中的“Windows Update”命令，即可在打开的界面中使用微软公司的检测、下载与安装系统补丁服务，如图 2—1 所示。

#### 2. DirectX

DirectX 是微软为 Windows 操作系统所开发的图形应用程序接口（API），其目的在于增强计算机的多媒体功能。DirectX 在开发之初是为了弥补 Windows 3.1 系统对图形、声音处理能力的不足，而今已发展成为影响 Windows 多媒体系统的重要接口程序。目前，几乎所有的多媒体类软件都使用 DirectX。对于图形处理方面的应用而言，DirectX 可以帮助用户更加快速地获得精致的三维图形；而在游戏领域，DirectX 又成为游戏爱好者获得视觉享

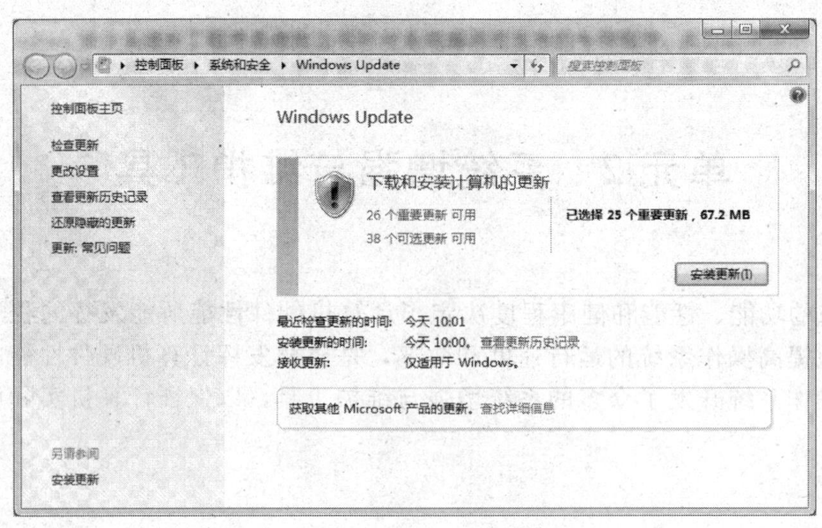


图 2—1 “开始”菜单中的“Windows Update”命令

受的基础。在 Windows 最新版本的 Windows 7 操作系统中，DirectX 的版本已升级至 DirectX11。与此同时，所有版本的 Windows Vista 都可在安装相应升级程序后，将其 DirectX 组件升级至最新版本。

**二、系统维护的意义**

计算机在使用过程中，随着时间的推移，其性能会逐渐下降，直接表现为操作系统响应迟钝、应用程序运行缓慢等，而这些问题主要由以下几个方面造成：

1. 各类应用程序的不断安装与卸载会使得注册表臃肿不堪，严重影响系统的检索及访问速度。

2. 用户在浏览互联网的过程中，浏览器会保存大量缓存文件。当这些文件过多地占用磁盘空间时，便会影响计算机的磁盘访问及数据交换速度。

3. 断电、强行关机等非正常关机操作都有可能使正在运行的应用程序甚至操作系统产生错误，造成系统运行不稳定，严重时甚至会直接导致系统崩溃。

为了解决上述问题，用户需要定期对操作系统内的垃圾文件进行清理，卸载多余的程序、正常开关机，使计算机能够恢复到正常的运行速度。

## 课题 6　优化操作系统——Windows 优化大师

**学习目标：**

1. 掌握优化磁盘缓存、文件系统及网络设置的方法。
2. 掌握调整系统安全选项设置的方法。

Windows 优化大师是国内一款著名的系统优化工具软件，适用于 Windows 98/Me/XP/2000/2003/Vista 等多种 Windows 操作系统。利用 Windows 优化大师，用户可以全面、有效、简便并且安全地对操作系统进行优化、清理和维护操作，使计算机始终保持在最佳工作状态。

目前，Windows 优化大师共分为标准版、专业版、共享版和光盘版四种类型，各版本类型除授权方式不同外，部分功能也略有差别。Windows 优化大师的操作方法简单，主要是通过其“首页”“优化工具箱”“系统检测”“系统优化”“系统清理”和“系统维护”这六个选项组来进行操作，如图 2—2 所示。

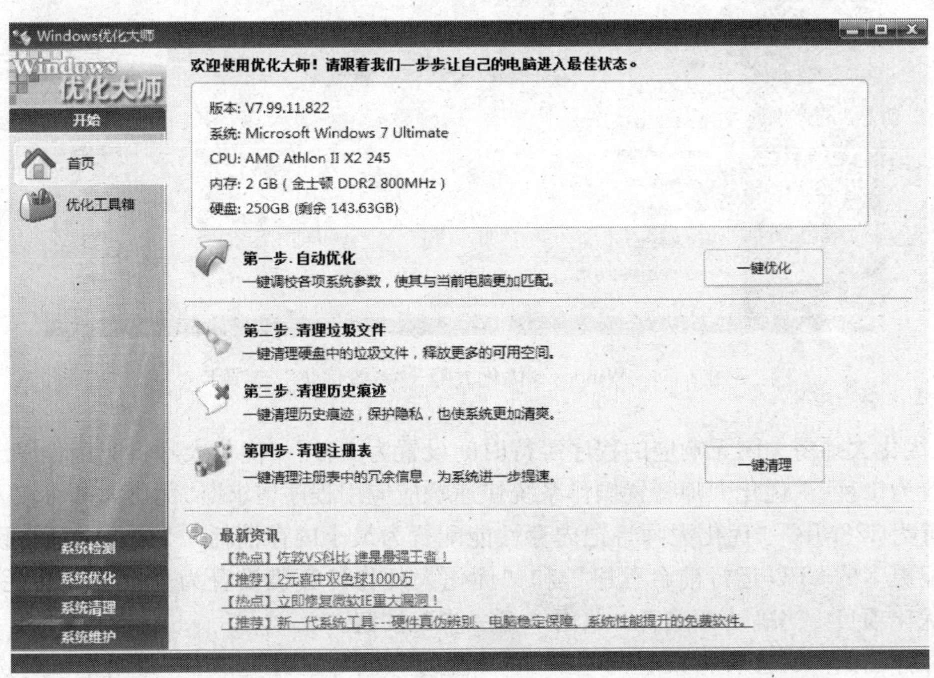


图 2—2　Windows 优化大师-“首页”选项卡

## 一、优化磁盘缓存

磁盘缓存是影响计算机读取/写入数据速度的重要因素，其优化方法如下：

**操作步骤：**

❶在 Windows 优化大师主界面的左窗格中，选择“系统优化”选项组中的“磁盘缓存优化”选项卡，在右窗格内将“输入/输出缓存大小”滑块拖曳至“384/512M - 1G 内存推荐：64MB”位置处。完成后，单击“设置向导”按钮，并直接单击弹出对话框内的“下一步”按钮，如图 2—3 所示。

*在设置输入/输出缓存时，应根据当前内存容量进行调整。*

❷在弹出的“磁盘缓存设置向导”-“请选择计算机类型”界面中，选择“Windows 标准用户”单选按钮，并单击“下一步”按钮。

❸在弹出的“磁盘缓存设置向导”-“Windows 标准用户，优化大师根据您的计算机配置做出以下优化”界面中，Windows 优化大师列出了“优化大师将自动关闭无响应的应用

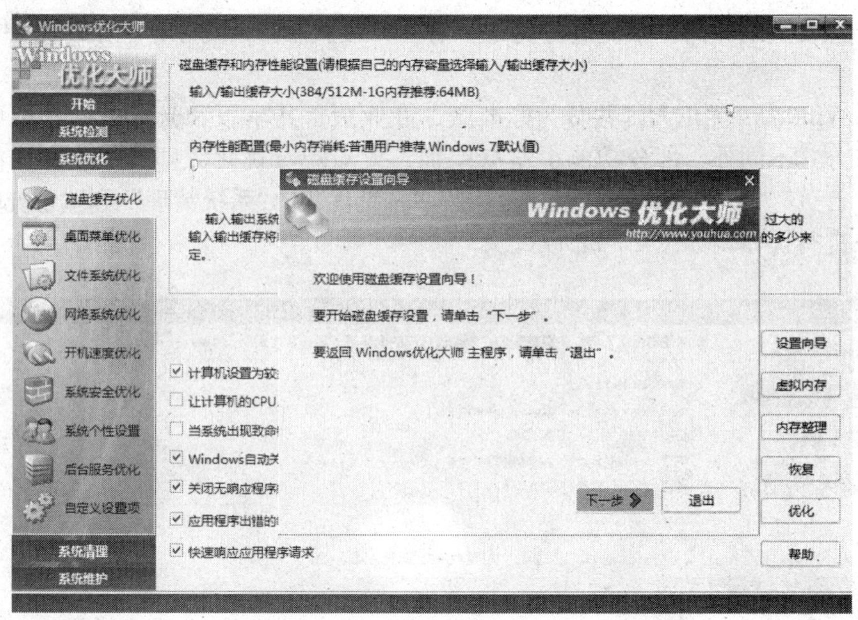


图 2—3　Windows 优化大师-“系统优化”选项卡

程序”“优化大师将关闭无响应的程序等待时间设置为 1 秒”“优化大师将应用程序出错等待时间设置为 1 秒”“优化大师将置操作系统快速响应应用程序请求”“优化大师将输入输出缓存值设置为 128MB”“优化大师将把内存性能配置为最小内存消耗”“优化大师将设置操作系统分配更多的 CPU 运行前台程序”和“优化大师将计算机设置为高性能、高耗能模式”这八个优化项目。当确认无误后，单击“下一步”按钮。

❹在弹出的“磁盘缓存设置向导”-“磁盘缓存向导已经完成!”界面中，勾选其中的“是的，立刻执行优化。”复选框，单击“完成”按钮后，弹出“说明：Windows 优化大师已成功设置了当前系统的电源计划方案”的信息提示对话框，可直接单击“确定”按钮，完成对磁盘缓存的优化。计算机重新启动后设置才能生效。

**提示**

完成所有优化操作后再重新启动计算机，可减少多次重启计算机所带来的时间浪费。

## 二、优化文件系统

**操作步骤：**

❶在 Windows 优化大师主界面的左窗格中，选择“系统优化”选项组中的“文件系统优化”选项卡后，在右窗格内单击“自动匹配”按钮，再单击“设置向导”按钮。在此可直接单击弹出对话框内的“下一步”按钮。

❷弹出“文件系统优化向导”对话框，选择其中的“最高性能设置”单选按钮，并单击“下一步”按钮，如图 2—4 所示。

❸确认“文件系统优化向导”对话框内所列的“优化 CD/DVD -光驱最佳访问方式”“禁用 Media Player DVD 播放功能”“关闭调试工具自动调试功能”“需要时允许 Windows

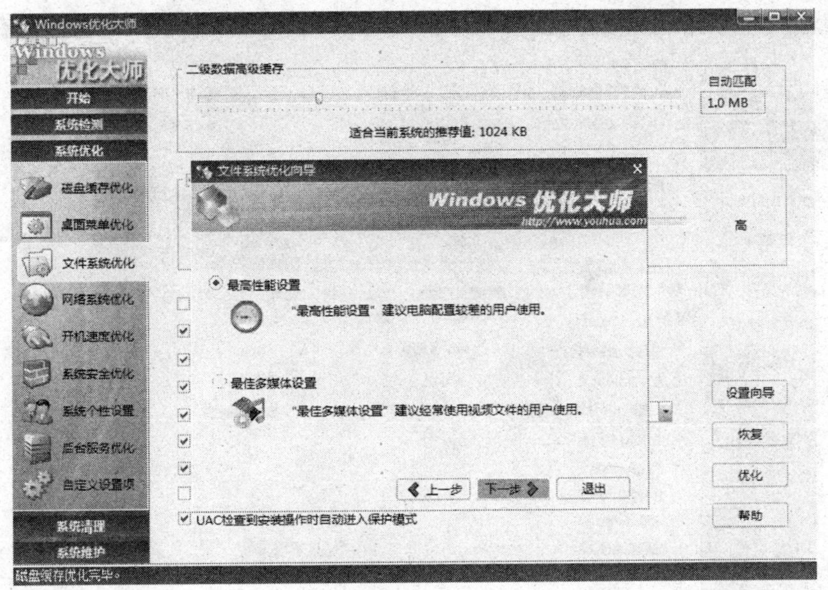


图 2—4　Windows 优化大师-“文件系统优化”选项卡

自动优化启动分区”“空闲时允许 Windows 在后台优化硬盘”“启用用户账户控制（UAC)”“安全等级（当管理员试图进行受 UAC 保护的动作时)，请求确认（推荐)”“当普通用户试图进行受 UAC 保护的动作时，资格认证（需要密码认证)”“UAC 对每一个非管理员用户启用虚拟文件及注册表存储”“UAC 检查到安装操作时自动进入保护模式”这几项“最高性能优化”的内容无误后，单击“下一步”按钮。

❹弹出“文件系统优化向导”对话框完成界面，勾选其中的“是否进行文件系统优化”复选按钮，单击“完成”按钮即可结束优化操作。

**三、优化网络设置**

网络设置稍有不当，便有可能影响网络的连接速度。此时，可通过以下方法进行调整。

**操作步骤：**

❶在 Windows 优化大师主界面的左窗格中，选择“系统优化”选项组中的“网络系统优化”选项卡，直接在右窗格内单击“设置向导”按钮，在弹出“Wopti 网络系统自动优化向导”对话框—“欢迎使用 Windows 优化大师网络系统自动优化向导!”中，单击“下一步”按钮。

❷弹出“Wopti 网络系统自动优化向导”对话框网络接入方式界面，选择“局域网或宽带”单选按钮，并单击“下一步”按钮，如图 2—5 所示。

**注意**

在优化网络设置时，必须根据当前计算机实际接入网络的方式进行选择。此外，对于目前国内较为普遍的 ADSL 宽带接入用户来说，多数情况下应该选择 PPPoE 单选按钮。

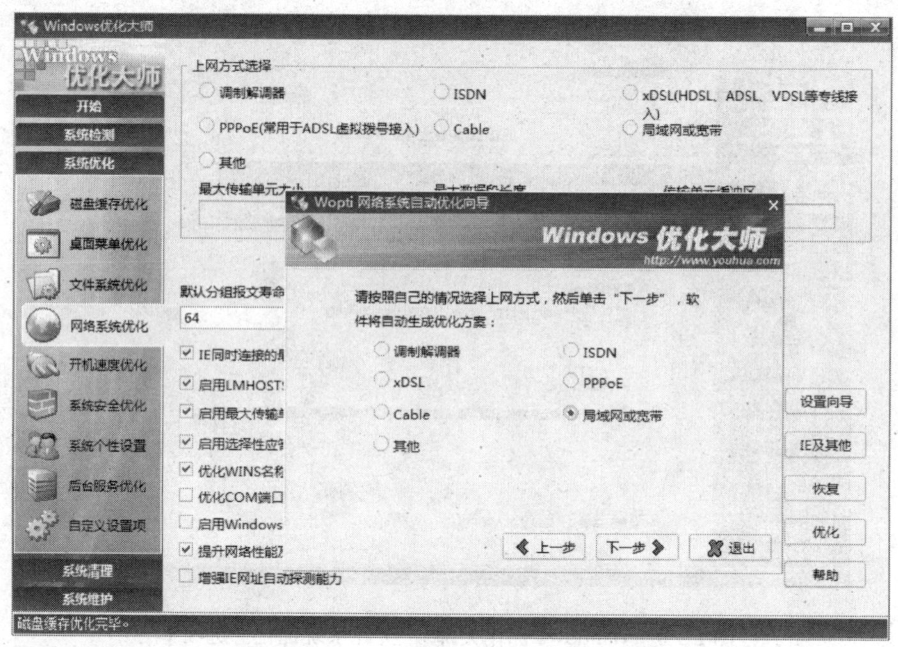

图 2—5　Windows 优化大师-“网络系统优化”选项卡

❸弹出“Wopti 网络系统自动优化向导”对话框，网络优化组合方案显示在界面中，单击“下一步”按钮。

❹Windows 优化大师将在向导对话框内显示刚刚生成的优化方案，确认无误后单击“下一步”按钮。

❺弹出“Wopti 网络系统自动优化向导”对话框-“全部优化完成”界面，直接单击“退出”按钮，即可完成网络设置方面的优化。

**四、调整系统安全选项**

计算机系统的安全是个很重要的问题，合理的安全选项对计算机系统的安全正常运行起着关键作用。

**操作步骤：**

❶在 Windows 优化大师主界面的左窗格中，选择“系统优化”选项组中的“系统安全优化”选项卡。勾选“分析及处理选项”列表框内的所有复选框，并单击“分析处理”按钮。可从弹出的“安全检查”对话框中看到当前计算机系统安全检查的情况。

❷关闭“安全检查”对话框后，在右窗格中勾选除“禁止光盘、U 盘等所有磁盘自动运行”以外的所有复选框，并单击“优化”按钮。

❸单击程序主界面内的“更多设置”按钮，在弹出的对话框中勾选其中的“禁用注册表编辑器 RegEdit”和“禁止执行注册表脚本文件”复选框，如图 2—6 所示。在单击“确定”按钮后，会弹出“重新启动计算机系统安全优化设置才能生效”的信息提示对话框，单击“确定”按钮，即可关闭“更多的系统安全设置”对话框，并完成对系统安全设置选项的调整。

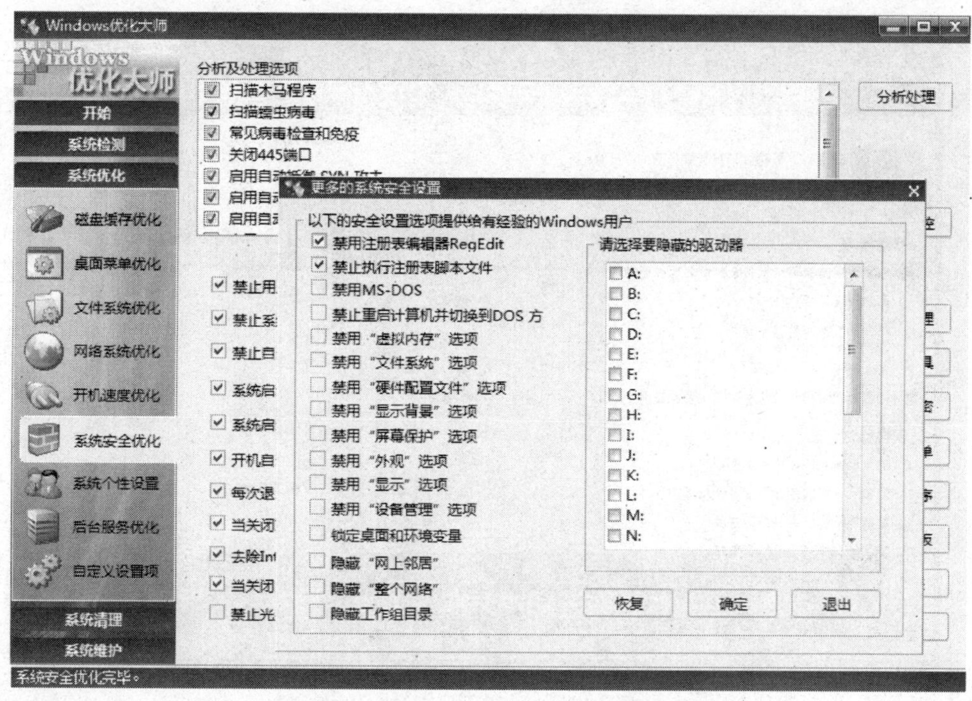


图 2—6　Windows 优化大师-“系统安全优化”选项卡

# 课题 7　驱动程序专职管家——驱动精灵

**学习目标：**

掌握驱动程序更新、备份、还原、卸载的方法。

驱动精灵是由驱动之家网站推出的一款集驱动程序下载、安装、备份与还原等多种功能于一身的系统辅助工具。利用驱动精灵，用户无须了解当前计算机硬件型号也可方便地从驱动之家网站下载各硬件的最新版驱动程序。此外，驱动程序备份与还原功能还可让用户方便地对已安装的驱动程序进行备份和恢复操作。

## 一、更新驱动程序

启动驱动精灵后，该程序将自动检测当前计算机的硬件和驱动程序信息，并在自动连接驱动之家网站的驱动程序更新服务器后，给出是否需要更新驱动程序的提示信息，如图 2—7 所示。

切换至驱动更新选项界面后，驱动精灵为用户列出了需要更新驱动程序的硬件设备。

**操作步骤：**

❶单击程序界面上方的“驱动程序”按钮，弹出“驱动程序”选项组，单击相应设备选项组后的“下载”按钮，即可自动通过驱动之家网站获取相应的最新版本驱动程序，如图 2—8 所示。

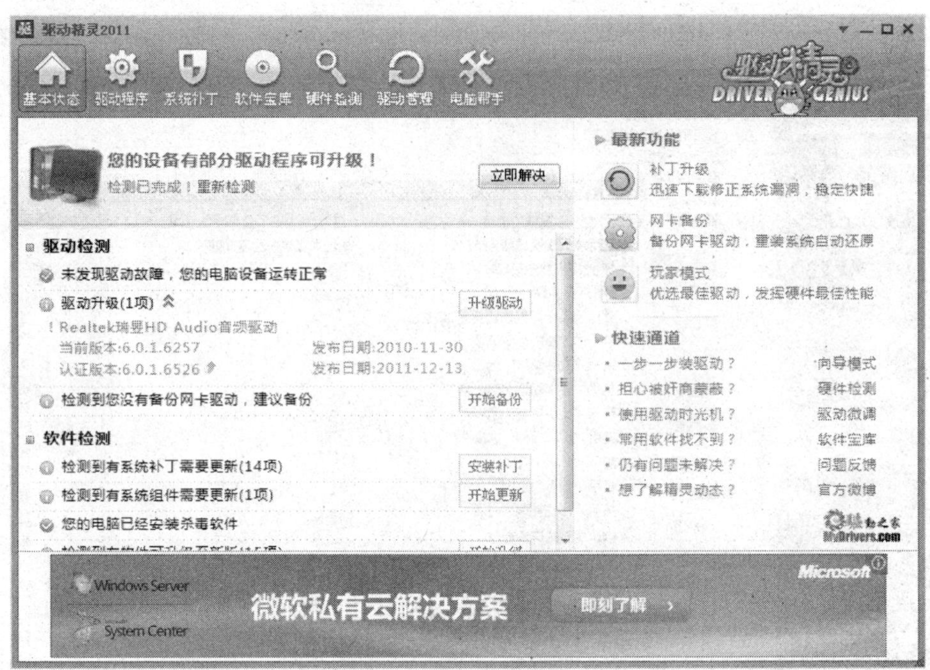


图 2—7　驱动精灵-“基本状态”选项卡

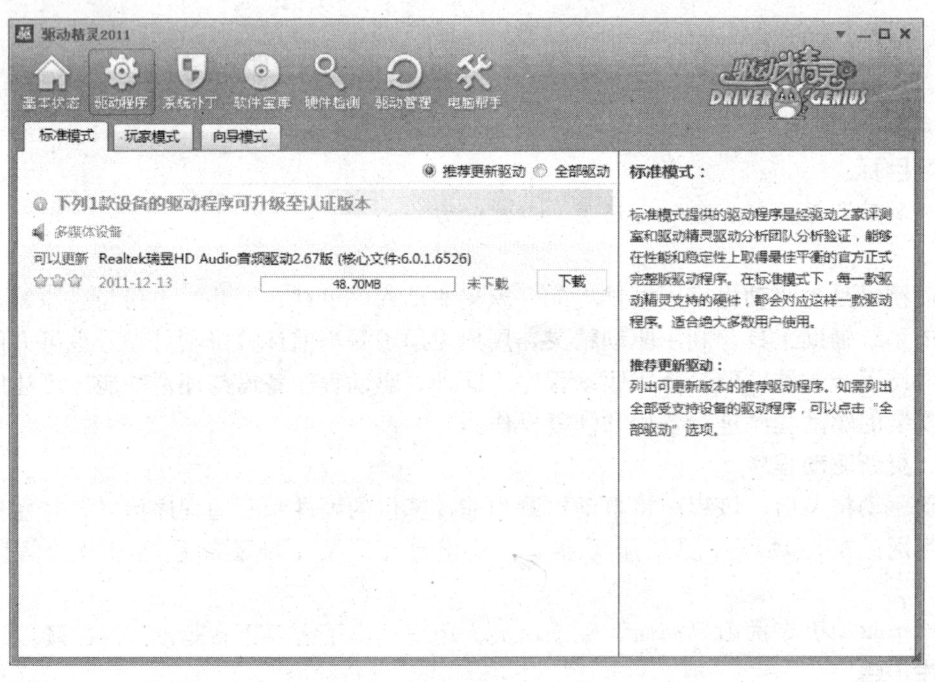


图 2—8　驱动精灵-“驱动程序”选项卡-“下载”按钮

❷下载完成后，单击“安装”按钮，即可运行驱动程序安装包。只需按照驱动程序安装向导的提示进行操作，即可完成相应硬件设备的驱动程序更新操作。

## 二、备份驱动程序

备份驱动程序主要是为了在今后因某些原因导致驱动程序丢失后还原时使用。

**操作步骤：**

❶单击程序界面上方的“驱动管理”按钮，弹出“驱动管理”选项组，选择“驱动备份”选项卡。

❷勾选所要备份的硬件设备前的复选框后单击“开始备份”按钮，即可开始备份相应设备的驱动程序，如图2—9所示。

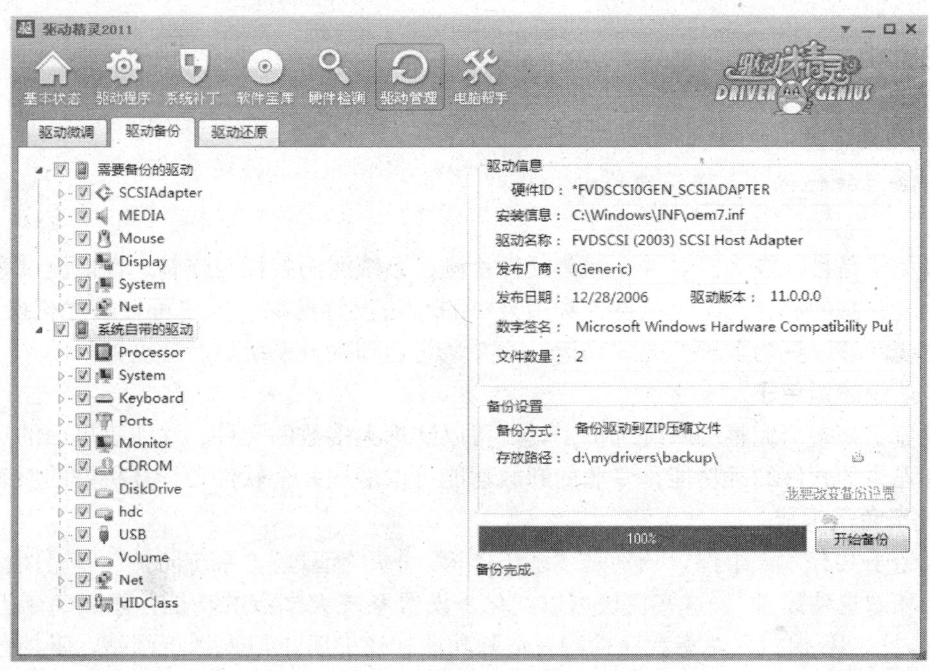


图2—9 驱动精灵-备份驱动程序

### 提示

1. 在“请选择备份模式”下拉列表框中，共有ZIP和文件夹两种备份方式供用户选择。

2. 单击“我要改变备份设置”链接，在弹出的“系统设置”对话框中，可以对软件升级、启动方式、关闭方式、驱动下载路径、驱动备份路径、备份设置、驱动路径、下载软件安装包保存目录、安装设置、卸载设置和服务器代理设置等一些选项进行设置。

## 三、还原驱动程序

**操作步骤：**

❶单击程序界面上方的“驱动管理”按钮，弹出“驱动管理”选项组，选择“驱动还原”选项卡。

❷勾选“驱动备份”分支下的“MEDIA/Realtek High Definition Audio”复选框，单击“开始还原”按钮，计算机即开始对选中的驱动进行还原。还原结束后，重新启动计算机才能生效。单击弹出对话框内的“是”按钮，即可完成驱动程序的还原操作。重新启动计算机后还原的驱动程序才能生效。

### 四、卸载驱动程序

操作步骤：打开“驱动卸载”选项界面，驱动精灵为用户列出了所有可卸载驱动程序的硬件设备列表。勾选设备前的复选框后，单击“卸载所选驱动”按钮，即可把相应硬件设备驱动程序卸载。完成后单击弹出对话框中的“确定”按钮即可。

## 课题8　清理和优化系统——超级兔子

**学习目标：**

1. 了解超级兔子的组成及功能。
2. 掌握系统优化流程。
3. 掌握系统优化、系统清理的方法。

超级兔子是目前较为知名的一款集硬件检测、系统漏洞扫描与修补、性能测试和系统维护及优化于一身的综合性工具软件。利用其中的魔法设置模块，用户可轻松优化操作系统，使操作系统能够以更为合理的方式来运行，并最终达到提升系统运行速度的目的。

### 一、认识超级兔子

超级兔子是一个完整的系统维护工具，可以清理大多数的文件、注册表里面的垃圾，同时还具有强力的软件卸载功能。专业的卸载功能可以清理一个软件在计算机内的所有记录。

#### 1. 超级兔子组成

超级兔子共有六大组件，分别是“系统体检”“系统清理”“系统防护”“软件管理”“硬件管理”和“选项设置”。这些模块可以优化、设置系统大多数的功能。超级兔子上网精灵具有IE修复、IE保护、恶意程序检测及清除功能，还能防止他人浏览网站，阻挡色情网站以及过滤端口。

超级兔子的系统检测功能可以诊断一台计算机系统的CPU、显卡、硬盘的速度，由此检测计算机的稳定性及速度，还具有磁盘修复及键盘检测功能。超级兔子进程管理器具有网络、进程、窗口查看方式，同时超级兔子网站还提供了大多数进程的详细信息，是目前国内最大的进程库。

超级兔子安全助手可以隐藏磁盘、加密文件；超级兔子系统备份能完整保存Windows注册表的软件，彻底解决系统问题。

#### 2. 超级兔子功能

超级兔子的核心功能是可以方便快捷地修改Windows操作系统的某些设置和安全地维护Windows系统的正常运行，概括起来共由17个部分构成。

（1）自动运行（Autorun）。一些软件在安装时，会在快速启动栏里面添加项目，以便每次开机时都可以自动运行。这样的设定固然方便用户的使用，但同时也给系统增添了额外的负担。当计算机内这样的程序过多时，系统的启动速度就会明显变慢。超级兔子的自动运行功能就是方便用户合理地调整这些自动运行的程序，把不必要的自动运行程序禁止掉，从而达到优化系统的目的。当然，如果用户希望能在开机时运行的程序，也可以将其添加至快速启动栏中。

(2) 卸载与反安装 (Uninstall)。现在有些软件安装后很难卸载，或是一些软件被删除后还在“添加或删除”程序中留有痕迹。超级兔子中的“删除与反安装”功能可以将这些残留痕迹去除掉，为用户排忧解难。

(3) 输入法 (Input)。按“Ctrl＋Shift”组合键可依次选择输入法，这时可查看计算机里所安装的输入法，可以解决有时为按下“Ctrl＋Shift”组合键却切换不到所需要的输入法的问题。使用超级兔子时，首先把英文输入法固定在第一个位置，从而可以快速使用该输入法，有利于所有软件的正常运行。用户可以把常用的输入法通过单击“Up/Down”按钮移动到想要的位置，也可以把不常用的输入法删除掉（单击“Remove”），或者通过单击“Add”按钮增加某种输入法。

(4) “开始”菜单 (Start menu)。在“开始”菜单中的很多项目都可任意删除与添加，超级兔子可以帮助用户进行调整。超级兔子的“开始”菜单的功能主要分为三个方面，依次是修改图标、隐藏特殊功能（如在右键菜单）、开始菜单添加特殊选项（如加入回收站）。

(5) 计算机启动 (Boot)。很多学校机房的计算机都在开机时显示一个启动列表，学生上机时就能按照自己希望的方式启动了。这虽然很实用，但设置方法却较为复杂。不过有了超级兔子就方便多了，用户只需在下拉菜单中选择保存计算机开机时的启动列表即可。

(6) 网络 (Network)。由于我国的网络条件所限，网速基本上都比较慢，于是网络加速就成了一个很实际的功能。超级兔子可根据使用的实际状况优化网络，在一定程度上达到网络加速的目的。

(7) IE (IE4/5)。在 4.0 以上版本的 IE 中，用户可以调整 IE 自动搜索网址的关键字，不用输入网址全名，浏览器就会自动地帮助用户查找出来。有了超级兔子，用户可以添加更多的查找方式。可用“%s”表示通配符，例如，建立 www.%s.com 网址条目，当输入“%duo”的时候就可以登录到 www.duote.com。IE、Outlook 的标题、Outlook 的路径也都可以在这里修改。单击“默认 (Default)”按钮可以恢复系统默认设置。

(8) 磁盘与光驱 (Drives)。设置“自动运行 CD (Autorun CD)”，只需勾选相应复选框“自动播放 CD 程序”选择播放 CD 的软件，如 Windows 提供的 CD 播放器、超级解霸软件等。单击“默认 (Optimize)”按钮自动恢复到系统默认播放程序。

(9) 安全与其他 (Security)。超级兔子在这方面有很多有用的功能，例如“禁止 Regedit.exe 的运行”“禁止 DOS 程序的运行”和“禁止活动桌面”等。

(10) 系统 (System)。超级兔子可以对计算机的一些个人信息做修改。

(11) 显示效果 (Screen)。每一个应用程序创建的快捷方式图标下都会出现一个小箭头的图案，超级兔子特别为此提供了去除小箭头的方案。只要用户选择了“Blank Shortcut icon”，就可去除掉小箭头。

(12) 桌面与图标 (Desktop)。超级兔子可以帮助用户选择出现在计算机桌面上的图标，即修改如“我的电脑”“回收站”等一些桌面图标的显示方式和决定哪些图标出现在桌面上。其中“我的电脑”图标无法删除。

(13) 清除垃圾 (Clear)。Windows 下的很多软件都会保留一些最新使用的信息，IE 浏览网页后也会留下大量的缓存文件，久而久之系统就会相当的臃肿。使用超级兔子选择需要清理的程序即可清除系统中的垃圾文件。

(14) 控制面板 (Control Panel)。控制面板是系统中最重要的组件，可修改计算机的每一个设置，所以对控制面板的保护尤为重要。在超级兔子中将该项目前面的复选框去掉，可禁止该项目的使用。可避免这方面的一些操作而影响计算机正常运行。

(15) 高级隐藏 (Hide)。超级兔子中的该功能可帮助用户隐藏“开始”菜单程序中的一些选项，还可以隐藏驱动器图标。

(16) 右键菜单 (Menu)。超级兔子中的“右键菜单”功能可以定义某个文件被右键单击时弹出相应的菜单项，还可以设定某一类型文件的打开方式。此外，通过超级兔子还可以在右键菜单中添加“关机”等项目，让用户使用 Windows 更加便捷。

(17) 加速 (Speed)。当计算机系统运行越来越慢时可以使用超级兔子中的加速功能。它提供了一些系统的加速方案和解决办法，如定制虚拟内存的选项等。

另外，“Rabbit RegScan”是超级兔子的另一个重要组成部分，可以对注册表进行清理。计算机运行一段时间后会在注册表里留下很多不必要的信息，注册表因为太大会减慢系统速度，而注册表却又是关系到系统能否正常运行的数据库。超级兔子提供了“安全第一”“专家用户”和“疯狂模式”等几种扫描方式以适应不同需求的用户。推荐使用“安全第一”的方式扫描错误的菜单排序和不存在的文件。

**二、系统优化流程**

利用超级兔子优化操作系统可从以下几个方面进行：

**1. 系统体检**

可以用“系统体检”功能来发现当前操作系统中存在的问题并制定出解决的办法，例如“发现 IE 相关项目被修改”“系统中存在共享资源”“系统中存在垃圾”“系统中有 3 个漏洞”等，如图 2—10 所示，并详细地显示查看及修复清理的方法。另外，还可对系统安全方面的项目进行相应的检测，以便发现问题、及时处理。

图 2—10 超级兔子-“系统体检”选项

**2. 开机优化**

在“开机优化”选项中，可分别从“启动项”“服务项”和“多系统启动”三个方面进行优化。如把启动计算机时不必要启动的应用程序设置为禁止，这样就使得该项不随系统自动启动，如图 2—11 所示。

图 2—11　超级兔子-“开机优化”-“启动项”选项卡

**3. 魔法设置**

在“魔法设置”选项中，有“系统设置”和“个性化设置”两个选项卡。在“系统设置”选项中，可分别从“原‘超级兔子魔法设置’中的经典功能，加快系统运行效率!”及“系统优化项目”这两大选项组中进行优化设置，如图 2—12 所示。在“个性化设置”选项中可通过“WIN7 评分个性化”“IE 信息个性化”“图标选项设置”及“输入法设置（win7 下都需要重启)”这几个方面进行个性化优化，如图 2—13 所示。

**提示**

在设置过程中若遇到错误，系统还会提示将错误报告发送至微软的相关部门，只有当计算机接入互联网后，错误报告才能真正地发送至微软的相关部门。因此，如果用户计算机没有连接网络，则应当关闭系统的错误报告功能。

## 三、系统优化方法

**1. 新版优化设置**

(1) 原“超级兔子魔法设置”的经典功能

操作步骤：启动超级兔子，选择“系统体检/魔法设置/系统设置”选项，展开“原‘超级兔子魔法设置’中的经典功能，加快系统运行效率!”中的各选项，推荐初学者使用界面下方的“推荐”选项完成这个选项的设置。

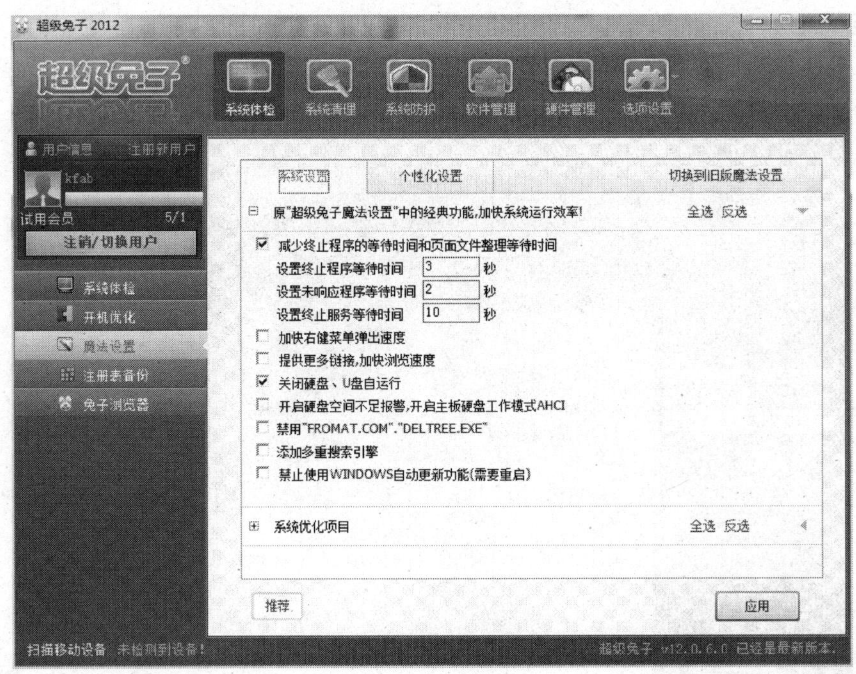


图 2—12　超级兔子-“魔法设置”-“系统设置”选项卡

图 2—13　超级兔子-“魔法设置”-“个性化设置”选项卡

（2）系统优化项目

操作步骤：启动超级兔子，选择“系统体检/魔法设置/系统设置”选项，展开“系统优化项目”中的各选项，推荐初学者使用界面下方的“推荐”选项完成这个选项的设置，如图

2—14 所示。

图 2—14　系统优化项目

从以上两个方面进行优化设置后，单击“应用”按钮，即可完成全部优化操作过程。

**2. 切换到旧版魔法设置**

熟悉旧版超级兔子魔法设置的用户，还可以在新版超级兔子中切换到旧版魔法设置界面进行相应的设置。

启动超级兔子，选择“系统体检/魔法设置/系统设置”选项，单击“切换到旧版魔法设置”链接，对“磁盘、光盘、U 盘自动运行”“IE7/8 多重搜索引擎”及“Win7 文件夹视图”进行相应的设置，如图 2—15 所示。

单击“优化系统”选项，在弹出的优化系统界面中有“详细优化”和“自动优化”两个选项卡可供操作。

（1）详细优化

**操作步骤：**

❶选择“详细优化”选项卡，单击“下一步”按钮，分别弹出“会跟随 Windows 启动的软件”“关机”“对错误的处理”“网络优化”“鼠标右键的新建菜单”窗口。在弹出的窗口中均可采用默认设置，并分别单击“下一步”按钮。

❷依次弹出“添加新的右键菜单”“窗口菜单显示”“桌面图标背景”“清除木马黑客程序”“IE 浏览器”“IE 插件”“IE 7 多引擎搜索”“WinZip 解压缩软件”及“媒体播放器”窗口，均采用默认设置，并分别单击“下一步”按钮。待设置至最后一步，单击“完成”按钮即可。

（2）自动优化

操作步骤：在图 2—16 中选择“自动优化”选项卡，软件会以最快速度设定好一切参数，自动选择标准的优化选项，不需要用户过问。用户可以选择优化系统或优化应用软件。在此，推荐同时优化两者，直接单击“下一步”按钮即可。

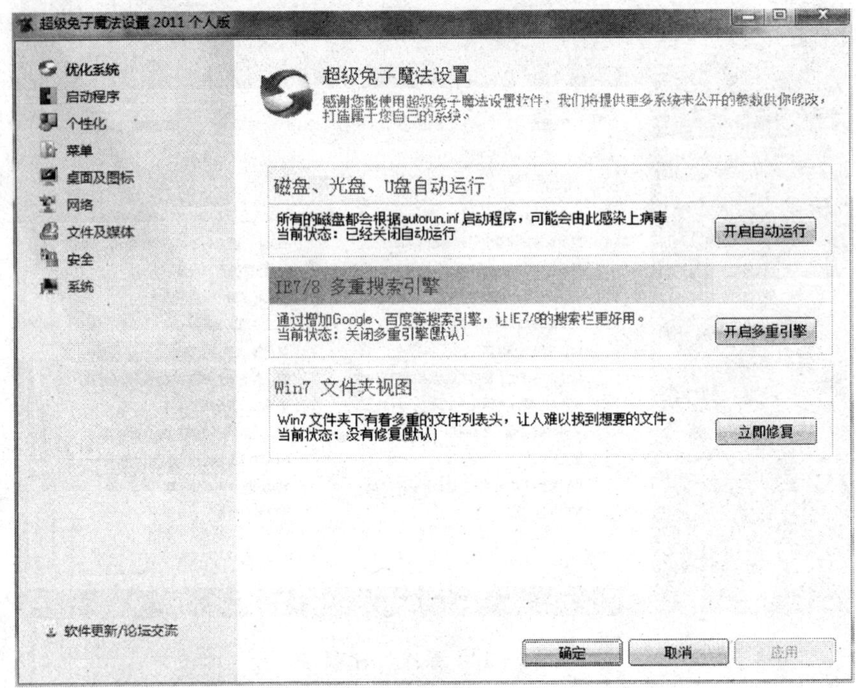


图 2—15 “超级兔子魔法设置 2011 个人版”窗口

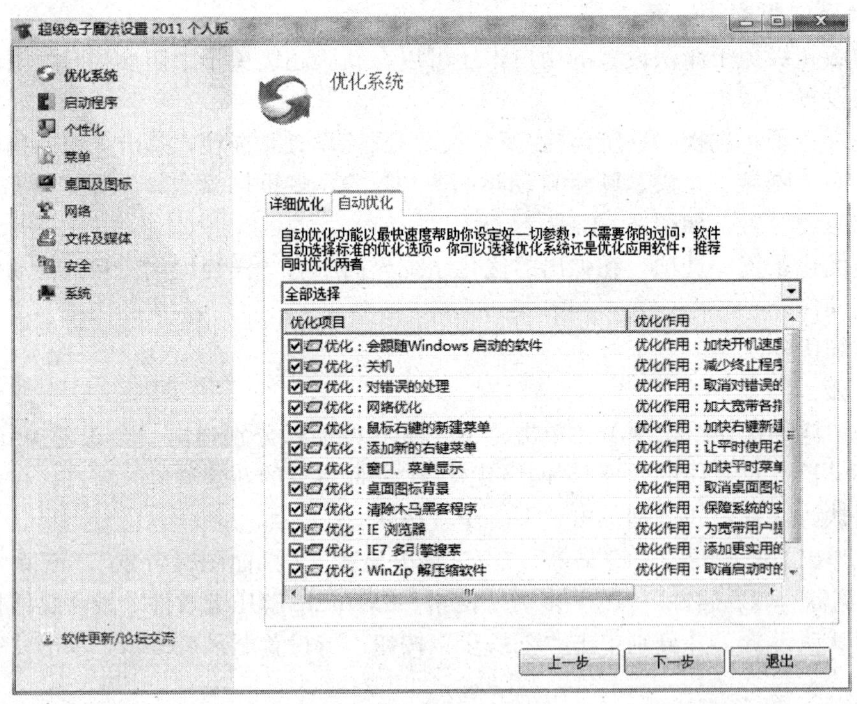


图 2—16 “自动优化”选项卡

## 四、系统清理

在超级兔子主窗口中，单击“系统清理”选项，弹出“系统清理”窗口，窗口中有“清理痕迹”“清理垃圾文件”“清理注册表”和“清理 IE 插件”四个选项卡。

### 1. 清理痕迹

操作步骤：在“系统清理”窗口，选择“清理痕迹”选项卡，可分别勾选“清理 IE 使用痕迹”“清理系统使用痕迹”及“清理软件使用痕迹”复选框，如图 2—17 所示。

图 2—17 “清理痕迹”选项卡

### 2. 清理垃圾文件

操作步骤：在“系统清理”窗口，选择“清理垃圾文件”选项卡，当在左窗格中勾选相应的磁盘驱动器及目录时，在右窗格中会列举出“清理格式列表”，可单击“添加”选项来添加“清理格式列表”中的清理格式内容，如图 2—18 所示。

### 3. 清理注册表

操作步骤：在“系统清理”窗口，选择“清理注册表”选项卡，勾选要清理内容的复选框，还可设置默认“全选”，然后单击“立即清理”按钮，即可开始清理注册表，如图 2—19 所示。

### 4. 清理 IE 插件

操作步骤：在“系统清理”窗口，选择“清理 IE 插件”选项卡，勾选要清理的 IE 插件复选框，还可设置默认“全选”，然后单击“立即清理”按钮，即可开始清理 IE 插件，如图 2—20 所示。

图 2—18 “清理垃圾文件”选项卡

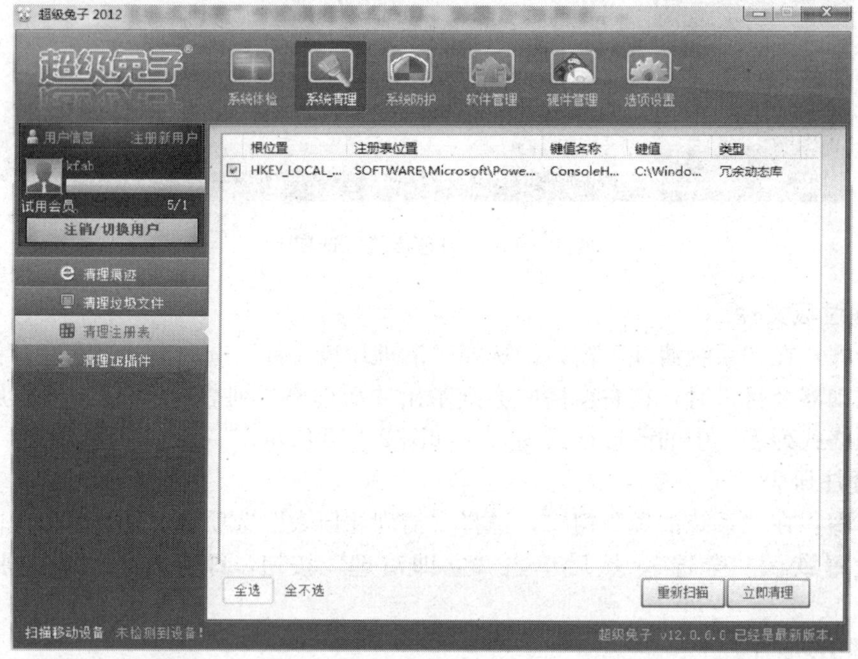

图 2—19 “清理注册表”选项卡

**提示**

为了使操作更加简单，新版的超级兔子把旧版的功能进行了进一步的整合，因此旧版中有些功能在新版中没有直接显示出来。若不习惯对新版进行操作，可在“系统体检”选项中切换到旧版魔法设置界面。

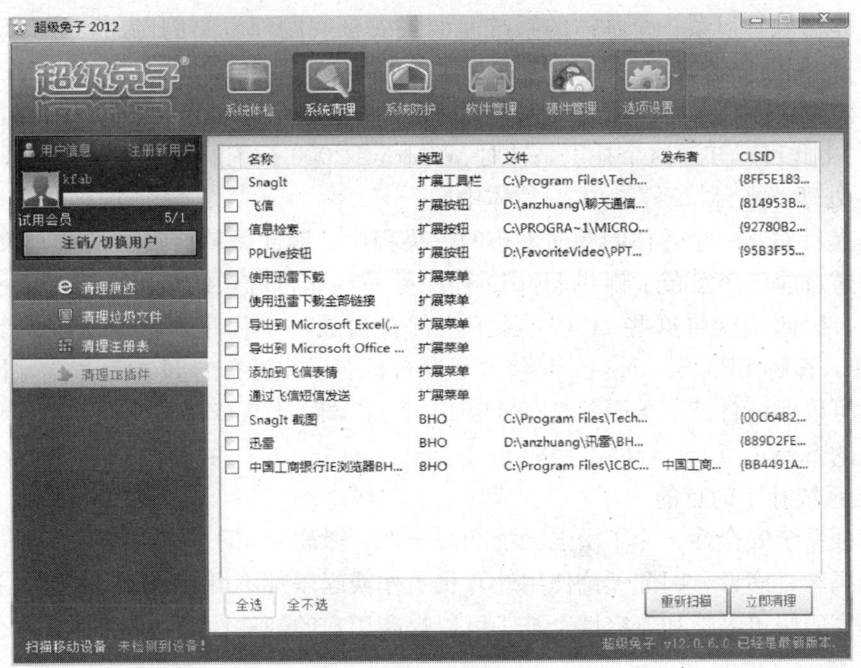


图 2—20 “清理 IE 插件”选项卡

# 课题 9 操作系统安装更新补丁

**学习目标：**

1. 了解系统补丁更新流程。
2. 掌握 Windows Update 的使用方法。
3. 掌握补丁下载、安装的方法。

Windows Update 是微软提供的一个工具，专门用于为 Windows 操作系统软件和基于 Windows 的硬件提供更新程序。更新程序可以解决已知的问题并可修补已知的安全漏洞。

## 一、认识 Windows Update

Windows Update 是用来升级系统的组件，通过它来更新操作系统，能够扩展系统的功能，让系统支持更多的软、硬件，解决各种兼容性问题，从而使系统更安全、更稳定。通过这种方式，用户在更新系统的时候能够畅通无阻。微软发布的更新程序类型多种多样，可用于解决形形色色的问题。

### 1. 安装系统补丁的意义

一般来说，应用程序越是庞大，其内部的隐患也就越多。因此，当 Windows 操作系统出现漏洞后，微软公司便会尽快进行确认，并推出相应的补丁程序，以修复和解决操作系统中的各种漏洞。尽快获取和安装系统补丁，才能避免因系统出现漏洞而遭受恶意用户的攻击。

### 2. 系统补丁的类型及其区别和联系

微软发布的系统补丁有两种类型：Hotfix 和 Service Pack。

Hotfix 是微软针对某一个具体的系统漏洞或安全问题而发布的专用程序，Hotfix 程序的文件名有严格的命名规定，一般格式为“产品名-KBXXXXXX-处理器平台-语言版本．exe”。如微软针对震荡波病毒而发布的 Hotfix 程序名为“Win2K-KB835732-X86-CHS. exe”，由此可以知道这个补丁是针对 Windows 2000 系统的，其知识库编号为 835732，应用于 X86 处理器平台，语言版本为简体中文。

Hotfix 是针对某一个具体问题而发布的解决程序，因此微软会经常发布，数量非常大。用户想要知道目前已经发布了哪些 Hotfix 程序是一件非常麻烦的事，自己是否已经安装就更难获悉了。因此微软将这些 Hotfix 补丁全部打包成一个程序提供给用户安装，这就是 Service Pack，简称 SP。Service Pack 包含了发布日期以前所有的 Hotfix 程序，因此只要安装了它，就可以保证自己不会漏掉任何 Hotfix 程序。而且发布时间晚的 Service Pack 程序会包含以前的 Service Pack 程序，例如 SP3 会包含 SP1、SP2 的所有补丁。

**3. 安装系统补丁的目的**

(1) 增强系统安全性。为了增强系统的安全性，微软公司不断推出各种系统安全补丁以应对众多的黑客、病毒。因此无论使用计算机工作或娱乐都不可避免地需要涉及补丁程序。

(2) 提高系统可靠性和兼容性。补丁可以提高用户的硬件性能，还可以使操作系统更加稳定。

(3) 实现更多的功能。补丁中通常会有很多实用的小软件，这些都是微软所推荐用户添加的，安装了这些补丁可以提高用户的使用效率。

## 二、使用 Windows Update 下载及安装系统补丁

### 1. 打开“Windows Update”窗口

**操作步骤：**

❶首先确保计算机已连接到网络，在“控制面板\网络和 Internet\网络和共享中心”窗口中可以查看网络是否成功连接，如图 2—21 所示。

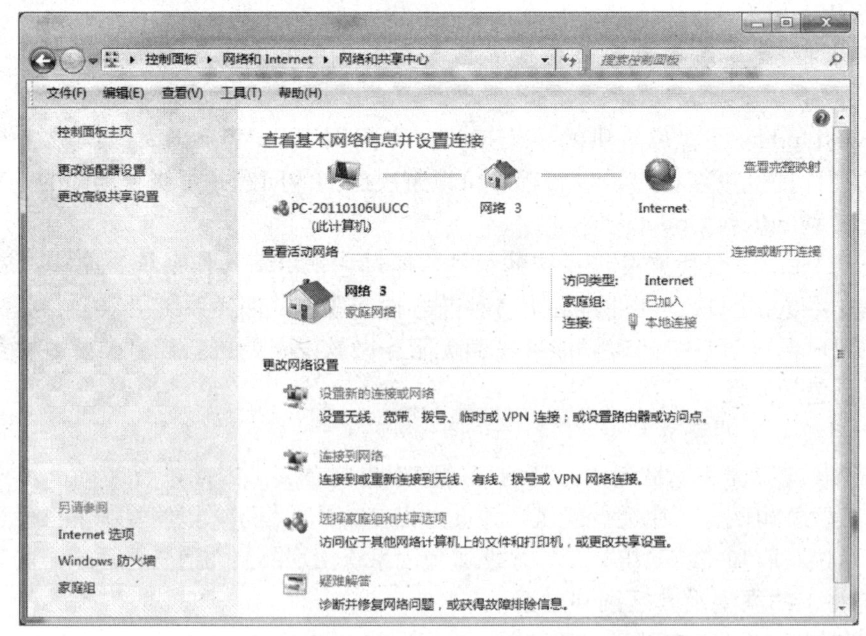


图 2—21　网络和共享中心

❷在“控制面板/系统和安全”窗口中，单击“Windows Update”超链接，如图 2—22 所示，弹出“控制面板/系统和安全/Windows Update”窗口。

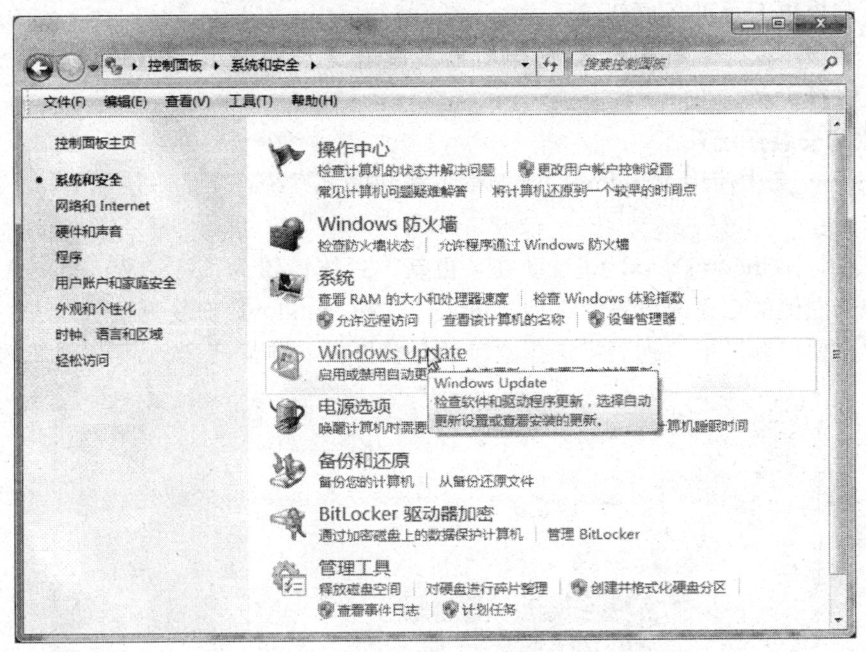


图 2—22　打开“Windows Update”窗口

使用 Windows Update 可以第一时间准确安装所有更新，比常见的修复工具如金山卫士更为及时、准确。经过设置，Windows Update 还可以提供 Office、Visual Studio 的更新，其他产品只能提供漏洞更新。最重要的是 Windows Update 提供的补丁往往比第三方工具要多。如果滥用修复软件很可能安装错误的补丁，导致系统无法启动。

为了使用户更加方便地获得最重要的更新程序（保护用户计算机和信息的更新程序），Windows Update 采用两个类别的补丁：重要和可选。重要的往往是漏洞补丁，可选的一般是驱动、软件、语言包等，如图 2—23 所示。

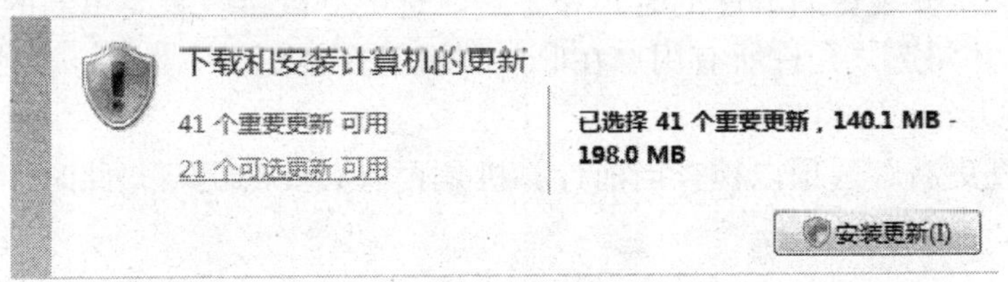


图 2—23　更新程序的类型

**2. 打开“Windows Update”窗口的其他方法**

（1）高版本操作系统可以直接单击“开始/所有程序/Windows Update”命令，弹出“Windows Update”窗口再进行后续的操作。

（2）对于 Windows Vista 操作系统，单击“开始/运行”命令，输入“wupdmgr”后按 Enter 键确认，或者打开“我的电脑”，在地址栏里输入“C：\WINDOWS\system32\wupdmgr. exe”，然后按 Enter 键，也可弹出“Windows Update”窗口。

(3) 低版本操作系统可以直接在浏览器中输入“Windows Update”网址后按 Enter 键确认，即可弹出更新页进行更新。

(4) 在低版本操作系统中打开 IE 浏览器，单击“工具/Windows Update”命令，也可弹出更新页进行更新。

**3. 下载和安装系统补丁**

在 Windows 7 中使用 Windows Update 下载和安装系统补丁的方法如下：

**操作步骤：**

❶首先设置 Windows Update 自动安装更新。具体设置为：在“Windows Update”界面中单击位于左侧的“更改设置”选项，进入“选择 Windows 安装更新的方法”界面。

❷在“重要更新”下拉列表中选择“自动安装更新（推荐）”选项，如图 2—24 所示。

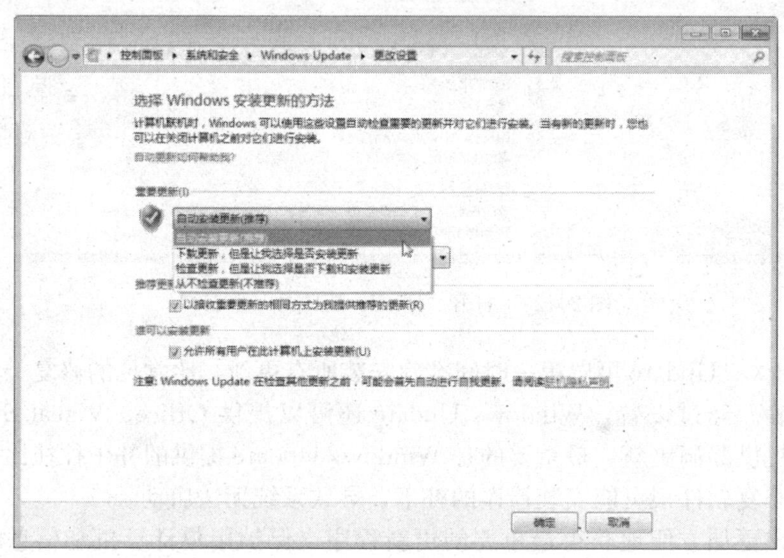


图 2—24　更改设置

❸根据需要决定安装更新程序的时间和方式，选中“以接收重要更新的相同方式为我提供推荐的更新”，并勾选“允许所有用户在此计算机上安装更新”选项。单击“确定”按钮，回到“Windows Update”窗口。

❹单击“检查更新”选项以检查当前计算机是否有必要的更新，此时计算机会开始进行联机检查，如图 2—25 所示。

 **提示**

通常与安全性相关的更新程序每月发布一次。但是，如果出现严重安全威胁（例如影响基于 Windows 操作系统计算机的广泛传播的病毒），微软则会在第一时间发布相应的更新程序。所以，使用“Windows Update”功能是一个好办法，这样计算机就可以在第一时间收到高优先级更新程序。

❺计算机在检查更新完成后会返回“Windows Update”窗口，并将可以下载和安装的更新显示在窗口中，此时可单击“安装更新”按钮，如图 2—26 所示。

图 2—25　检查更新

图 2—26　安装可以使用的更新

**提示**

在安装某个更新程序之前单击该更新选项，可以查看关于该更新的官方说明。要查看系统要求和支持信息，可以打开官方介绍进行查看。通常情况下用户无须查看具体系统要求，因为 Windows Update 会自动判断更新是否适用于本系统。

❻下载补丁前通常会显示该更新程序的许可条款，选择“我接受许可条款”并单击“完成”按钮。

❼计算机开始下载补丁。如果长时间没有更新，补丁数量会比较多，要全程保持网络的通畅。系统补丁下载完毕后，计算机会自动安装这些补丁。安装完成时，系统会提示重新启动计算机，单击“立即重新启动”按钮以完成补丁的安装。

**提示**

1. 补丁安装过程中由于系统正在运行，文件无法修改，所以要在登录系统之前进行更新。通常情况下 Office 的补丁安装后便生效，漏洞补丁往往要安装后重启才能生效。

2. 除了使用 Windows Update 之外，还可以使用手动安装的方法进行系统补丁的下载及安装。微软专门为客户提供了帮助和支持的网站 http://support.microsoft.com/。该网站提供了大量技术文档、安全公告、补丁下载服务，经常访问可及时获得相关信息。

3. 各类安全网站、杀毒软件厂商网站经常会有安全警告，并提供相关的解决方案，其中也包含了各类补丁的下载链接。通过链接下载补丁程序后，只须运行安装并按提示操作即可。

## 练　习

用截图的方式回答以下问题。要求图片均为 JPEG 格式，其命名以题号为序进行，如第 2 题中的第 3 小题，则命名为“2－3.JPEG”。将这些图片均存入以“学号”＋“姓名”命名的文件夹中，将该文件夹压缩存入作业 U 盘或发送至教师指定的信箱中。

1. 使用 Windows 优化大师

(1) 设置系统缓存优化为“输入/输出缓存大小（1GB 以上内存推荐：128MB）”“自动关闭无响应的应用程序”“关闭无响应的程序等待时间设置为 1 秒”“应用程序出错等待时间设置为 1 秒”“快速响应应用程序请求”“把内存性能配置为最小内存消耗”“将设置操作系统分配更多的 CPU 运行前台程序”和“计算机设置为高性能、高耗能模式”。

(2) 在文件系统优化中设置：“优化 CD/DVD-光驱最佳访问方式”“禁用 Media Player DVD 播放功能”“关闭调试工具自动调试功能”“需要时允许 Windows 自动优化启动分区”“空闲时允许 Windows 在后台优化硬盘”“启用用户账户控制（UAC）”“安全等级（当管理员试图进行受 UAC 保护的动作时），请求确认（推荐）”“当普通用户试图进行受 UAC 保护的动作时，资格认证（需要密码认证）”“UAC 对每一个非管理员用户启用虚拟文件及注册表存储”“UAC 检查到安装操作时自动进入保护模式”。

(3) 优化 PPPoE 上网方式。

(4) 扫描木马程序、蠕虫病毒。

(5) 设置“禁用注册表编辑器 RegEdit”和“禁止执行注册表脚本文件”。

2. 使用驱动精灵

(1) 对需要备份驱动的硬件进行备份。

(2) 对网卡驱动程序进行更新操作。

(3) 对网卡驱动程序进行还原操作。

3. 使用超级兔子

(1) 在输入法顺序设置中把“美式键盘”设置为从上至下第二位。

(2) 去除一个应用程序快捷方式右下角的小箭头图案。

(3) 清除 IE 使用痕迹。

(4) 清除垃圾文件，清理注册表（此处显示扫描结果即可，不必做“立即清理”操作）。

(5) 清理恶意软件。

(6) 优化系统运行效率：减少终止程序的等待时间和页面文件整理等待时间（按照默认设置优化即可）。

4. 使用 Windows Update

(1) 查看最新的系统更新项目。

(2) 设置 Windows 安装更新的方法为：“检查更新，但让我选择是否下载和安装更新。”

# 单元 3　文件管理工具

文件是计算机管理和存储数据的基本单位，而文件夹则像是存储文件的“抽屉”。用户在使用计算机的过程中，随着文件和文件夹数量的日益增多，对文件和文件夹的管理会变得越来越困难。同时，大量的文件还会影响到计算机的工作性能。而利用专门的文件管理工具，则可以有效地管理文件和文件夹，从而大大提高工作效率。

使用文件管理工具，可以对文件或者文件夹进行分类、压缩、保护和恢复等操作。虽然用户也可以手动进行这些操作，但专门的文件管理工具操作更简单、更方便快捷。

## 课题 10　文件管理概述

**学习目标：**

了解常见的文件类型及文件存储特点。

文件管理旨在方便保存和迅速提取文件。所有的文件都将通过文件夹被很好地组织起来，放在便于用户寻找的位置。在对文件进行管理之前，先来了解文件类型以及加密和数据恢复的原理。

### 一、常见文件类型

对文件进行分类，可以更有效、方便地组织和管理文件。按照文件存储数据的类型进行分类是较为常用的文件分类方法。常见文件类型如下：

**1. 程序文件**

由可执行程序代码组成的文件即为程序文件。在系统中，程序文件的文件扩展名一般为 .COM和 .EXE 等。

**2. 文本文件**

文本文件通常由数字和字母组成。一般情况下，文本文件的扩展名为 .TXT。

**3. 图像文件**

图像文件是指用于存放图片信息的文件。例如，常见的位图文件便是图像文件。

**4. 多媒体文件**

多媒体文件是指以数字形式保存的音频或视频文件。在 Windows XP 系统中，常见的多媒体文件有很多，如扩展名为 .mp3 的文件。

### 二、文件存储特点

在使用计算机的过程中，数据都是以文件形式存在的。因此，若要对文件进行合理的管理操作，需要先了解文件在计算机中存储的特点。

**1. 文件名称的唯一性**

在同一磁盘的同一目录下，不允许出现相同的文件名。

**2. 文件的可修改性**

用户可以对文件进行添加、修改、删除等多种操作。

**3. 文件的可移动性**

文件可以存储在磁盘、光盘和 U 盘等存储介质中。并且可以实现文件在计算机和存储介质之间或者计算机和计算机之间的移动和复制。

**4. 文件位置的固定性**

文件在磁盘中存储的位置是固定的，在某些情况下，需要给出文件的存储路径，从而通知程序和用户该文件的位置。

## 课题 11　文件压缩软件——WinRAR

**学习目标：**

1. 掌握压缩文件、解压文件的操作方法。

2. 能够创建自解压缩文件、设置自解压文件的密码。

3. 掌握创建桌面快捷方式、分卷压缩、设置分卷压缩文件的大小、设置压缩方式的方法。

文件压缩软件种类日益增多，WinRAR 就是其中一款功能强大的压缩、解压缩工具。其内置程序可以解压多种类型的档案文件、镜像文件和 TAR 组合型文件；压缩率进一步提高，而资源占用率相对较少。

### 一、WinRAR 的主要特点和部分功能介绍

要正确使用 WinRAR 快速整理大量的压缩文件，就要先了解它的主要特点和部分功能。

1. 对 RAR 和 ZIP 压缩文件的完全支持。支持 ARJ、CAB、LZH、ACE、TAR、GZ、UUE、BZ2、JAR、ISO 类型文件的解压。

2. 支持分卷压缩功能，支持创建自解压文件，可以制作简单的安装程序，使用方便。

3. 强大的压缩文件修复功能，能够最大限度地恢复损坏的 RAR 和 ZIP 压缩文件中的数据。如果设置了恢复记录，甚至可能完全恢复。

4. 工业标准 AES 加密。

5. 提供固定格式的压缩算法，在很大程度上提高了类似文件或大量小文件的压缩率。

6. 可以保存 NTFS 数据流和安全数据。

7. 与资源管理器整合，操作简单、快捷。

8. 支持 Unicode 编码文件名，具有强大的常规、文本、多媒体和可执行文件压缩功能。

9. 文件防删改技术。在制作压缩文件时，为了防止他人对其进行修改（例如删除或添加压缩包中的文件等），常常希望压缩文件具有防删改功能。利用 WinRAR 很容易制作这样的“只读”压缩包来实现防删改功能。

10. 文件查找功能。在查找文件时，通常使用 Windows 提供的文件搜索功能，但是如

果要搜索的文件包含在压缩包中，Windows 就无能为力了。可以使用 WinRAR 提供的更加强大的文件查找功能。

11. 解压缩“提速”功能。许多用户在使用 WinRAR 解压文件时，常常在资源管理器中选中压缩文件，在右键菜单中选择解压命令，将压缩文件释放到当前目录下的指定文件夹中。但在处理体积庞大的压缩文件时，解压速度将明显变慢，即使在配置较高的机器上也是如此。实际上，WinRAR 在释放压缩包时，并没有直接将文件解压到指定文件夹中，而是首先解压到临时文件夹中，等解压完成后才将文件复制到指定文件夹中。由于一般情况下解压文件是在非系统盘 C 中的，而 WinRAR 默认的这个临时文件是 C 盘的，所以可以把这一过程缩短，让 WinRAR 直接把解压出来的文件放在 RAR 文件所在的分区根目录，速度当然就更快了。

12. 巧取文件列表。如果想取得某一目录下的文件列表清单，手工逐一记录整理操作较为烦琐，利用 WinRAR 可以快速得到指定目录下的文件列表。

13. 实现 WinRAR 加解密操作“自动化”。利用 WinRAR 对文件进行加密压缩，是保护重要文件的好方法。而用户通常使用统一的密码来进行加解密操作，为了避免在加解密过程中反复输入密码，WinRAR 提供了自动化、批量化处理加密型压缩文件的功能。

14. 快捷提取 RAR 文件注释信息。WinRAR 制作压缩文件时，可以在其中包含注释信息，如注册码、使用方法等重要内容。如果压缩包比较多的话，可使用快捷提取 RAR 文件注释信息的方法来快速查看注释信息，以减少逐一打开文件的麻烦。

## 二、压缩文件

平时用到的压缩功能大多是使用右键菜单的快速压缩法。

### 1. “添加到”快速压缩

操作步骤：例如在“建筑识图讲义”文件夹上单击鼠标右键，在弹出的快捷菜单中选择“添加到‘建筑识图讲义.rar’”选项，如图 3—1 所示，即可快速压缩成 RAR 文件，如图 3—2 所示。

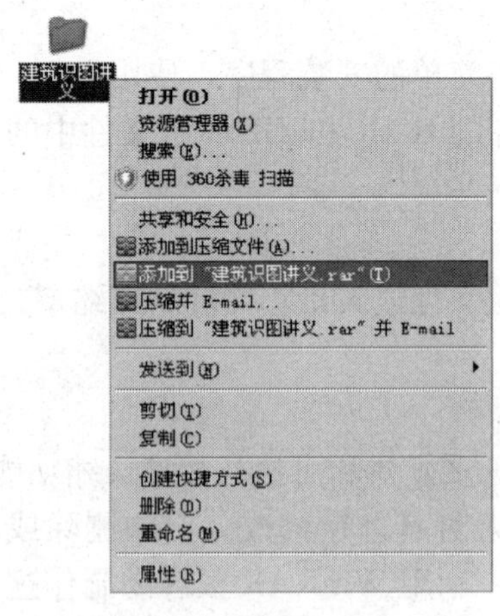

图 3—1 添加到压缩文件

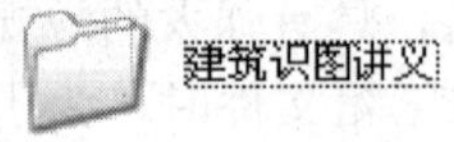


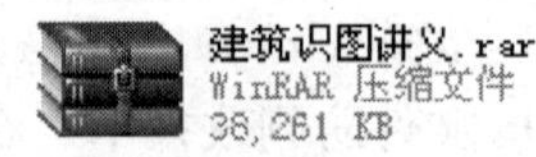


图 3—2 生成压缩文件

**2. 添加到压缩文件**

**操作步骤：**

❶例如在“建筑识图讲义”文件夹上单击鼠标右键，在弹出的快捷菜单中选择“添加到压缩文件…”选项，如图 3—3 所示。

❷在弹出的“压缩文件名和参数”对话框中选择“常规”选项卡，如图 3—4 所示。

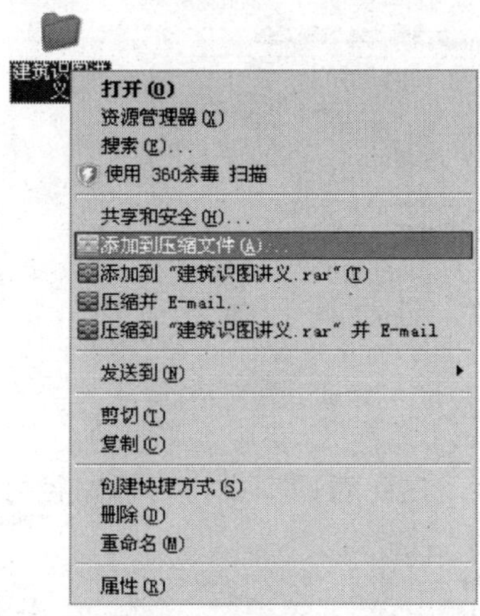


图 3—3　添加到压缩文件

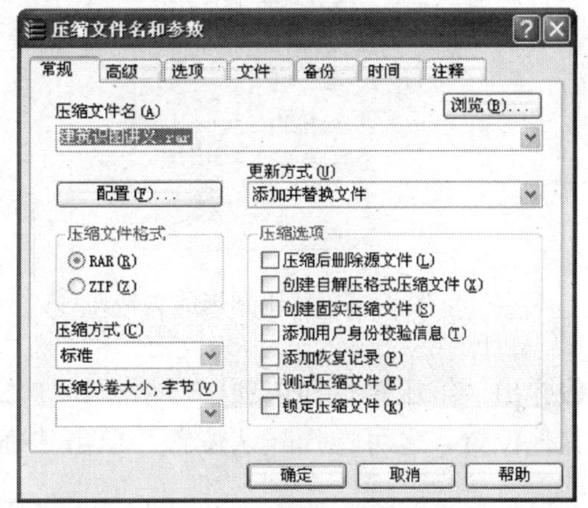


图 3—4　“压缩文件名和参数”对话框

❸在此选项卡中可以分别对“压缩文件名”“配置”“压缩文件格式”“压缩方式”“更新方式”以及“压缩选项”等进行设置。

❹单击“确定”按钮，即可生成 RAR 压缩文件，如图 3—2 所示。

**三、解压文件**

压缩的文件是不能直接使用的，必须将其解压到计算机中才能使用。解压文件和压缩文件是两个相反的过程。

**1. 解压到当前文件夹**

操作步骤：在文件上单击鼠标右键，在弹出的快捷菜单中选择“解压到当前文件夹”选项，如图 3—5 所示，即可快速解压 RAR 文件。当选择“解压到…\”选项，如图 3—6 所示，同样也可以快速解压 RAR 文件。解压中会弹出正在解压对话框，显示进度，直至完成。

 **提示**

（1）“解压到当前文件夹”选项是将压缩文件里的所有内容解压到当前文件夹。

（2）“解压到…\”选项是将压缩文件里的所有内容解压到以压缩文件名称命名的文件夹中。

**2. 解压文件**

**操作步骤：**

❶在文件上单击鼠标右键，在弹出的快捷菜单中选择“解压文件”选项，如图 3—7 所示。

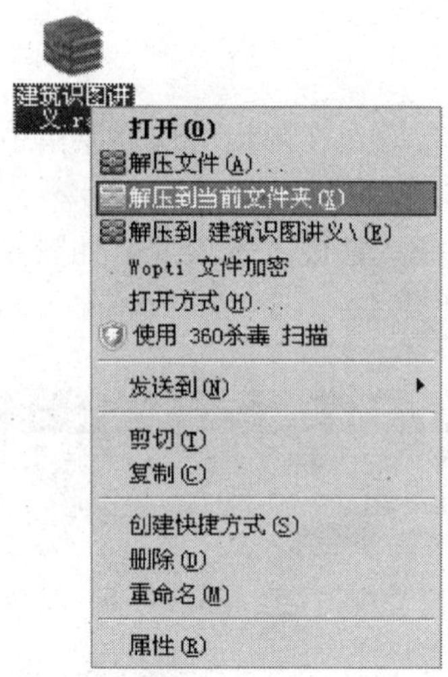


图 3—5 解压到当前文件夹

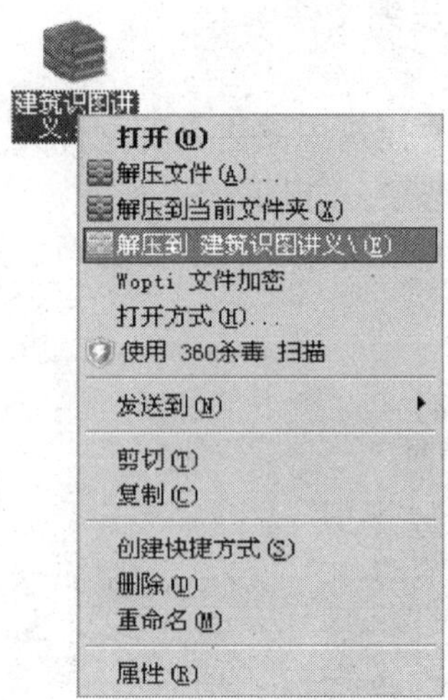


图 3—6 “解压到”对话框

❷弹出“解压路径和选项”对话框，如图 3—8 所示。在此对话框中，目标路径可以选择在其他位置，也可选择默认位置。单击“确定”按钮开始解压。

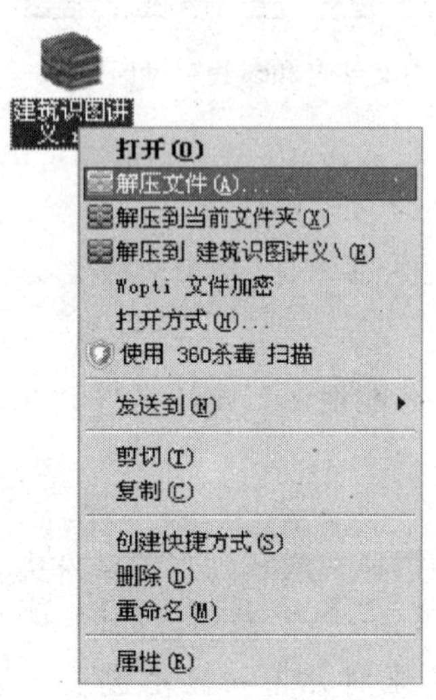


图 3—7 解压文件

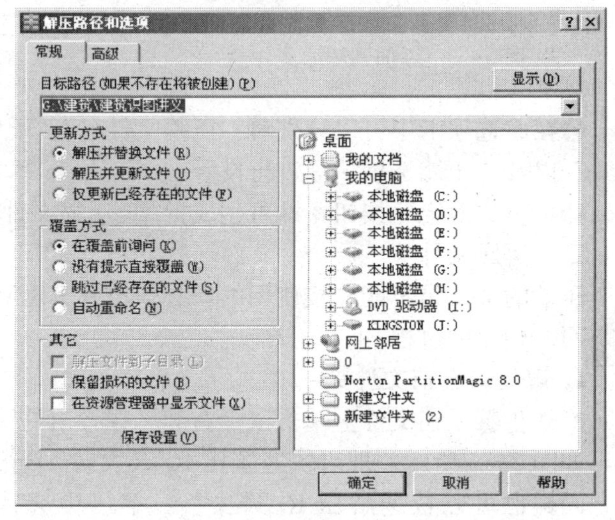


图 3—8 “解压路径和选项”对话框

## 四、自解压文件

自解压文件就是用压缩软件压缩成的可执行文件，它可以不用借助任何压缩工具，而只须双击该文件就可以自动执行解压缩。同压缩文件相比，自解压的压缩文件体积要大于普通的压缩文件。文件扩展名为 . EXE。

### 1. 创建自解压文件

下面以 WinRAR 压缩软件为例来介绍制作自解压文件的方法。

**操作步骤：**

❶启动 WinRAR 程序，如选择“本地磁盘（E:）”中的“葡萄园”文件夹，并单击工

具栏中的“添加”按钮。弹出“压缩文件名和参数”对话框，选择“常规”选项卡，如图3—9所示。在“压缩方式”下拉列表中选择合适的压缩率，在“压缩选项”选区中勾选“创建自解压格式压缩文件”复选框。

❷选择“高级”选项卡。单击“自解压选项”按钮，如图3—10所示。

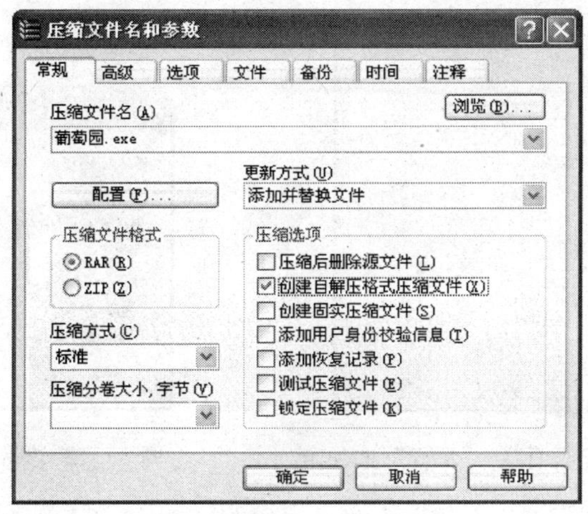


图3—9 “压缩文件名和参数”-“常规”选项卡

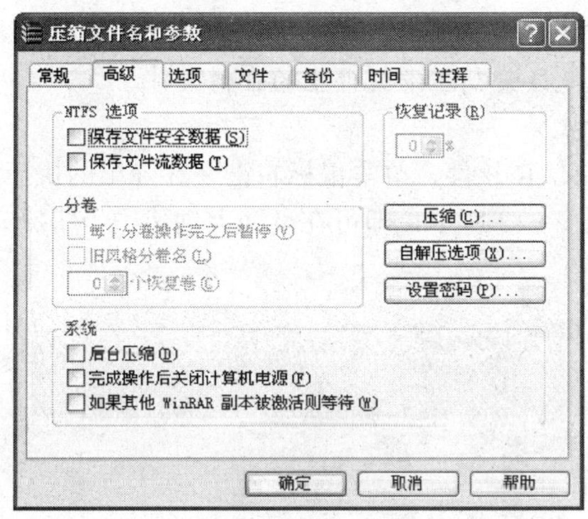


图3—10 “压缩文件名和参数”-“高级”选项卡

❸在弹出的“高级自解压选项”对话框，选择“常规”选项卡，如图3—11所示，设置解压路径，并设置“解压后运行”自动运行的程序名称，也可以省略。

❹单击“确定”按钮，自解压文件制作完成。

**2. 设置自解压文件密码**

用户可以使用WinRAR在设置自解压文件时对其进行加密，以确保文件的安全。

操作步骤：在如图3—10所示的对话框中单击“设置密码”按钮，弹出“带密码压缩”对话框，如图3—12所示，输入密码，单击“确定”按钮即可。

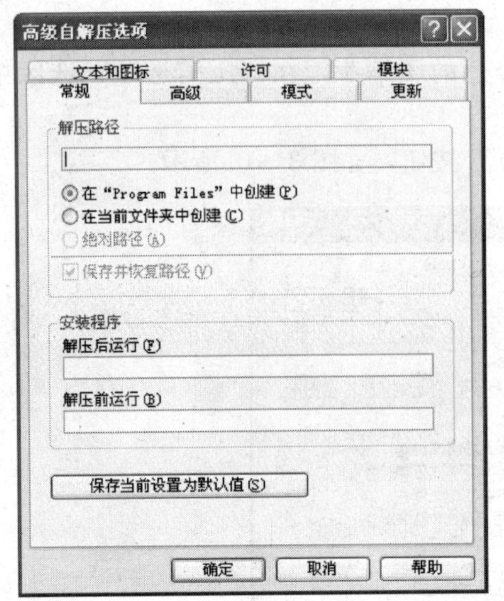


图 3—11 “高级自解压选项”-“常规”选项卡

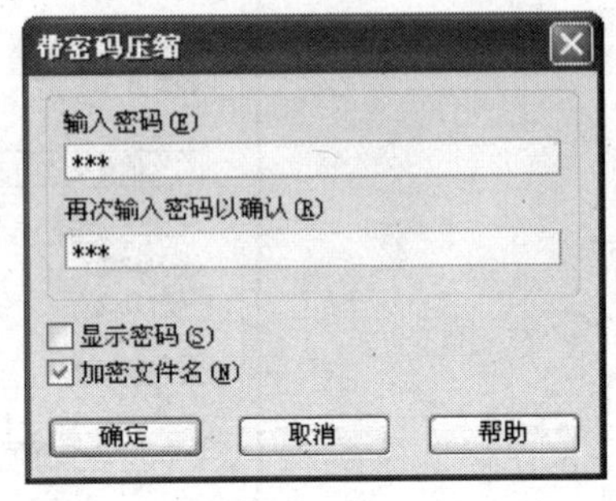


图 3—12 “带密码压缩”对话框

**提 示**

勾选“显示密码”复选框则显示输入的密码；勾选“加密文件名”复选框则在运行压缩文件时提示输入密码，且无法看到压缩文件里的任何文件。

## 五、创建桌面快捷方式

操作步骤：选中 WinRAR 软件，单击鼠标右键，在弹出的快捷菜单中选择“发送到/桌面快捷方式”选项，如图 3—13 所示，即可在桌面上创建一个快捷方式图标。

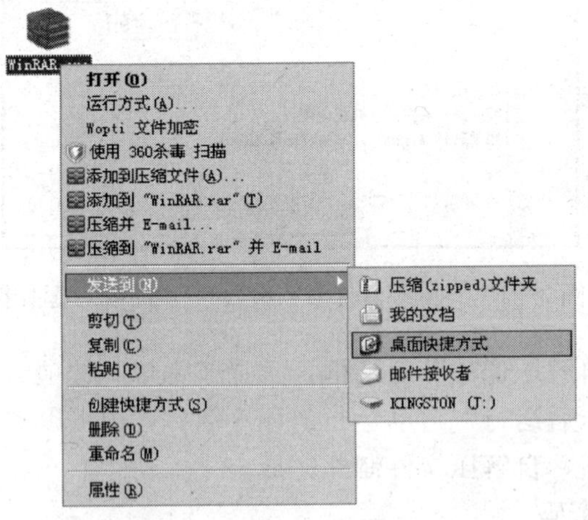


图 3—13 创建桌面快捷方式

## 六、分卷压缩

当文件大小大于存储器空间时，就要用到 RAR 分卷压缩功能。这个功能可以把一个较大容量的文件或文件夹压缩成多个一定容量的压缩文件。

**操作步骤：**

❶选择要分卷压缩的文件，单击鼠标右键，在弹出的快捷菜单中选择“添加到压缩文件”选项。

❷在弹出的“压缩文件名和参数”对话框的“常规”选项卡中单击“压缩方式”下拉列表，选择“最好”选项，如图3—14所示。在“压缩分卷大小，字节”下拉列表中选择压缩的分卷大小，或者设定用户要求的单个分卷文件大小。填写分卷大小的数字后面要带上单位，一般使用“KB”。单击“确定”按钮，开始进行分卷压缩。

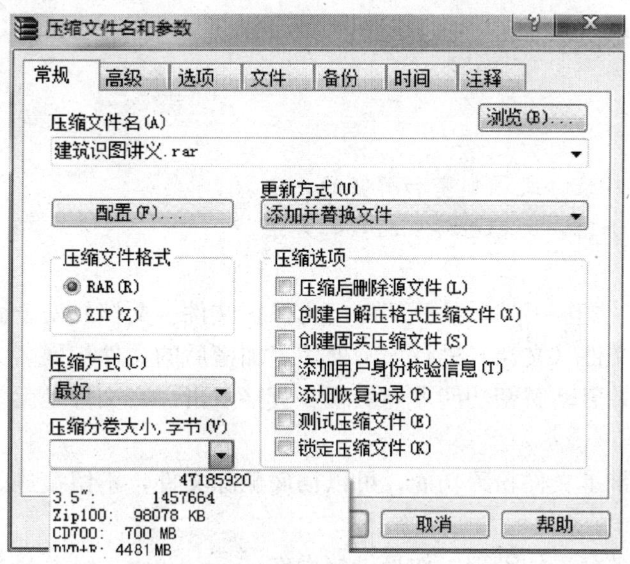


图3—14　压缩分卷大小

**提示**

如果要压缩的文件拥有大量小文件，勾选“压缩选项”选区中的“创建固实压缩文件”复选按钮，会把所有小文件当成一个整体文件来对待，可以更有效地节省空间。

“压缩分卷大小，字节”下拉列表各选项功能见表3—1。

**表3—1　　分卷名称及容量大小**

| 分卷名称 | 分卷容量大小 |
| --- | --- |
| 3.5″指3.5英寸软盘 | 1 457 664 B |
| Zip100指ZIP软盘 | 98 078 KB |
| CD700指CD-R刻录盘 | 700 MB |
| DVD+R指DVD+R刻录盘 | 4 481 MB |
| 自动检测 | 根据存储器大小自动检测分卷大小 |

**提示**

在网络及硬盘计算中一般1 M是严格按照1 000来计算的，也就是压缩卷是1 000 KB，即 1 000 000 Bytes，1 m 则是以 1 024 为单位的，也就是 1 024 KB，即 1 048 576 Bytes。在教科书中的换算应该是 1 MB 等于 1 024 KB。

压缩方式有多种，选择不同的压缩方式不会对图像及影音文件的清晰度有任何影响。在“压缩方式”下拉列表中，“储存”是不做压缩；“最快、较快、标准、较好、最好”则是逐渐提高压缩率，但压缩率越高，压缩同一文件所需时间越长、容量越小。一般选用“标准”比较好。

## 课题 12　文档保护软件——铁卫一号

**学习目标：**

1. 掌握管理工作目录、文档加密和解密的方法。
2. 掌握整个目录加密、文档粉碎机的操作方法。

“文档镇守使——铁卫一号”，是一款专门为保护文件（文档）安全而设计的软件。此软件的主要功能就是对文件（文档）进行加密处理。加密后的文件扩展名为 . KTC。当需要解密时，需要运行程序并启动解密功能才能实现。直接双击加密文件是无效的，加强了文件的保护功能。

此外，程序还附带了文件粉碎功能，可以彻底删除文件，不留痕迹。

### 一、管理工作目录

使用铁卫一号可进行添加管理工作目录的操作。

**操作步骤：**

❶启动软件，打开主界面，如图 3—15 所示。

❷选择“管理工作目录”选项。第一次使用时会弹出“系统管理的目录未设定，请认真设定!”的提示对话框，直接单击“确定”按钮。

❸单击“添加工作目录”按钮。弹出“浏览文件夹”对话框，如图 3—16 所示。在此对话框中选择需要进行管理的工作目录，即可在右窗格内添加管理工作目录，如图 3—17 所示。

### 二、对文档加密与解密

**1. 对文档加密**

**操作步骤：**

❶单击“文档加密与解密”选项，弹出如图 3—18 所示文档加密与解密窗口，在“当前工作目录”处选择需加密文件所在的文件夹，文件夹中的文件出现在左侧窗格中。选中需要加密的文件，单击 » 按钮，弹出“输入密码”提示窗口。

❷输入密码后，单击“确定”按钮，即可将文件添加到右侧窗格中，并在下面的窗格中提示文件已加密，如图 3—19 所示。从加密后的文件名可以看出，文件扩展名已改为. KTC。

**2. 对文档解密**

操作步骤：在右侧选中需要解密的文件，单击 « 按钮。输入正确的密码后，即可对选中的文件进行解密，并在下面窗格中提示选中文件已解密，如图 3—20 所示。

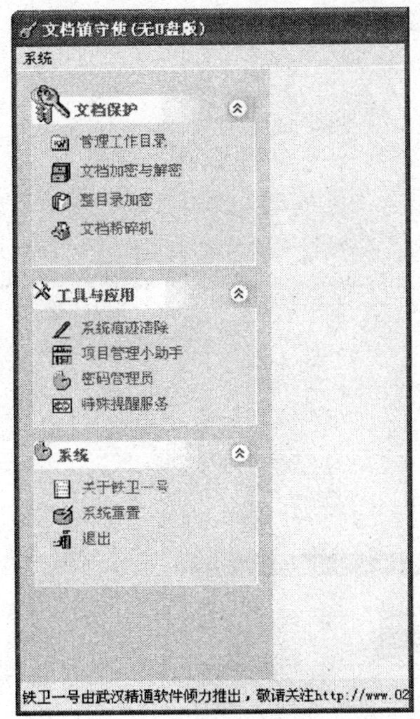


图 3—15　启动主界面

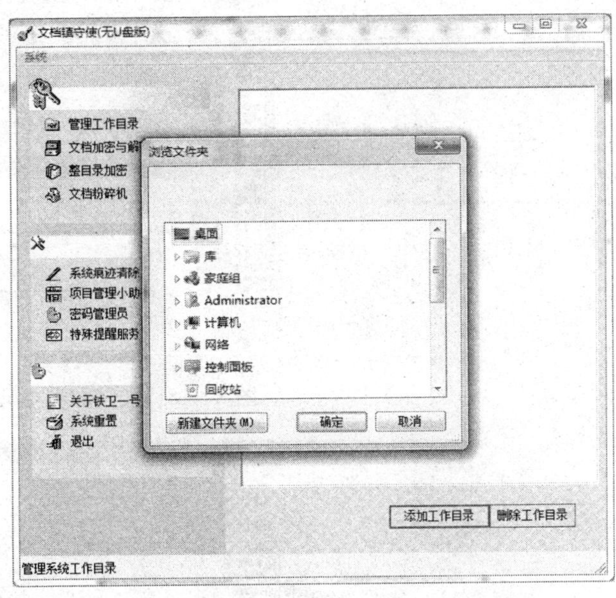


图 3—16　“浏览文件夹”对话框

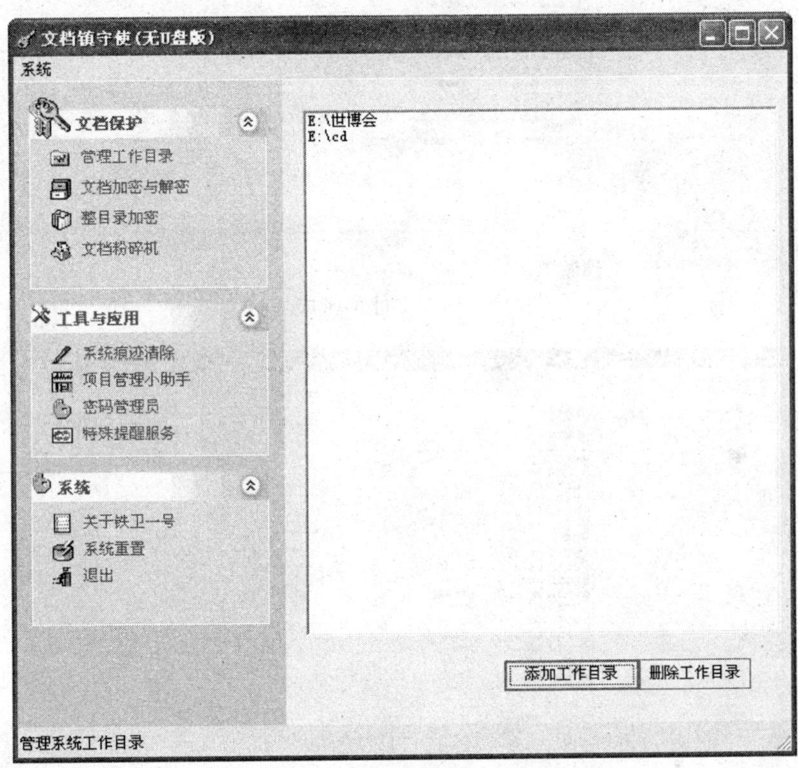


图 3—17　添加管理工作目录

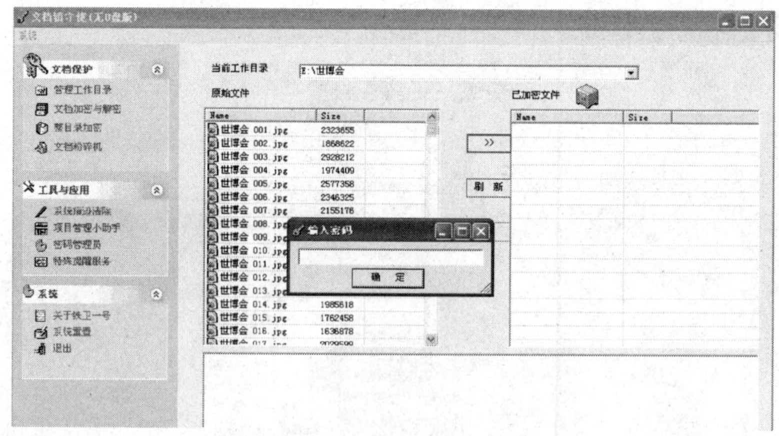


图 3—18　文档加密与解密窗口

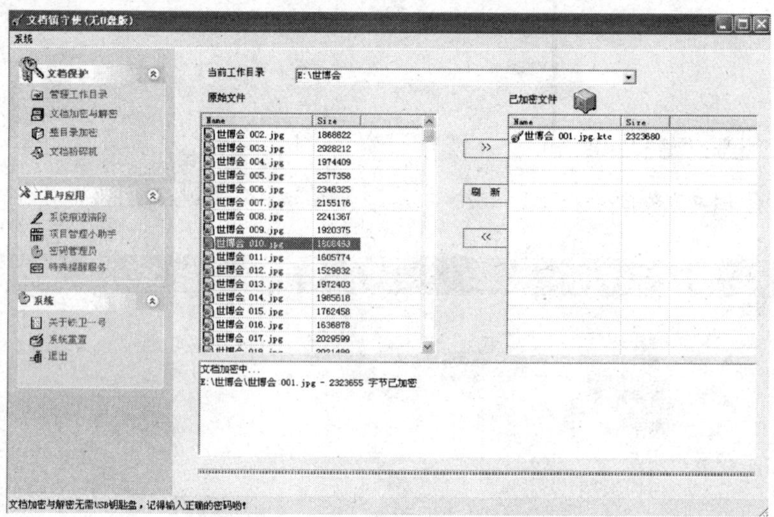


图 3—19　文件加密成功

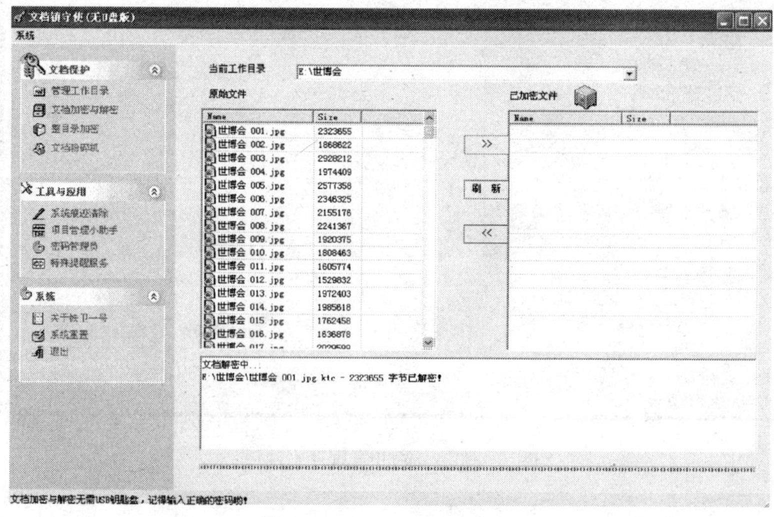


图 3—20　文件解密成功

### 三、整目录加密

本软件不仅可以对文件加密，还可以对整个目录进行加密。

**操作步骤：**

❶在主界面中，单击选择“整目录加密”选项，单击“选择欲加解密的目录”按钮，如图 3—21 所示，弹出“浏览文件夹”对话框，选择添加目录。

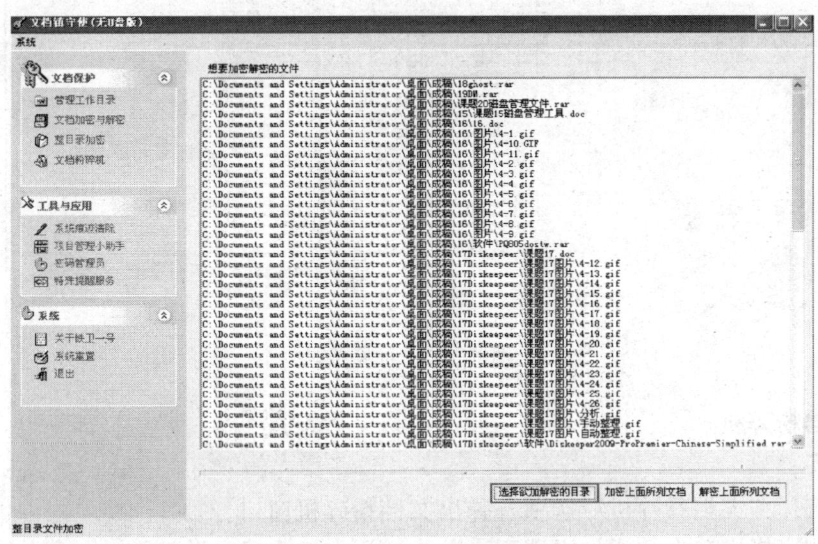

图 3—21　添加加密的目录

❷单击“加密上面所列文档”按钮。弹出“输入密码”对话框，如图 3—22 所示。

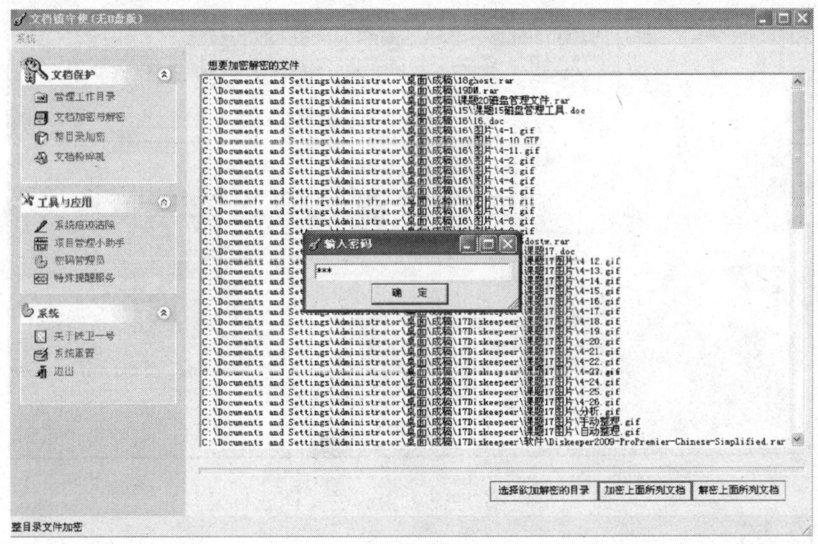

图 3—22　输入密码

❸输入密码后，单击“确定”按钮，对文件进行加密。在已完成加密的文件后面会提示已加密，如图 3—23 所示。

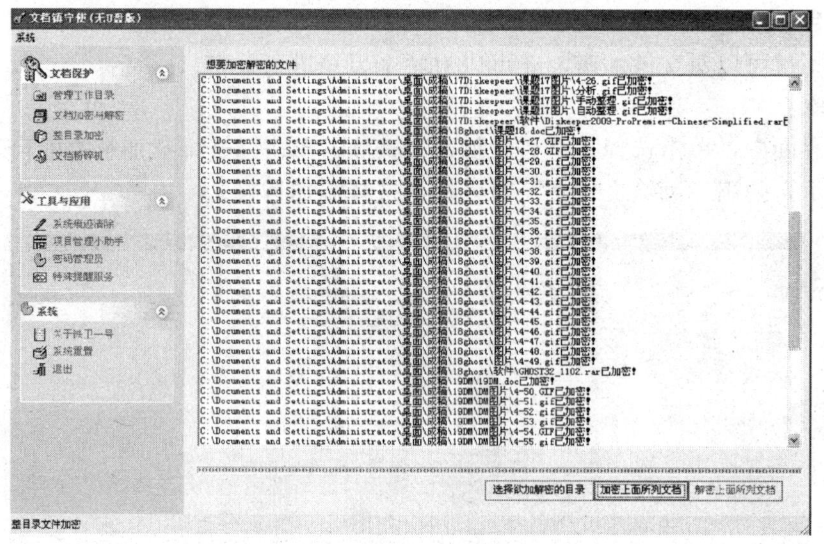


图 3—23　加密成功

## 四、文档粉碎机

**操作步骤：**

❶单击选择“文档粉碎机”选项，弹出文档粉碎机窗口。

❷在右侧窗格中单击“添加文档列表”或“添加整个目录”按钮，如图 3—24 所示。

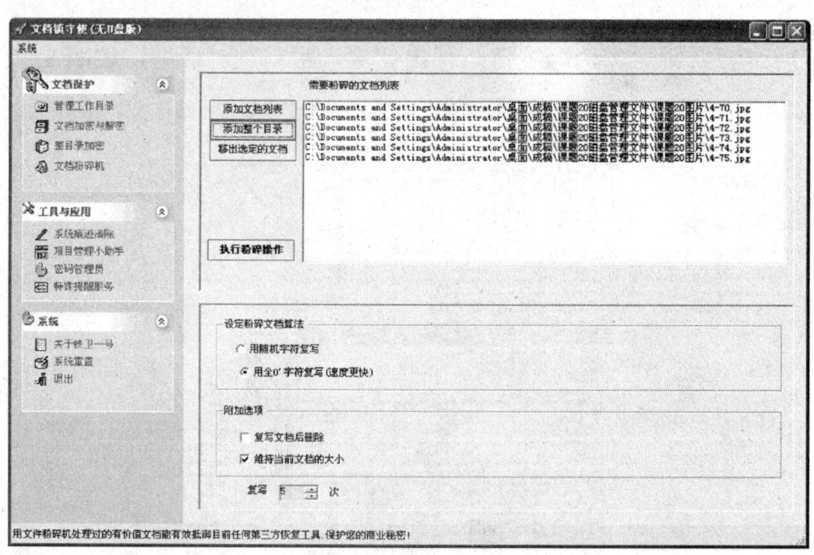


图 3—24　添加需要粉碎的文档或目录

❸单击“执行粉碎操作”按钮，开始进行文档粉碎并弹出“文档粉碎进度”提示框。完成操作后，会弹出“文件粉碎信息”对话框，并提示“文件粉碎已完成!”，如图 3—25 所示。

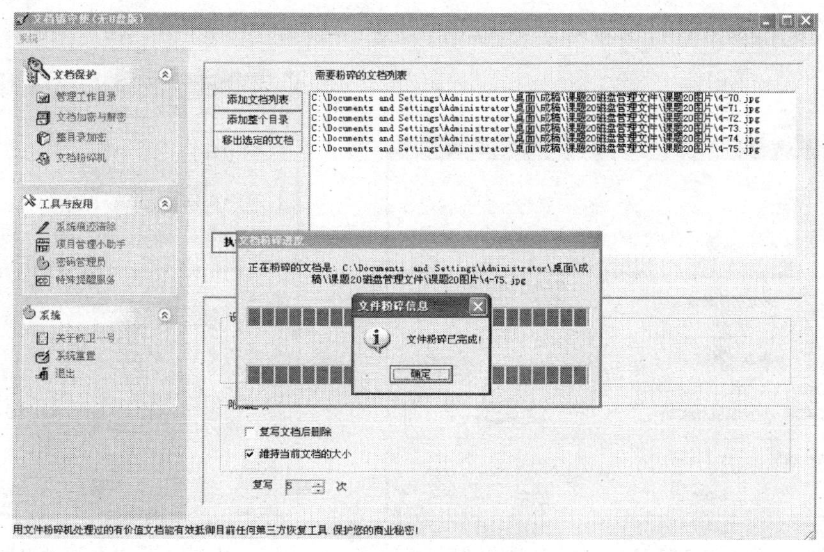


图 3—25　文件粉碎已完成

## 课题 13　文档恢复工具——Recover My Files

**学习目标：**

1. 掌握快速文档搜索、完全文档搜索的操作方法。
2. 掌握快速格式化恢复、完全格式化恢复的操作方法。

Recover My Files 是一款文档恢复软件。它可以恢复由于用户误操作删除的文档，还可以恢复磁盘格式化后的文档。在 Recover My Files 中用户可以自定义搜索的文件夹、文件类型，从而提高搜索速度。在搜索过程中，它提供了大量的数据信息，包括文件名、文件目录、文件大小、相关日期、状态。对于一般性文档还可以直接进行预览，从而让用户更好地选择要恢复的文件。

### 一、快速文档搜索

**操作步骤：**

❶启动 Recover My Files，弹出“Recover My Files 向导”对话框，如图 3—26 所示。

该向导对话框中有“快速文件搜索”“完全文件搜索”“快速格式化恢复”和“完全格式化恢复”四个选项。“快速文件搜索”和“完全文件搜索”的区别在于：“完全文件搜索”能够彻底地搜索硬盘中所有以簇的形式丢失的文件，它比“快速文件搜索”能够恢复更多的潜在性文件。“快速格式化恢复”及“完全格式化恢复”用于搜索意外格式化硬盘分区中的文件，或者以完整的扇区方式搜索硬盘中丢失的文件，后者的搜索时间比较长。

❷单击“手动设置选项”按钮，可以进行一些高级选项设置，调整搜索参数。弹出的“选项”对话框中有“文件类型”“常规”“搜索”“高级”和“CD/DVD”五个选项卡，分别用于设置搜索的文件类型、一些常规选项、搜索选项、起始簇/扇区提示和 CD/DVD 文件系

统的选项。这五个选项卡的设置如图 3—27～图 3—31 所示。

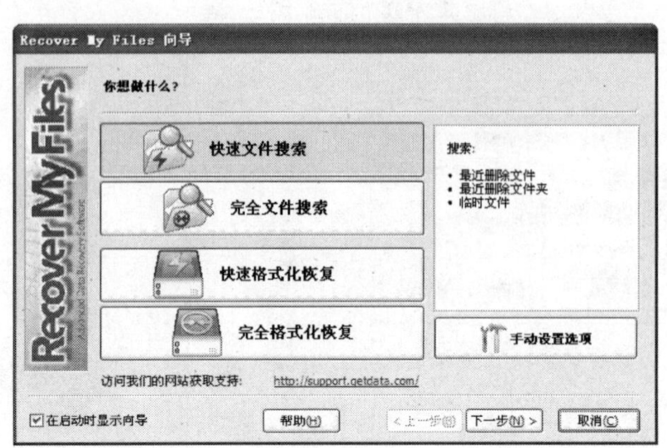


图 3—26 “Recover My Files 向导”对话框

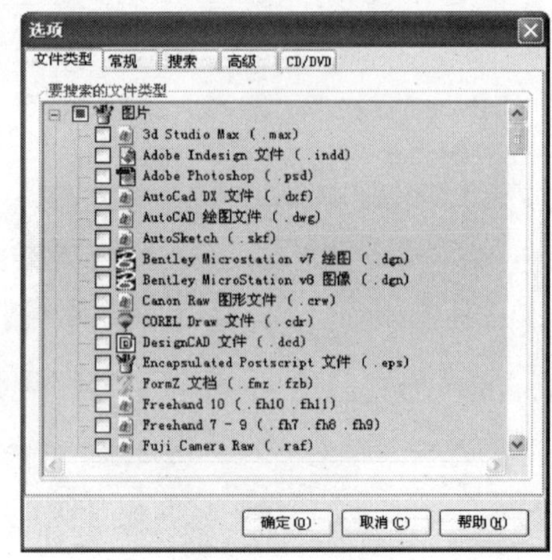


图 3—27 “文件类型”选项卡

**提 示**

1. “文件类型”选项卡可以选择所要搜索或恢复的文件类型。

2. “常规”选项卡可以对“启动”“记录”“显示”“保存”和“操作”等几个方面进行设置。

3. “搜索”选项卡可以从“删除文件”“丢失文件”和“格式化恢复”等几个方面进行搜索设置。

4. “高级”选项卡可以进行一些高级操作的设置。

5. “CD/DVD”选项卡可以对“文件系统类型”“文件系统选项”和“以前会话”等几方面进行设置。

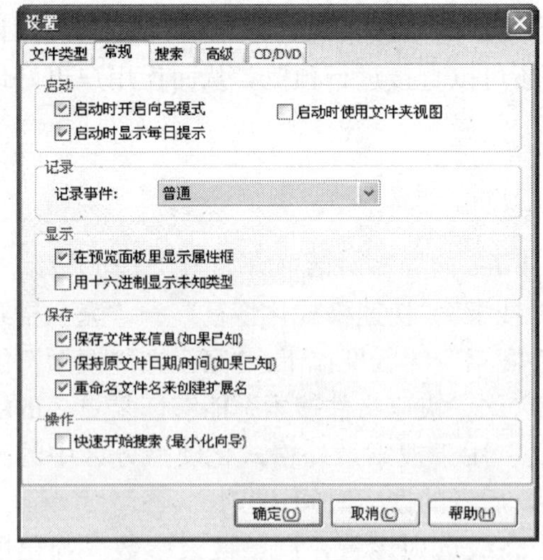


图 3—28 “常规”选项卡

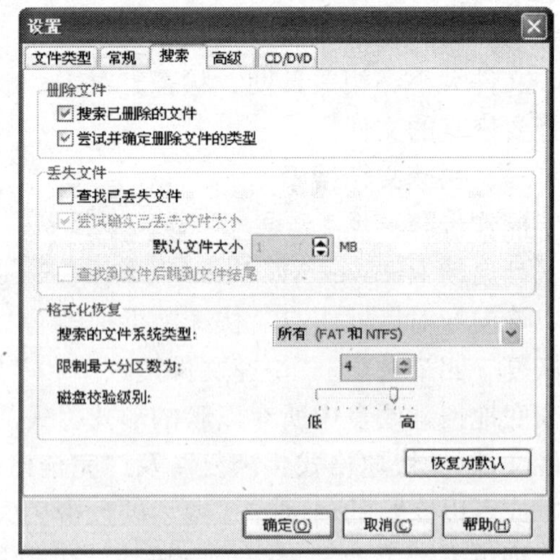


图 3—29 “搜索”选项卡

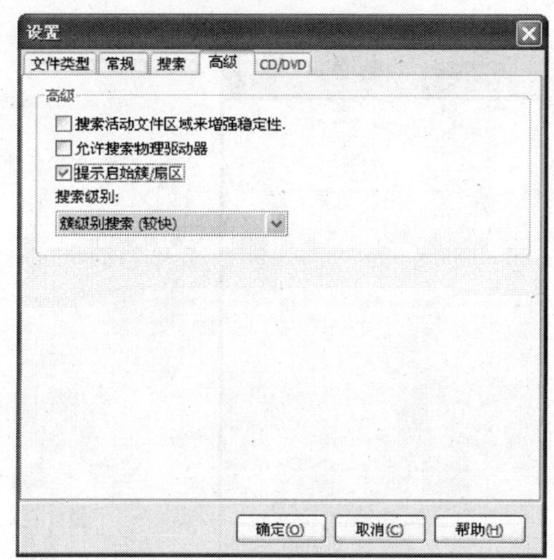


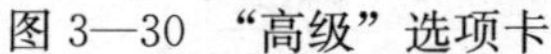
图 3—30 “高级”选项卡

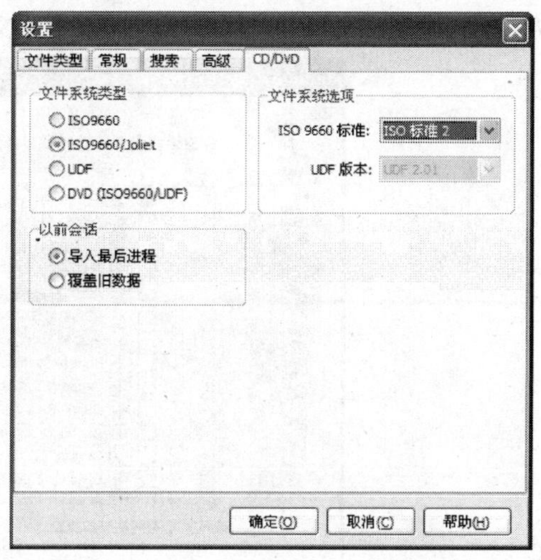


图 3—31 “CD/DVD”选项卡

❸以上几个选项卡设置完毕后，单击“确定”按钮返回到如图 3—26 所示的“Recover My Files 向导”对话框中，在其中单击“快速文件搜索”选项，弹出如图 3—32 所示对话框。勾选其中的驱动器或者文件夹前面的复选框，即可选择搜索范围，单击“下一步”按钮。

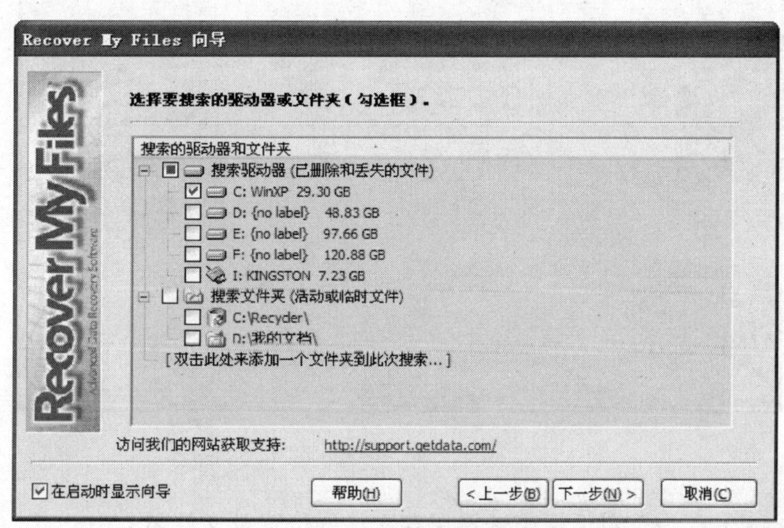


图 3—32 选择文件位置对话框

❹在弹出的如图 3—33 所示的对话框中，用户可以从中选择文件类型，勾选文件类型前面的复选框，即可选中该文件类型，再次单击即可取消选择。

❺单击“开始”按钮，即可进行搜索操作。搜索完成之后，在“文件类型视图”选项框中可以选择搜索到的文件类型，此时右侧窗格中则会显示搜索结果的详细信息。选中某个文件后，此时在下窗格“事件日志”选项卡中可以查看事件的记录，如图 3—34 所示。

❻选中搜索或要恢复的文件，单击工具栏上的“保存文件”选项右侧的下拉按钮。在弹

出的如图 3—35 所示的下列表中选择“文件另存为”选项。

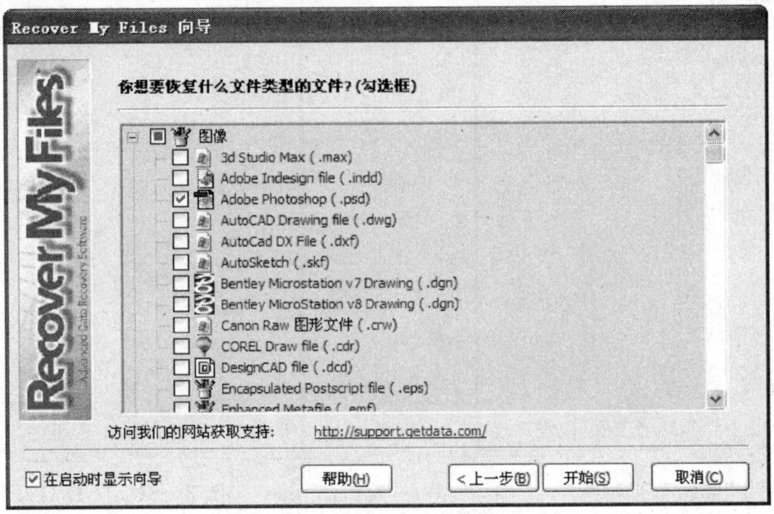

图 3—33　选择文件类型对话框

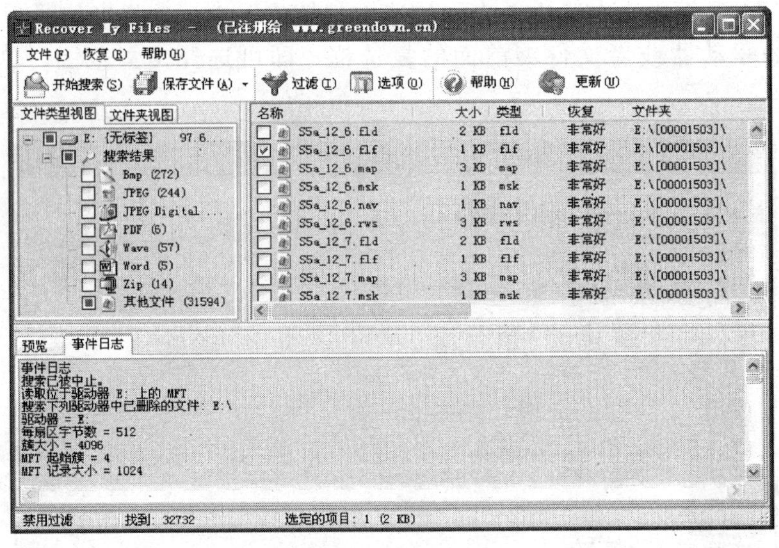


图 3—34　事件日志

❼在弹出的“另存为”对话框中选择保存文件的位置及文件名。

❽单击“保存”按钮，文件搜索或恢复完成。

**二、完全文件搜索**

操作步骤：在如图 3—26 所示的“Recover My Files 向导”对话框中，单击“完全文件搜索”按钮，单击“下一步”按钮。以后的操作与“快速文档搜索”中的步骤❹～❽相同，在此不再重述。

**三、快速格式化恢复**

**操作步骤：**

❶在如图 3—26 所示的“Recover My Files 向导”对话框中，单击“快速格式化恢复”

按钮后再单击“下一步”按钮。

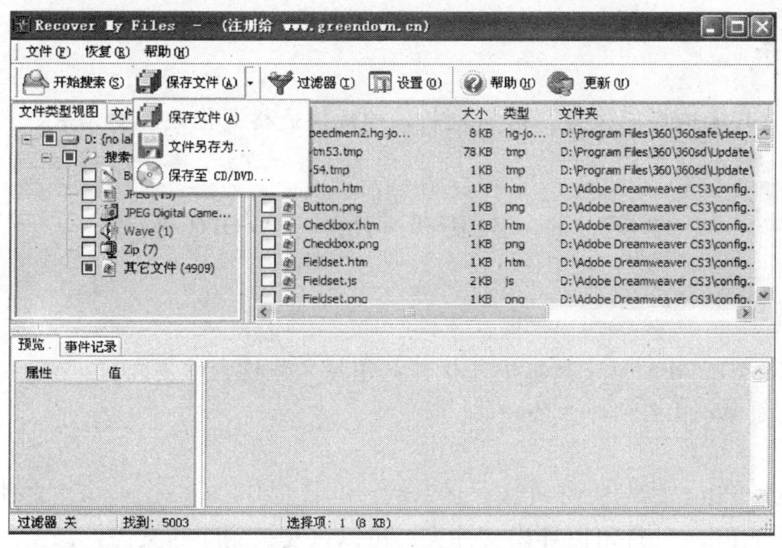

图 3—35　保存文件

❷在弹出的选择驱动器对话框中勾选需要进行快速格式化恢复的驱动器，如图 3—36 所示。单击“下一步”按钮，开始进行搜索。

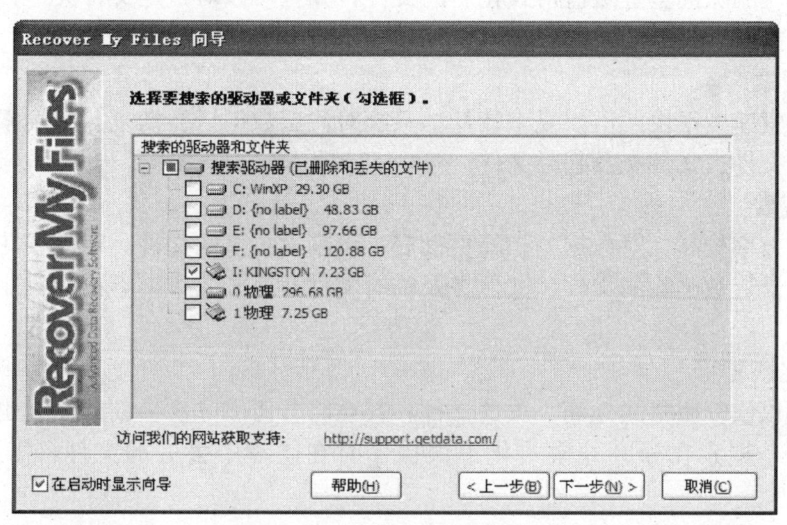

图 3—36　选择驱动器对话框

❸搜索完成后会弹出如图 3—35 所示的窗口，在左侧窗格中有“文件类型视图”和“文件夹视图”两个选项卡，在右侧窗格中显示出搜索到的文件，在下方窗格中有“预览”和“事件记录”两个选项卡。

❹在上述窗口中选中要恢复的文件，单击工具栏上的“保存文件”选项，弹出“另存为”对话框，将其另外保存起来。

**四、完全格式化恢复**

操作步骤：在如图 3—26 所示的“Recover My Files 向导”对话框中，单击“完全格式化恢复”按钮后再单击“下一步”按钮。以后的操作步骤与前面类同，在此不再重述。

完全格式化搜索速度比较慢，时间较长，但比快速格式化恢复更彻底。

## 课题14　恢复被删除的Word文档

学习目标：

1. 了解Recover My Files数据恢复软件，掌握文件搜索的方式。
2. 掌握恢复Word文档的方法。

Recover My Files支持FAT（12，16，32，64）/NTFS（3，4，5）文件系统。

Recover My Files软件可以导出文件夹；可以恢复被删除的文件，甚至是从回收站清空的文件；甚至是磁盘格式化、重新分区、分区表破坏而丢失的文件以及被病毒、木马感染，或操作系统崩溃时所丢失的文件；可以恢复文本文档、图像文件、音频和视频文件以及删除的ZIP文件；并可以以扇区的方式扫描硬盘。Recover My Files可以查找并恢复硬盘、U盘、存储卡中误删除甚至是磁盘格式化后的文件，并且可以对指定文件夹进行搜索。

### 一、搜索方式

**1. 快速搜索**

该方式搜索速度很快，但恢复率较低，只能对浅层数据进行恢复。其搜索的范围也只是最近被删除的文件、文件夹及临时文件。

**2. 完全搜索**

完全搜索效率较高，对数据的扫描更彻底，可恢复更多的文件，但需要花大量时间。其搜索的范围有最近被删除的文件、文件夹及临时文件及充分簇级搜索的硬盘驱动器（丢失的文件）。

**3. 格式化恢复**

该方式可以恢复因格式化而丢失的文件，甚至将分区删除后重新建立，也能恢复删除之前分区的文件。搜索在分区并格式化等误操作时在硬盘中丢失的文件，需要很长的搜索时间。

删除后不能再往该盘下写入数据，否则会降低恢复数据的概率，一般不写入的恢复概率大约是95%。

### 二、手动设置项

**1. 文件类型**

设置需要搜索的文件类型。

**2. 常规**

设置启动、显示、保存等一些选项。

**3. 搜索**

删除文件、丢失文件、格式化恢复的设置。

**4. 高级**

进行搜索物理扇区、起始簇/扇区、搜索级别等设置。

**5. CD/DVD**

文件系统类型和选项。

**三、过滤器**

搜索时可使用“过滤器”对话框对其搜索的范围进行设置，如图 3—37 所示。

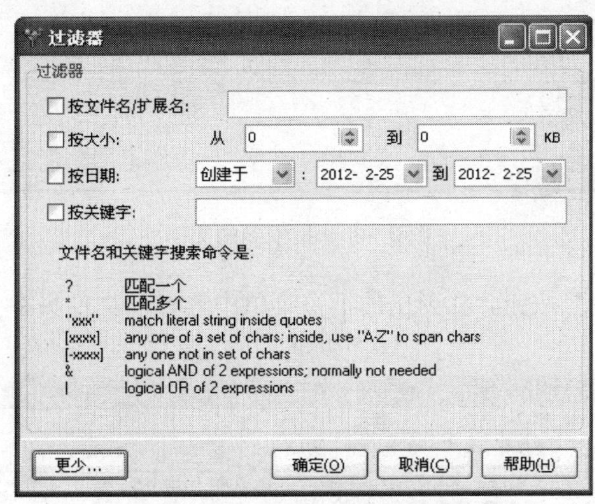


图 3—37 “过滤器”对话框

**1. “按文件名/扩展名”选项**

表示设置搜索的文件名或扩展名为搜索范围。

**2. “按大小”选项**

表示设置搜索文件的大小为搜索范围，单位 KB。

**3. “按日期”选项**

表示设置按日期进行搜索。有“创建于：起始日期到终止日期”“修改于：起始日期到终止日期”“访问于：起始日期到终止日期”三个选项。

**4. “按关键字”选项**

即可以使用通配符进行搜索。

**四、恢复 Word 文档的方法**

**操作步骤：**

❶启动 Recover My Files，弹出“Recover My Files 向导”对话框。

❷单击“快速文件搜索”按钮，弹出如图 3—32 所示的选择文件位置对话框，单击“下一步”按钮。

❸在弹出的如图 3—33 所示的选择文件类型对话框中，勾选要修复文件类型的复选框，在此勾选 Word 复选按钮。单击“开始”按钮。

❹搜索完成后，弹出搜索到的结果窗口，如图 3—38 所示。在其中找到被误删除的文件，勾选前面的复选框。

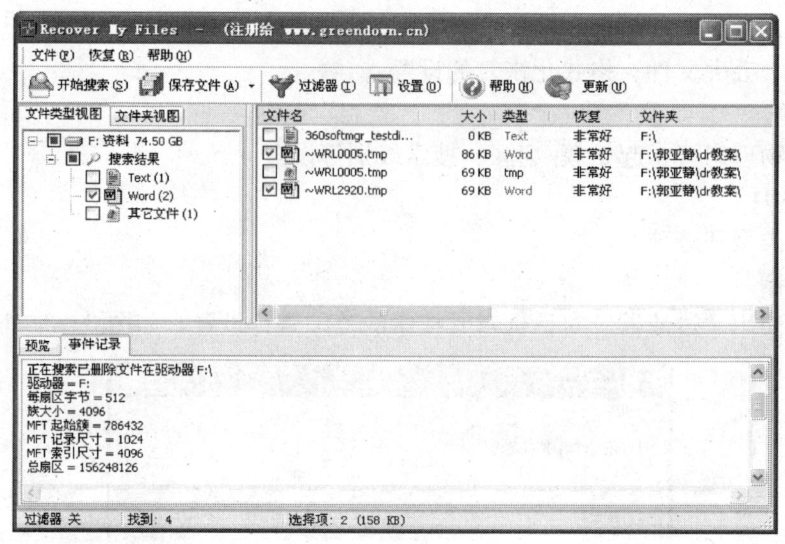

图 3—38　搜索到的文档

❺单击“保存文件”按钮，在弹出的下拉菜单中选择“文件另存为”选项。如图 3—39 所示。

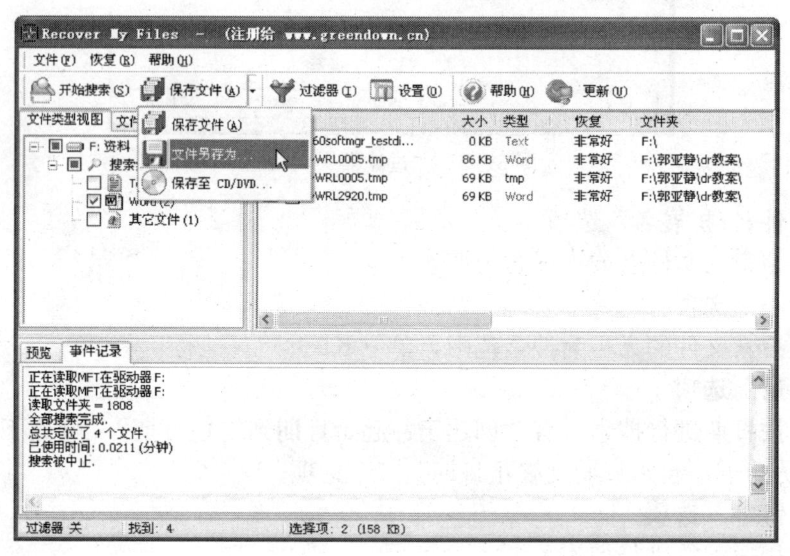

图 3—39　“文件另存为”选项

❻在弹出的“另存为”对话框中选择文件存放的位置及文件名。单击“保存”按钮，删除的 Word 文档即被恢复并保存。

## 练　　习

用截图的方式回答以下问题。要求图片均为 JPEG 格式，其命名以题号为序进行，如第 2 题中的第 3 小题，则命名为“2 - 3. JPEG”。将这些图片均存入以“学号”＋“姓名”命名的文件夹中，将该文件夹压缩存入作业U盘或发送至教师指定的信箱中。

1. 文件压缩软件——WinRAR

(1) 将E盘下的“111”文件使用“添加到…”方式进行快速压缩。

(2) 将C盘下的“123”文件夹压缩到D盘，压缩文件名称为“321”。

(3) 将C盘下的“222”文件夹压缩到D盘，并删除源文件。

(4) 将C盘下的“333”文件以“最快”压缩方式进行压缩。

(5) 将D盘下文件名为“444”的压缩文件解压到E盘，文件夹名称为“369”。

(6) 将D盘下的“555”文件夹创建分卷压缩于E盘，分卷压缩名设为默认，分卷大小为1 MB。

(7) 将D盘下文件名为“666”的压缩文件以“最快捷的解压方式”进行解压。

(8) 将D盘下文件名为“777”的压缩文件解压到默认盘下。

(9) 将D盘下文件名为“888”的压缩文件解压到E盘，文件名为“668”。

(10) 将D盘下的“518”文件夹创建自解压文件到E盘，自解压文件名为“999”，并创建密码，密码为“357”。

2. 文档保护软件——铁卫一号

(1) 添加管理工作目录为E盘下的“123”“000”文件夹。

(2) 将管理工作目录下的“000”文件夹删除。

(3) 将E盘下名为“123”的文件夹中的三个文件进行加密，密码为“123”。

(4) 将E盘下加密文件进行解密。

(5) 将D盘下名为“268”的文件夹添加为欲加密的整目录。

(6) 将D盘下名为“268”的文件夹进行加密，密码为“123”。

(7) 将D盘下名为“268”的文件夹进行解密。

(8) 将D盘下文件名为“268”的文档进行粉碎。

(9) 将D盘下文件名为“456”的整目录进行粉碎。

(10) 将D盘下文件名为“456”的文件夹下的三个文件移出粉碎文档列表。

3. 文档恢复工具——Recover My Files

(1) 快速搜索C盘下已被删除的扩展名为“JPG”的图片文件。

(2) 快速恢复C盘下已被删除的扩展名为“MP3”的音频文件。

(3) 快速恢复被格式化的D盘下的扩展名为“EXE”的文档文件。

(4) 完全搜索整个硬盘中被删除的图片文件。

(5) 使用“完全格式化恢复”选项恢复被格式化的D盘中的图片文件和文档文件。

(6) 将已找到的被删除的图片文件存放于分区内。

(7) 将从被格式化分区中找到的文件存放于其他分区中。

(8) 按大小搜索D盘下被删除的文件。

(9) 按日期搜索D盘下被删除的文件。

(10) 按关键字搜索D盘下被删除的文件。

4. 恢复被删除的Word文档

(1) 快速搜索C盘下已被删除的Word文档文件。

(2) 快速恢复D盘下已被删除的Word文档文件。

(3) 完全搜索整个硬盘中被删除的 Word 文档文件。

(4) 快速恢复被格式化的 D 盘下的 Word 文档文件。

(5) 使用“完全格式化恢复”选项恢复被格式化的 D 盘中的文档文件。

(6) 搜索近三个月内 D 盘下被删除的 Word 文档文件。

(7) 搜索 D 盘下被删除的文件名含有“0”字符的 Word 文档文件。

(8) 搜索 D 盘下被删除的且文件大小小于 1 MB 的 Word 文档文件。

# 单元 4　磁盘管理工具

## 课题 15　磁盘分区概述

**学习目标：**

1. 了解磁盘分区的概念。
2. 了解磁盘分区的格式。

对于一块新的硬盘，在安装操作系统之前，首先需要对硬盘进行分区和格式化。分区和格式化可为安装软件打下基础，当计算机在硬盘上存储数据时，起到标记定位的作用。

**一、硬盘的初始化**

初始化是指对硬盘进行低级格式化、分区和高级格式化等操作。硬盘的低级格式化在出厂时已经做过，一般用户不必再做（因其对硬盘有一定的损伤，且一次完整的低级格式化需要数小时以上才能完成）。确因硬盘产生特定故障而导致无法使用时，可以利用专门工具软件对硬盘进行“低格”，即通常所说的低级格式化。

**二、硬盘分区格式**

微型计算机中常用的分区格式有三种，分别是 FAT（FAT16）、FAT32、NTFS，不同的分区格式对应着不同的磁盘应用性能，在分区前应做好相应的规划。

**1. FAT16**

这是 MS-DOS 和最早期的 Windows 95 操作系统中最常见的磁盘分区格式。它采用 16 位的文件分配表，能支持最大为 2 GB 的硬盘，目前几乎所有的操作系统都支持这种格式。但是这种分区格式有一个最大的缺点是磁盘利用效率低，这是因为在 DOS 和 Windows 系统中，磁盘文件是以簇（Cluster）为最小单位进行分配的，一个簇只分配给一个文件使用，即使一个很小的文件也要占用整个簇，多余的空间只能闲置，从而导致磁盘空间的浪费。FAT16 格式支持的逻辑盘越大，磁盘上每个簇的容量也越大（4～32 KB），可能造成的浪费也就越大。

**2. FAT32**

这种格式采用 32 位的文件分配表，突破了 FAT16 对每一个分区的容量只有 2 GB 的限制。与 FAT16 相比，FAT32 有一个最大的优点，就是在一个不超过 8 GB 的分区中，FAT32 分区格式的每个簇容量都固定为 4 KB，这可以大大地减少磁盘的浪费，提高磁盘利用率。Windows 97、Windows 98 和 Windows 2000 均支持这种分区格式。这种分区格式也有它的缺点，由于文件分配表的扩大，磁盘运行速度比采用 FAT16 格式分区的磁盘要慢。

**3. NTFS**

NTFS 为 Windows NT 推出的全 32 位文件系统，它的最大优点是安全性和稳定性好，每簇默认为 4 KB，最小为 512 B，所以硬盘利用率非常高。目前支持这种分区格式的操作系统已经很多，从 Windows NT、Windows 2000 直至 Windows Vista 及 Windows 7。

**三、磁盘分区方法**

目前使用的硬盘通常都是 60 GB 以上的大容量硬盘，为方便数据的存储和管理，使用前都要对其进行分区。所谓分区就是把一整块硬盘根据使用需要，分成不同的区域来存放数据，以提高数据的访问效率，即将一块物理硬盘划分为一个或多个逻辑硬盘。

在利用相关工具软件进行硬盘分区之前，最好根据硬盘的大小、准备安装的操作系统和应用软件、计算机的主要作用等规划一个合理的分区方案。规划的内容包括分区数量、分区大小、分区格式、分区用途等。通常可以按用途进行分区规划，主要包括：

**1. 系统区**

用于安装操作系统，容量不需要太大。

**2. 软件区**

用于安装各类应用软件，大小根据应用软件而定，并适当留一些余量。

**3. 文件区**

用于存放重要的文件、数据，可能是容量最大的分区。

**4. 游戏区**

用户可以分一个区专门安装和存放游戏软件、音视频文件等。

**5. 备份区**

用于存放系统备份文件、设备驱动程序等。

## 课题 16　磁盘分区工具——Partition Magic

**学习目标：**

1. 掌握使用 Partition Magic 创建新分区格式化磁盘的方法。
2. 了解利用 Partition Magic 调整分区容量的方法。
3. 了解其他常用功能。

Partition Magic 简称 PM，是诺顿公司出品的磁盘分区管理软件，它是当前比较好的硬盘分区及管理工具，可以在 Windows 环境下实现在不影响数据的情况下调节磁盘分区、重新分区、调节分区大小、合并分区、转换磁盘分区格式等功能。

Partition Magic 有 DOS 版和 Windows 版两种，一般 DOS 版用于裸机的分区管理，Windows 版则可在 Windows 环境下操作完成重新分区、调节分区大小、合并分区、转换磁盘分区格式等功能。本课题以 Windows 版为例进行说明。

**提示**

在使用 Partition Magic 时会有一定的危险性，如果操作方法不当，可能会造成分区丢失和资料丢失。所以在操作它的时候，一定要慎重。在操作前，强烈建议备份重要文件到移动硬盘或者其他计算机中。

## 一、创建新分区

**操作步骤：**

❶启动 Partition Magic（以下 Partition Magic，PM），主窗口如图 4—1 所示。在弹出的主窗口中将显示硬盘分区的相关信息，通过该窗口可以查看到硬盘各分区大小及未分配分区大小（表示未进行分区）。

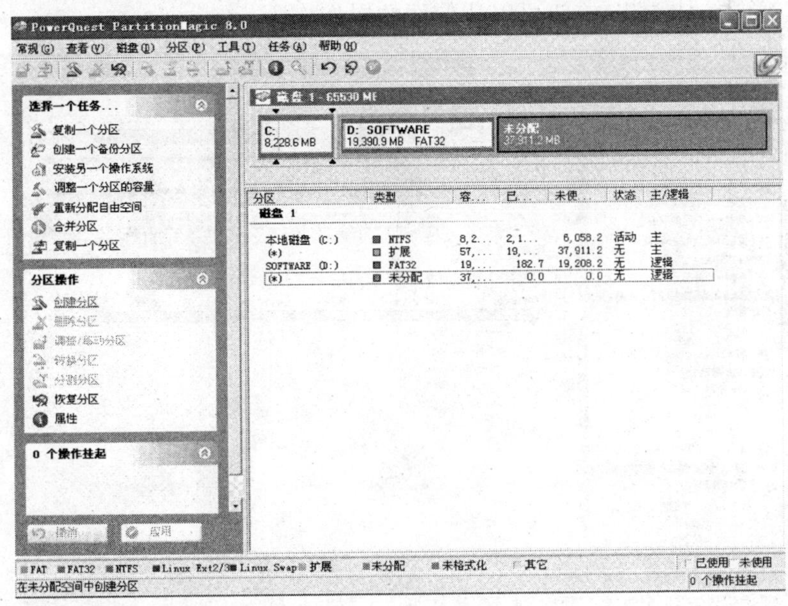


图 4—1 主窗口

❷在主窗口中先单击选择未分配分区，在窗口左侧任务栏“分区操作”窗格中选择“创建分区”选项，弹出“创建分区”对话框，如图 4—2 所示。在弹出的对话框中，在“创建

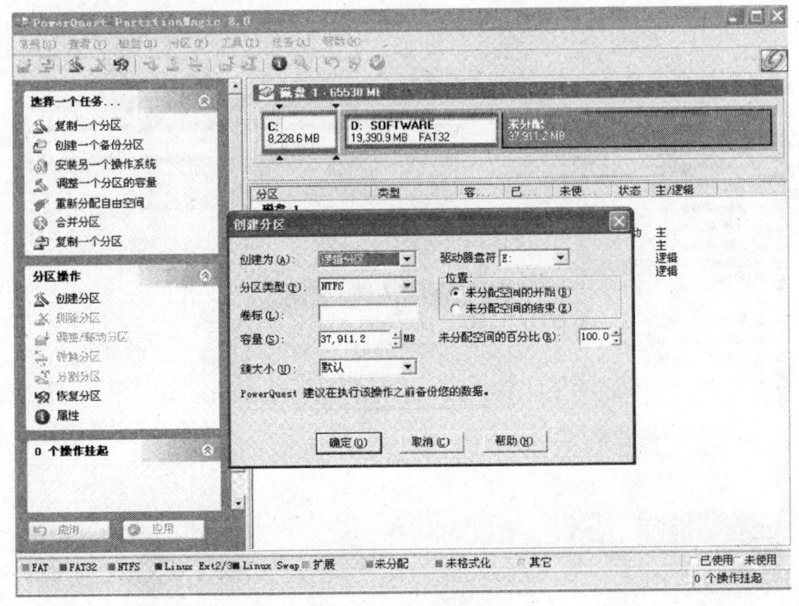


图 4—2 创建分区

为”选项中可以选择“主分区”或“逻辑分区”（系统默认为“逻辑分区”），可以依次选择新分区所用的分区类型、卷标、容量、驱动器盘符等。卷标可以设置也可以不设置。容量也可进行调整。

❸单击“确定”按钮返回到主窗口，即可看到新建的分区，如图 4—3 所示。这时任务栏左侧下方有两个按钮，“撤销”和“应用”显示为可用。单击“应用”按钮可以让前面进行的操作生效，单击“撤销”按钮可以让前面的操作作废。

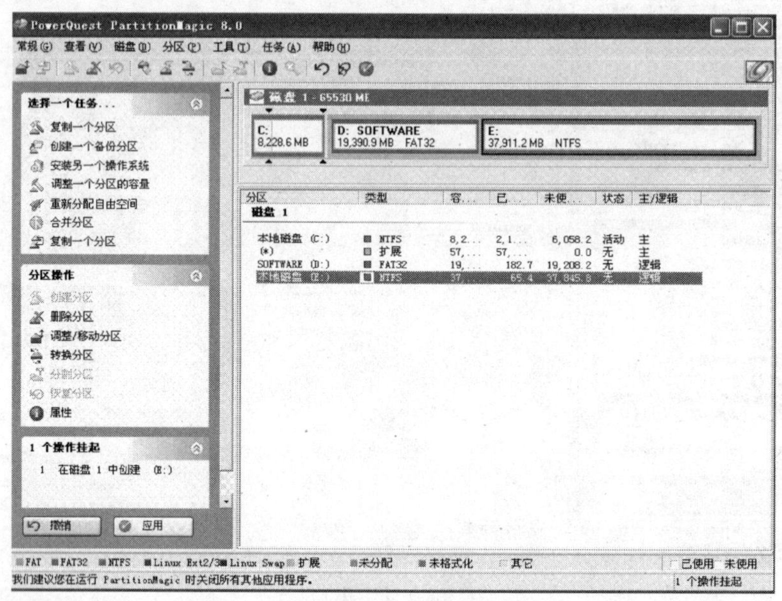


图 4—3 创建后新分区

❹单击“应用”按钮，弹出“应用更改”对话框，如图 4—4 所示。在此要单击“是”按钮，才可使前面的操作生效。

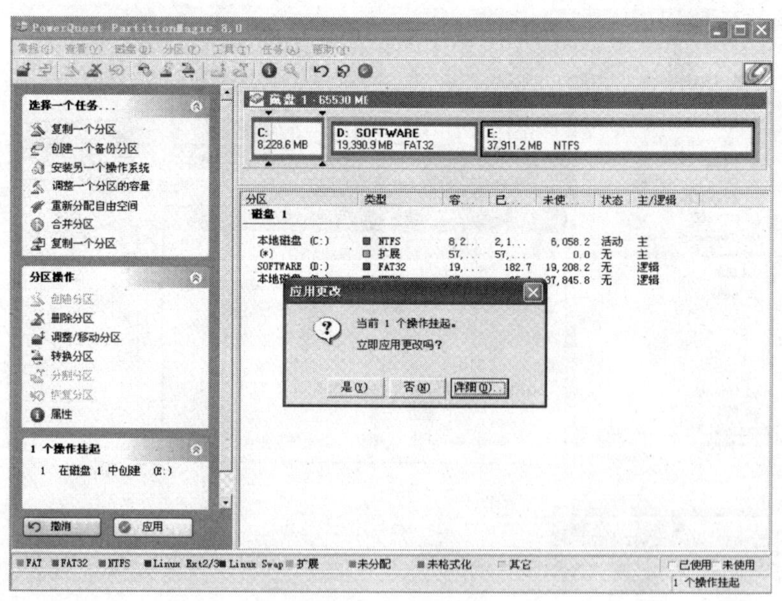


图 4—4 应用更改

## 二、调整分区的容量

PM有一个最大的特点，就是可以改变各个已经存在的分区大小，而不破坏分区中已经存在的数据。

**操作步骤：**

❶在PM主窗口左边任务栏的“选择一个任务”窗格中选择“调整一个分区的容量”选项，弹出“调整分区的容量”对话框，如图4—5所示。单击“下一步”按钮后，选择要调整的分区（如主分区或逻辑分区）。

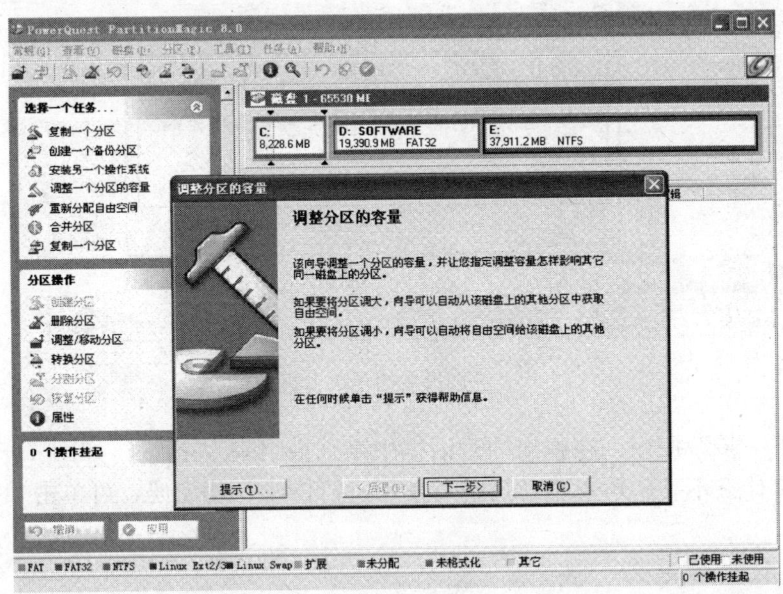


图4—5 “调整分区的容量”对话框

❷在弹出的对话框中指定分区的新容量，如图4—6所示。

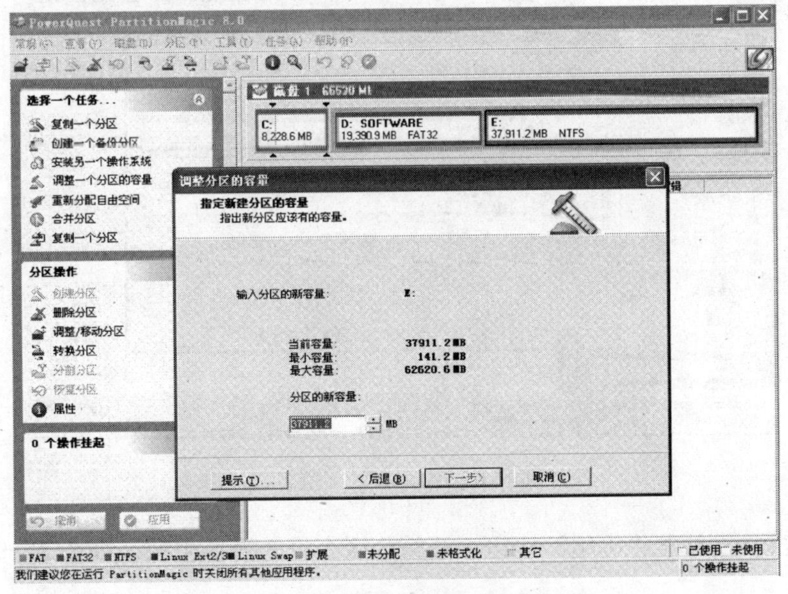


图4—6 指定新建分区的容量

❸单击“下一步”按钮，在弹出的对话框中选择要给予的分区空间，如图 4—7 所示。

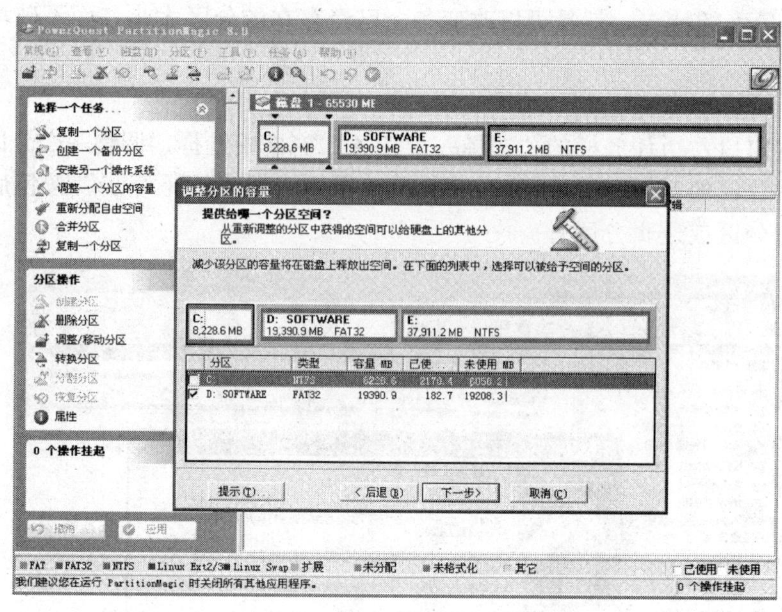


图 4—7　选择要给予的分区空间

❹单击“下一步”按钮，在弹出的对话框中确认分区调整容量，如图 4—8 所示。如发现某些地方还有什么不妥，可单击“后退”按钮进行修改。若无误，可单击“完成”按钮完成调整。

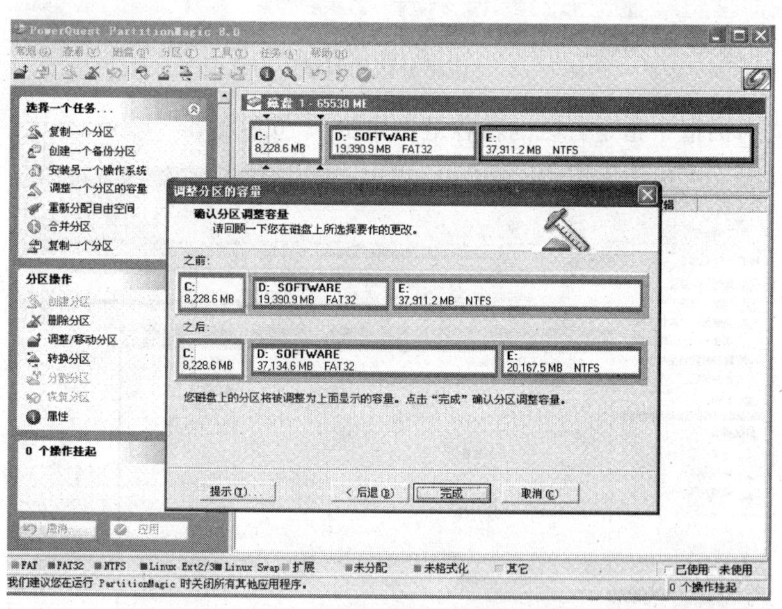


图 4—8　确认分区调整容量

❺返回主窗口，单击“应用”按钮，调整分区容量的操作生效。如图 4—9 所示。

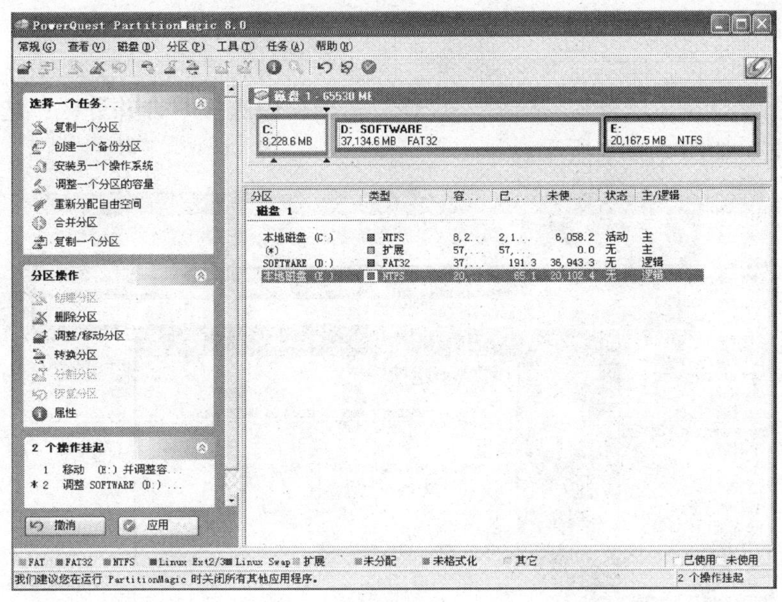


图 4—9 调整后分区容量

## 三、其他常用功能

### 1. 转换分区的格式

**操作步骤：**

❶在 PM 主窗口中选定某个分区后，单击左边任务栏“分区操作”窗格中的“转换分区”选项，弹出“转换分区”对话框，如图 4—10 所示。在这里可以单选相应的分区格式。PM 可以在 FAT、FAT32、NTFS 等各种分区格式之间实现无损转换。

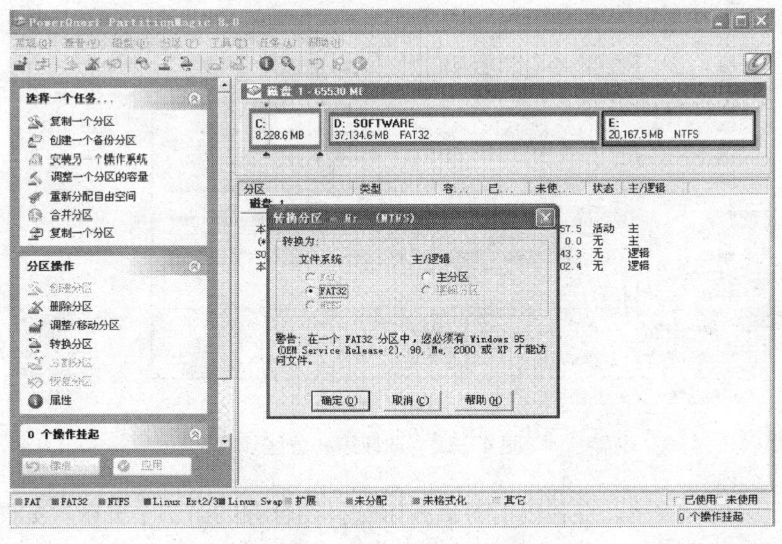


图 4—10 “转换分区”对话框

❷单击“确定”按钮，返回 PM 主窗口，单击“应用”按钮，分区格式的转换即可生效。

**2. 合并分区**

**操作步骤：**

❶在 PM 主窗口左边任务栏“选择一个任务”窗格中选择“合并分区”选项，弹出“合并分区”对话框，如图 4—11 所示。

图 4—11 “合并分区”对话框

❷单击“下一步”按钮，在弹出的对话框中选择要合并的第一个分区，如图 4—12 所示。

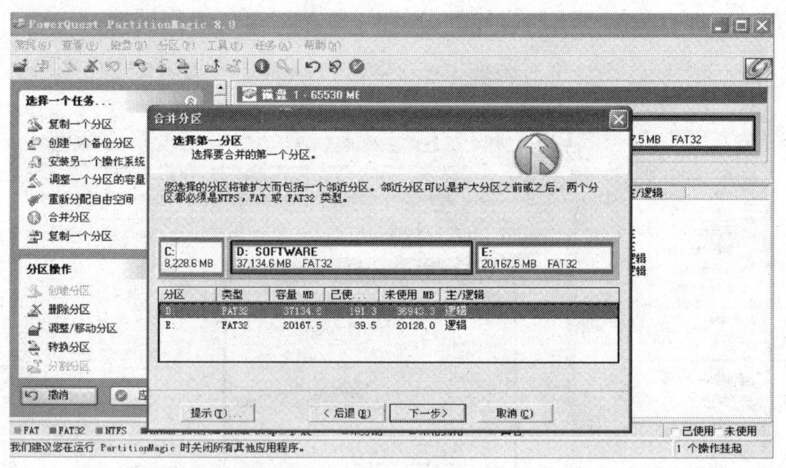


图 4—12 选择第一分区

❸单击“下一步”按钮，在弹出的对话框中选择要合并的第二个分区，如图 4—13 所示。

❹单击“下一步”按钮，在弹出的对话框的文本框中输入一个文件夹名称，用来保存第二个分区的数据文件，如图 4—14 所示。

❺单击“下一步”按钮，返回 PM 主窗口，该项操作在单击“应用”按钮后还必须重新启动计算机，以上操作才可生效。合并后的分区结构如图 4—15 所示。

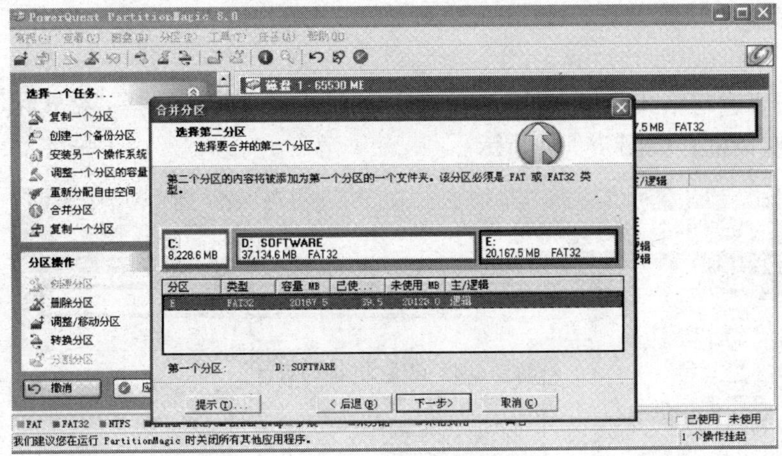

图 4—13　选择第二分区

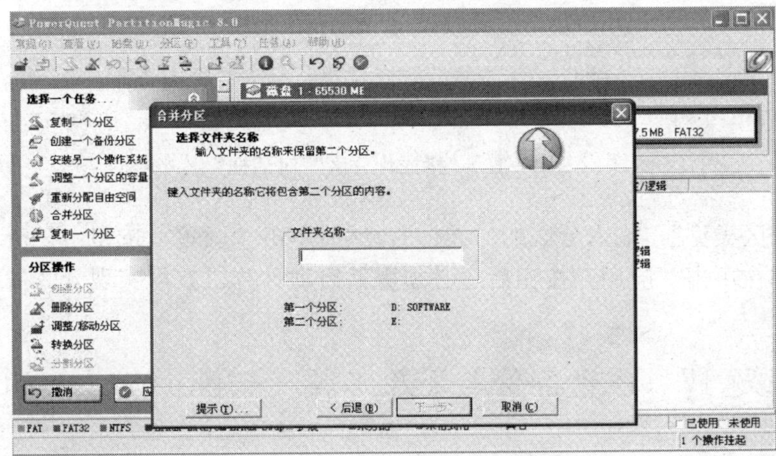

图 4—14　选择文件夹名称

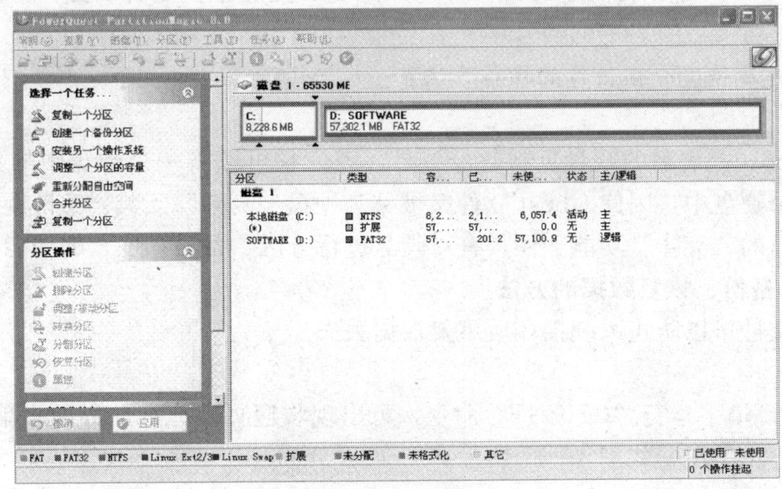

图 4—15　合并后的分区结构

### 3. 分区格式化

**操作步骤：**

❶右键单击要进行格式化操作的分区，在弹出的右键菜单中选择“格式化”选项，弹出“格式化分区”对话框，如图 4—16 所示。

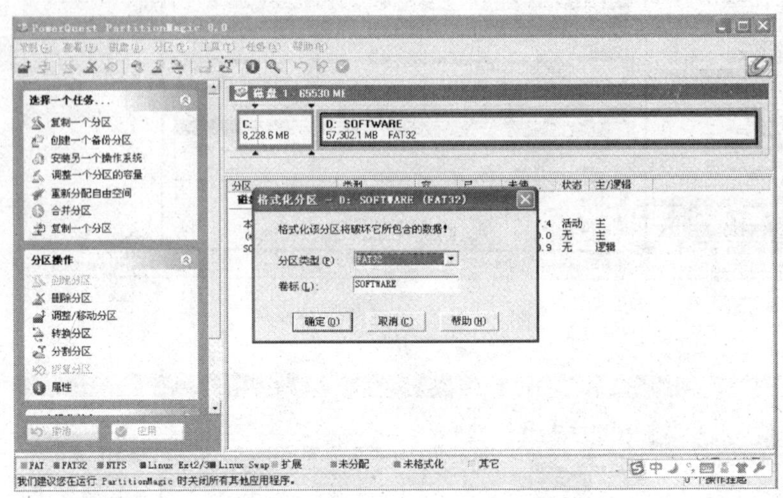


图 4—16 “格式化分区”对话框

❷选择“分区类型”，输入分区的“卷标”，然后单击“确定”按钮，在格式化后返回主窗口。该项操作在单击“应用”按钮后还必须重新启动计算机方可实现分区格式化。

## 课题 17　磁盘备份与还原工具——Norton Ghost

**学习目标：**

1. 掌握用 Ghost 备份和恢复数据、创建和恢复磁盘镜像、复制磁盘、复制磁盘分区的方法。

2. 掌握创建和恢复分区镜像的操作方法。

Norton Ghost 是著名的硬盘复制备份工具，因为它可以将一个硬盘中的数据完全相同地复制到另一个硬盘中，因此 Ghost 软件又被称为硬盘“克隆”工具。实际上，Ghost 不但具有硬盘到硬盘的“克隆”功能，还具有对硬盘进行分区、备份和恢复的功能。

### 一、Ghost 备份、恢复数据的方法

备份数据文件可以防止系统损坏后重要数据丢失。

**操作步骤：**

❶在 DOS 环境下运行“GHOST”命令，可出现欢迎页面。在此界面中单击“OK”按钮即可弹出程序主菜单，如图 4—17 所示。

❷在 Norton Ghost 程序界面中，单击“Local”命令，弹出包含三个选项的子菜单，其中“Disk”表示备份整个硬盘，“Partition”表示备份硬盘的单个分区，“Check”表示检查

硬盘备份的文件（查看因为分区造成硬盘被破坏的原因）。单击“Partition”命令，弹出包含三个选项的子菜单，如图 4—18 所示。其中“To Partition”选项表示将一个分区的数据复制到另一个分区上，“To Image”选项表示将一个分区的数据复制到另一个磁盘文件上，“From Image”选项表示将一个磁盘文件的数据恢复到另一个分区上。

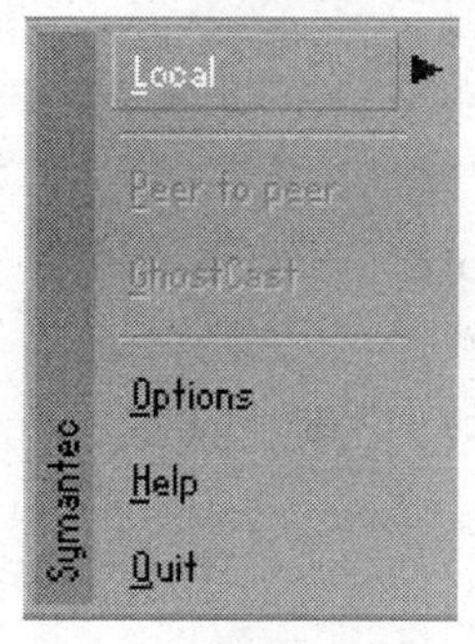


图 4—17　Norton Ghost 主菜单

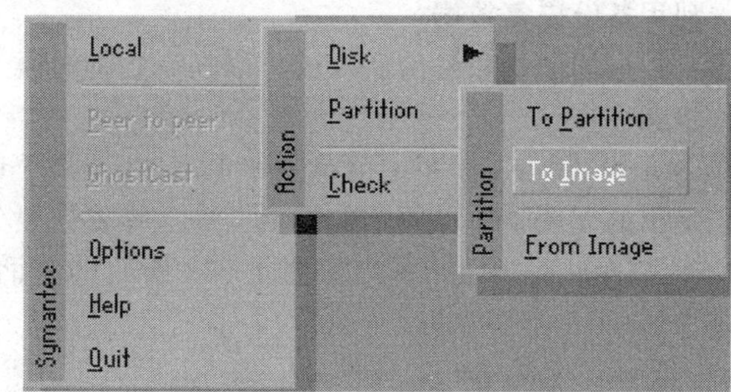


图 4—18　Partition 子菜单

❸单击其中的“To Image”命令，弹出显示当前硬盘信息的界面。

❹单击“OK”按钮，Ghost 显示出所选择的硬盘的分区信息，如图 4—19 所示。从图中可以看到这块硬盘一共有三个分区，各个分区的大小、类型、描述都详细地显示出来。如果要备份 C 盘上的数据，可以选择第一个分区。

❺单击“OK”按钮，在弹出的界面中选择保存路径，如图 4—20 所示。由于选择的是分区备份到 Image 文件上，接下来就是选择该 Image 文件存放的目录和文件名，通过“Look in:”下拉列表框选择要存放的 Image 文件的目录，文件名可以自己选择或输入，文件的扩展名为 GHO，完成设置后，单击“Save”按钮。

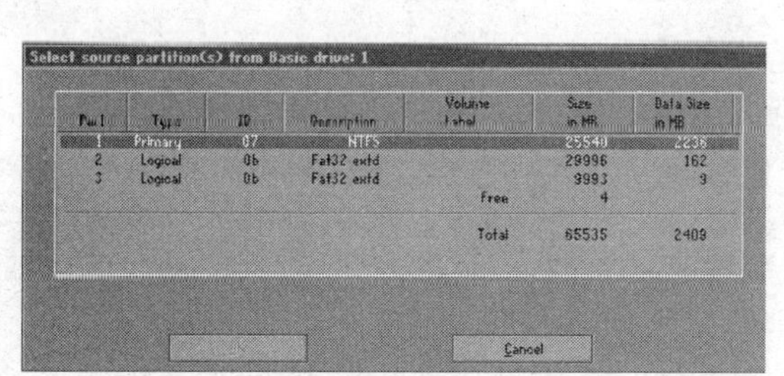


| Part | Type | ID | Description | Volume Label | Size in MB | Data Size in MB |
|---|---|---|---|---|---|---|
| 1 | Primary | 07 | NTFS | | 25540 | 2236 |
| 2 | Logical | 0b | Fat32 extd | | 29996 | 162 |
| 3 | Logical | 0b | Fat32 extd | | 9993 | 9 |

图 4—19　显示硬盘的分区信息

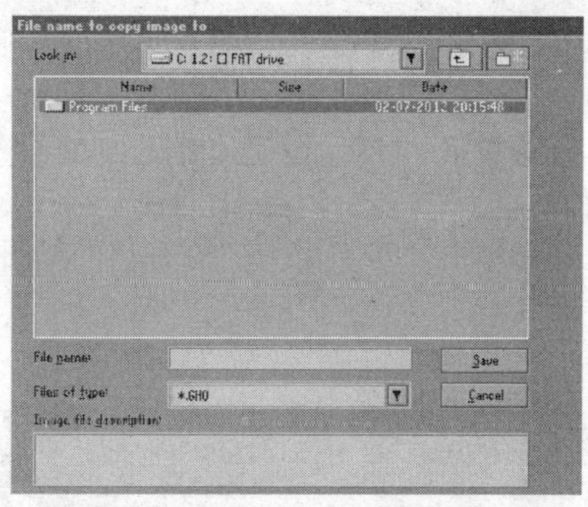


图 4—20　选择保存路径

**提示**

如果当前鼠标不可用，可以使用键盘操作，按 Tab 键进行切换，然后按 Enter 键进行确认，按方向键进行选择。

❻最后选择压缩方式。在弹出的对话框中提供了两种压缩方式，即 Fast 和 High。这两

种方式的特点正好相反，使用Fast能减少压缩时间，但是压缩率并不高，文件较大；而使用High能减少压缩后的文件大小，但是压缩速度较慢，压缩时间较长。一般选择“Fast”方式。

❼当备份完成后，弹出提示框，此时单击“Continue”按钮即可。

## 二、利用备份恢复数据

完成了数据的恢复和备份后，就可以在需要的时候进行数据恢复了。

**操作步骤：**

❶在Norton Ghost程序主菜单中，单击“Local/Partition/Form Image”命令。

❷在弹出的如图4—21所示的对话框中选择要恢复分区的文件。

❸单击“Open”按钮，弹出如图4—22所示的对话框，提示用户确认选择文件的硬盘源分区。

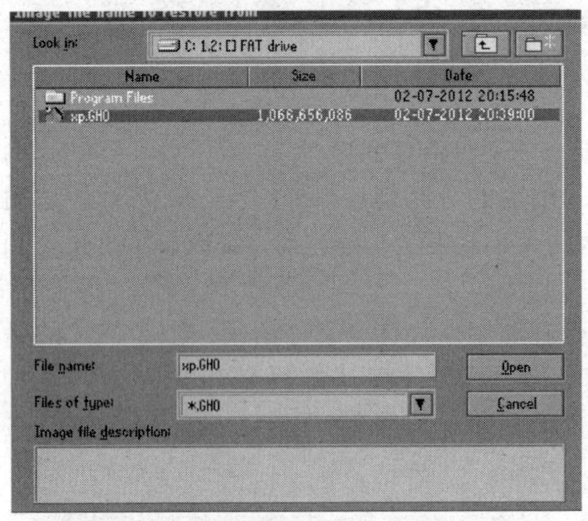


图4—21 选择要恢复分区的文件

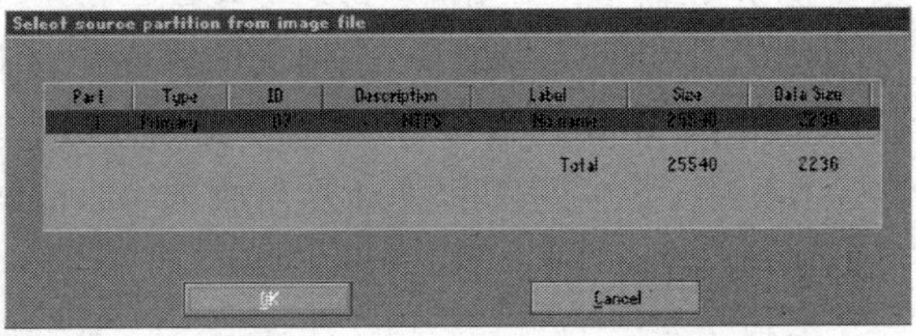

图4—22 确认选择的Image文件的硬盘源分区

❹单击“OK”按钮，弹出如图4—23所示的对话框，提示用户确认目标分区所在的硬盘。

❺单击“OK”按钮，在弹出的如图4—24所示的对话框中选择要恢复的分区。

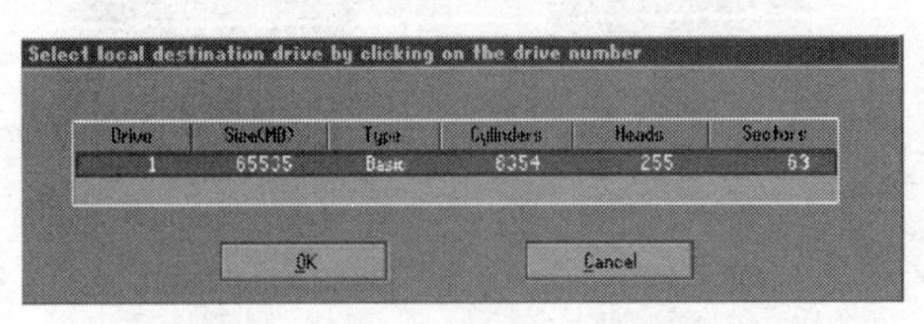


图4—23 确认目标分区所在的硬盘

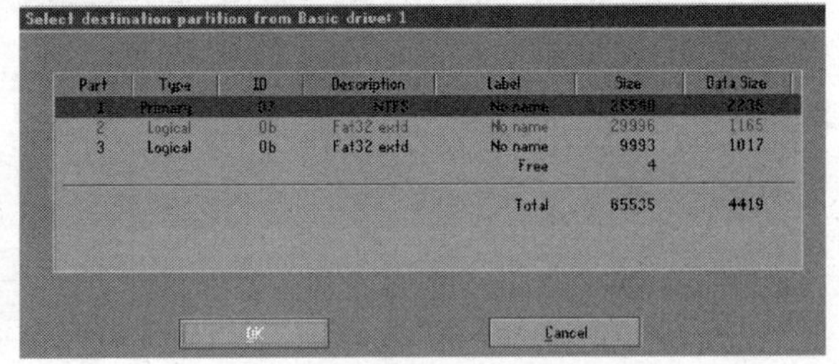


图4—24 选择需要恢复的分区

**提示**

将数据从一个分区复制到另一个分区时，会把目的分区中原来的内容完全覆盖，所以使用时一定不能选错目标分区，以免造成麻烦。

❻单击“OK”按钮，弹出如图 4—25 所示的对话框，要求确认恢复操作。

❼单击“Yes”按钮，恢复工作将自动进行。数据成功恢复之后，将弹出如图 4—26 所示的对话框，询问用户是继续进行其他操作还是重新启动计算机。

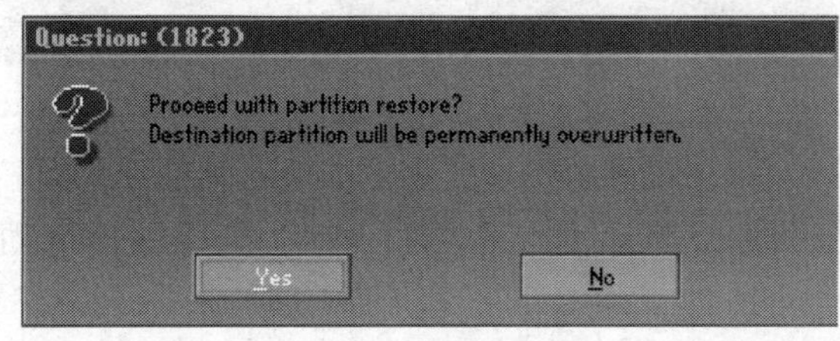


图 4—25　确认恢复操作

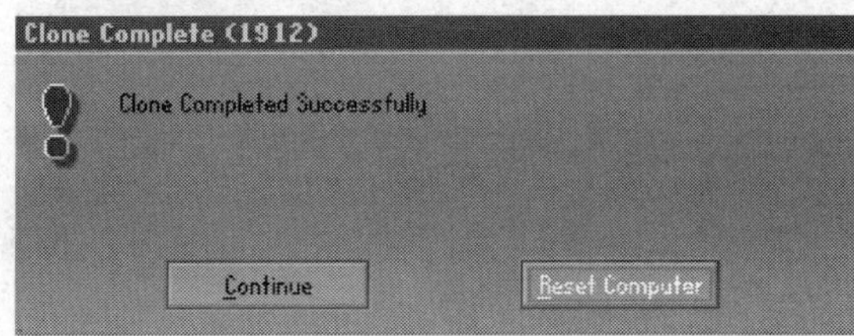


图 4—26　确认操作

❽一般情况下刚进行完恢复操作都要重新启动计算机，所以在此选择“Reset Computer”选项。至此利用备份恢复数据操作完成。

### 三、复制磁盘

除了进行分区复制外，还可以使用 Ghost 进行硬盘克隆。Ghost 能将目标硬盘复制为与源硬盘几乎完全一样的硬盘，并实现分区、格式化、复制系统或文件的同步操作。

**注意**

要克隆的目标硬盘不能太小，必须能将源硬盘上的数据全部装下。

在 Ghost 程序窗口的菜单中选择对硬盘进行克隆时，同样有 To Disk（硬盘到硬盘）和 To Image（硬盘到镜像）两种方式。

#### 1. 复制硬盘

**操作步骤：**

❶运行 Ghost，在主菜单中单击“Local/Disk/To Disk”命令，如图 4—27 所示。

❷在弹出的如图 4—28 所示对话框中选择第一个硬盘，即源硬盘，然后单击“OK”按钮。

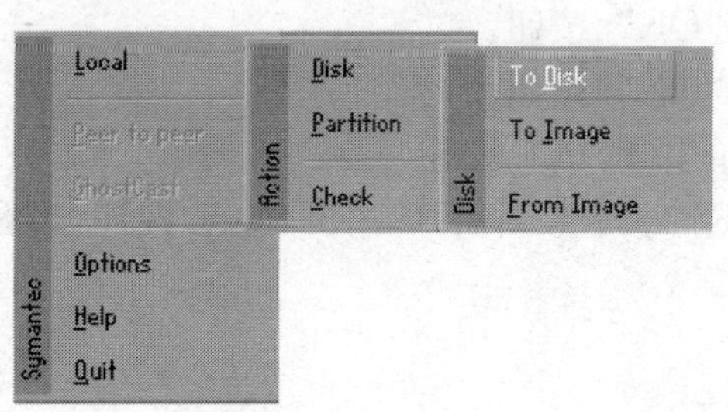


图 4—27　“Local/Disk/To Disk”命令

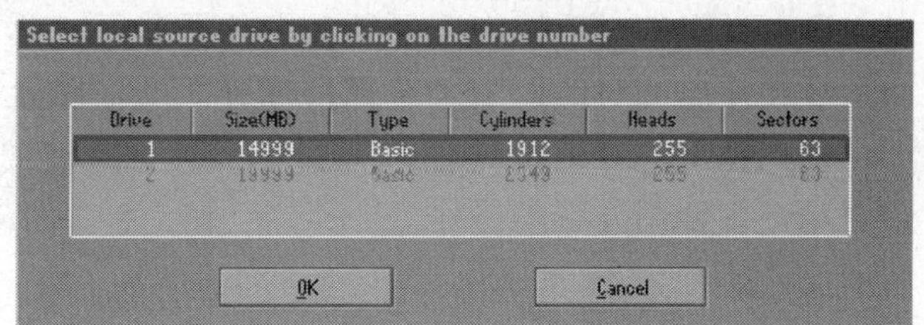


图 4—28　选择源硬盘

❸在弹出的如图 4—29 所示对话框中选择第二个硬盘，即目标硬盘，然后单击“OK”按钮。

❹在弹出的对话框中，提示在克隆源硬盘之前，可以依据用户要求设定分区大小，然后单击“OK”按钮，如图 4—30 所示。

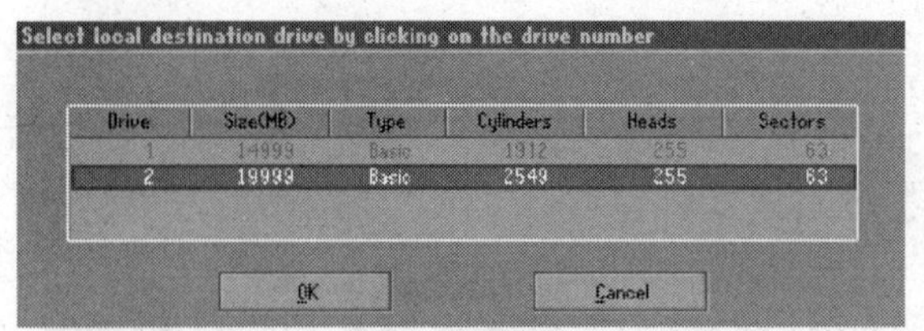


图 4—29　选择目标硬盘

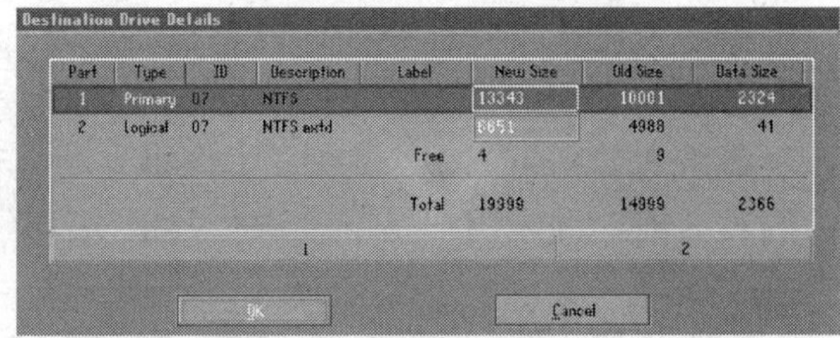


图 4—30　设定分区大小

❺最后在弹出的对话框中询问用户是否现在开始克隆硬盘，单击“Yes”按钮后，自动开始进行克隆硬盘操作。

**注意**

选择该方式的前提条件是，必须有两个或两个以上的硬盘在本地机上，目标硬盘容量必须比源盘大或两者相等。

**2. 复制硬盘到镜像**

**操作步骤：**

❶运行 Ghost，依次单击“Local/Disk/To Image”命令。

❷在弹出的对话框中选择第一个硬盘，即源硬盘，单击“OK”按钮，如图 4—28 所示。

❸在弹出对话框的“Look in：”后面的地址栏中选择或者浏览目标硬盘，然后在“File name：”后面的地址栏中输入备份镜像文件的文件名，单击“Save”按钮，如图 4—20 所示。

❹在弹出的对话框中询问是否进行备份文件压缩，单击“Fast”按钮进行快速压缩，单击“High”则进行高比例压缩。一般选择快速压缩。

❺在弹出的对话框中询问是否现在开始备份硬盘，单击“Yes”按钮，则自动进行备份硬盘的操作。

**四、复制磁盘分区**

**操作步骤：**

❶运行 Ghost，依次单击“Local/Partition/To Partition”命令。

❷在弹出的对话框中选择源分区所在硬盘，单击“OK”按钮。

❸在弹出的对话框中选择硬盘中的源分区，单击“OK”按钮。

❹在弹出的对话框中，选择目标分区所在硬盘，单击“OK”按钮。

❺在弹出的对话框中，选择目标分区，单击“OK”按钮。最后单击“Yes”按钮，开始自动进行复制分区的操作。

## 课题 18　分区格式化磁盘——DM

**学习目标：**

1. 了解 DM 的使用方法。
2. 掌握利用 DM 创建磁盘分区、格式化分区的方法。

DM（Hard Disk Management Program）能对硬盘进行低级格式化、校验等管理工作，可以提高硬盘的使用效率。它是一个很小巧的 DOS 工具，众多的功能完全可以应对硬盘的管理工作，同时它的最显著的特点就是分区速度快。

**一、DM 的使用方法**

目前常用的 DM 软件主要为 DM 9.57 版本。DM 9.57 版提供“简易”和“高级”两种安装模式，以满足不同用户的要求。其简易模式适合初级用户使用，高级模式主要针对经验丰富的高级用户而设计。

**1. 简易模式**

使用简易模式启动，输入：“DM”后按 Enter 键。

**2. 高级模式**

使用高级模式启动，输入：“DM/M”后按 Enter 键。

**3. 帮助**

如果想要得到软件的其他命令行开关，输入：“DM/?”后按 Enter 键。

**二、创建磁盘分区**

**1. 简易模式**

**操作步骤：**

❶在 DOS 环境下输入“DM”命令，然后按 Enter 键确认，就可以出现如图 4—31 所示的主界面。

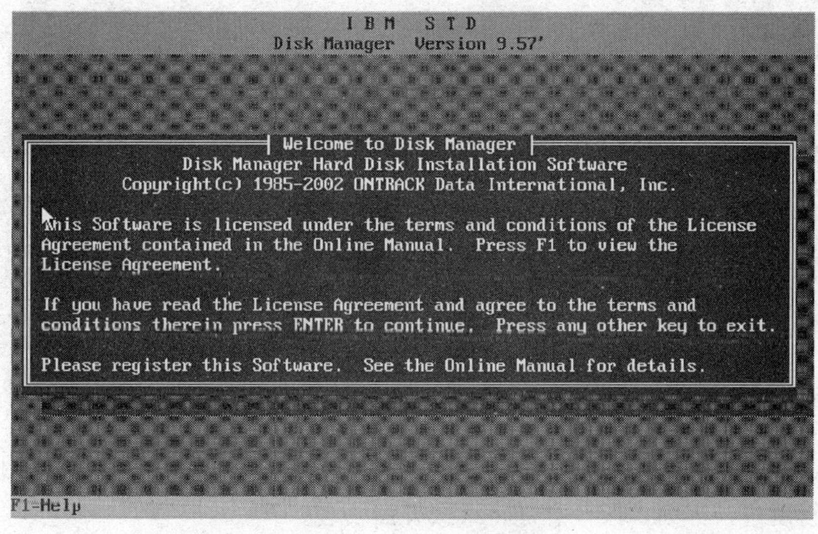


图 4—31　DM 主界面

❷按 Enter 键即可进入程序窗口，如图 4—32 所示。图中的左侧窗格中列出了“简易硬盘安装”“高级选项”“帮助文件”和“退出程序”四个菜单。选择主菜单中的“(E) asy Disk Installation”菜单，即使用简易硬盘安装完成分区工作。此方式虽然方便，但是不能按照用户的意愿进行分区，因此一般情况下不推荐用户使用该方法。

❸若进入简易硬盘安装的操作界面，DM 会检测并发现一个硬盘驱动器，用户可以直接选择“（Y）ES”选项，然后按 Enter 键确认，如图 4—33 所示。

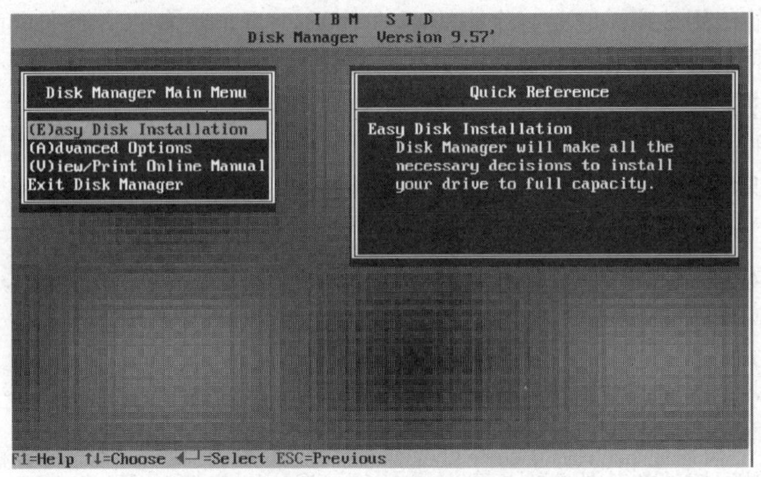


图 4—32 选择硬盘简易安装

❹移动光标，从列表中选择已经安装或将要安装的操作系统，然后按 Enter 键确认，如图 4—34 所示。

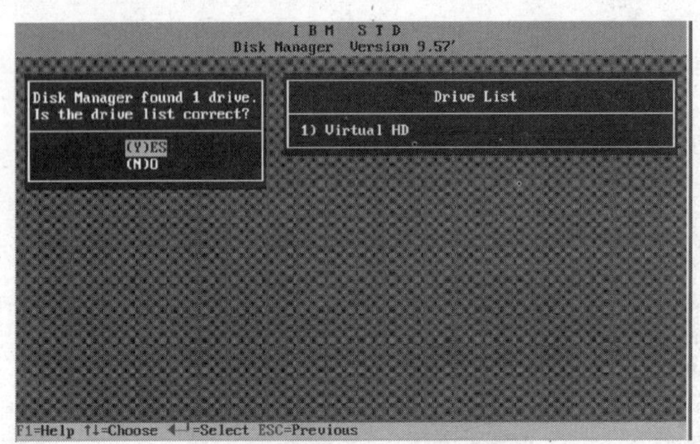


图 4—33 选择“(Y) ES”选项

图 4—34 选择要安装的操作系统

❺如果硬盘已经分区，就会弹出一个提示窗口，提示用户硬盘上原始数据将会丢失，按 Alt+C 组合键跳过该界面，按任意键将继续开始安装。

❻在弹出的窗口中显示出该硬件的大小、分区等属性。如果用户确定要删除所有数据，选择“(Y) ES”选项，然后按 Enter 键即可进行硬盘格式化。

**2. 高级模式**

**操作步骤：**

❶在如图 4—32 所示的主菜单中选择“(A) dvanced Options”选项，进入二级菜单，如图 4—35 所示。然后选择“Advanced Disk Installation”选项，按 Enter 键确认。

❷和简易硬盘安装一样，DM 显示找到一个硬盘，如图 4—36 所示。然后进行分区格式的选择，一般选择 FAT32 的分区格式，如图 4—37 所示。

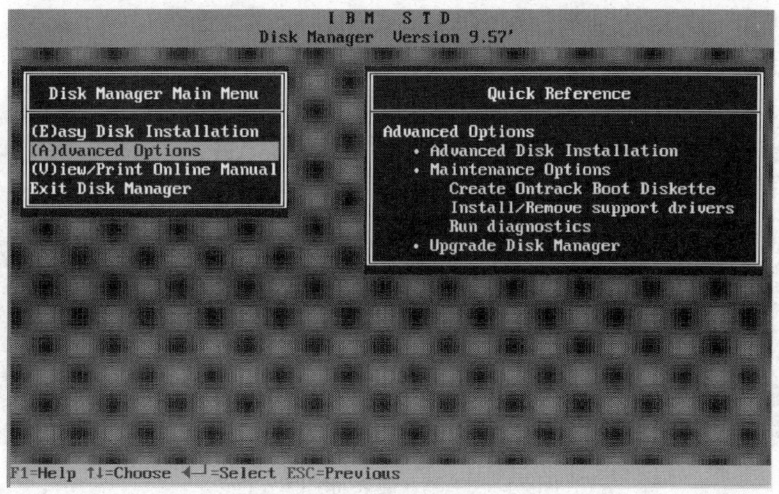


图 4—35　选择高级选项

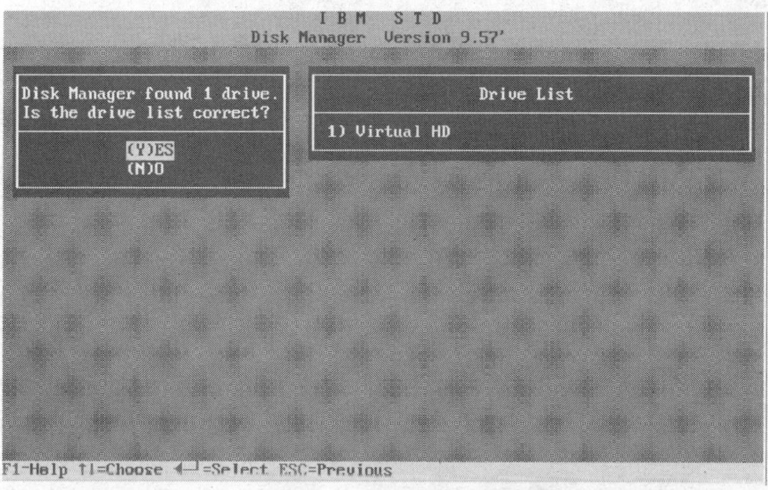


图 4—36　找到一个硬盘

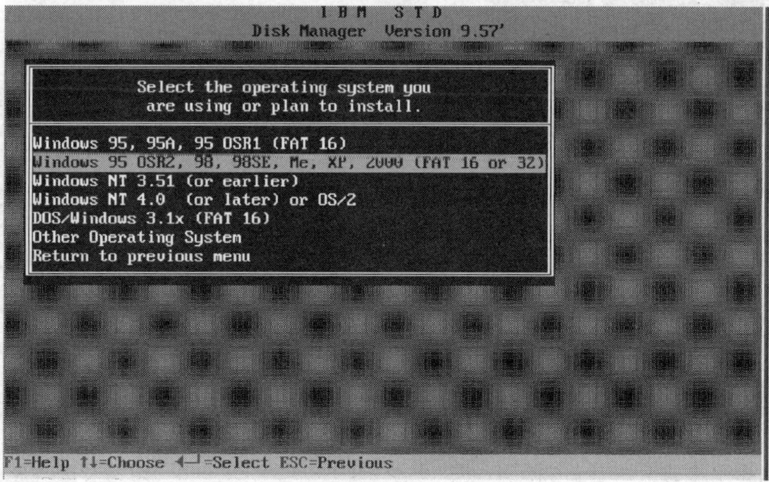


图 4—37　选择分区格式

❸接下来弹出一个确认是否使用 FAT32 的窗口，在此选择“(Y) ES”选项，然后按 Enter 键就开始进行硬盘格式化，如图 4—38 所示。

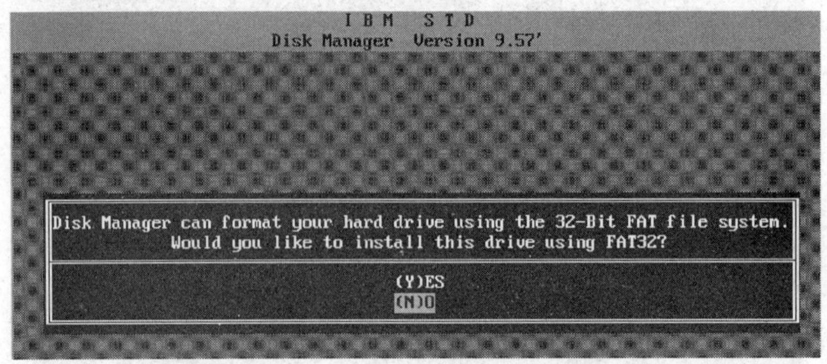


图 4—38 确认是否使用 FAT32

 注意

*FAT32 跟 DOS 存在兼容性问题，即在 DOS 下无法使用 FAT32。*

**三、格式化磁盘分区**

创建分区后进行格式化。DM 提供了一些分区方式让用户选择。有三种方法进行分区：整个硬盘为一个分区；DM 将硬盘空间平均分为多个区；用户自己决定分区数量。这里选择用户自己决定分区数量。

**操作步骤：**

❶在选择完操作系统后，即会出现如图 4—39 所示的选择分区菜单界面。“OPTION (A)”选项是将磁盘分成一个分区；“OPTION (B)”选项是将磁盘平均分成四个分区；“OPTION (C) Define your own”选项则可以自定义磁盘分区的数量和大小。在这里选择“OPTION (C) Define your own”选项，然后按 Enter 键，即可打开如图 4—40 所示的界面。

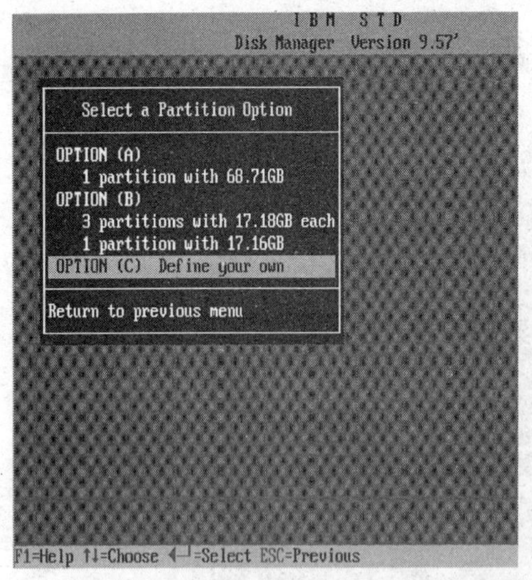


图 4—39 选择自定义磁盘分区数量和大小

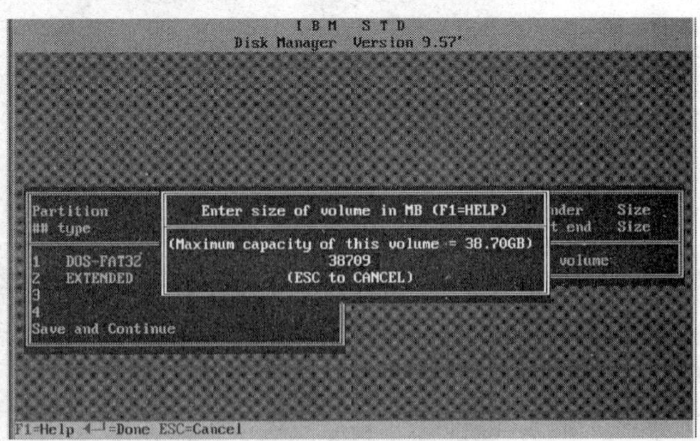


图 4—40 填写分区大小

❷按 Insert 键，填写分区空间大小，按 Enter 键即可创建分区。

 **提示**

如果想删除分区，将光标移动到要删除的分区上按 Delete 键即可。如图 4—41 所示。

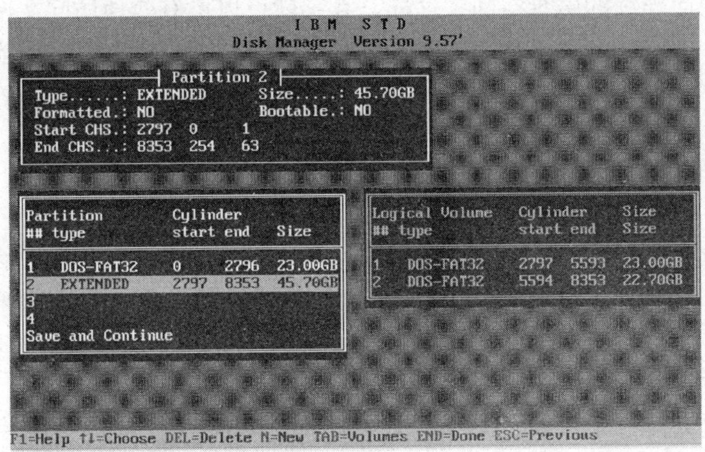


图 4—41 保存并且继续

❸在如图 4—40 所示的界面的左下方选择“Save and Continue”选项，即保存并且继续，执行完成后再按 Enter 键即可开始进行格式化操作，如图 4—41 所示。

❹弹出提示信息，询问是否快速格式化，在此选择“(Y) ES”选项，按 Enter 键确认。

❺弹出提示信息，询问是否使用默认的簇值，在此选择“(Y) ES”选项，按 Enter 键确认。

❻在弹出的界面中询问是否继续进行操作，在此选择“(Y) ES”选项，按 Enter 键确认。

❼提示信息显示硬盘已成功进行分区格式化。最后，在弹出的提示信息中要求用户按 RESET 键或按 Ctrl+Alt+Delete 组合键重新启动计算机。然后格式化磁盘分区操作即告完成。

# 课题 19 磁盘管理概述

**学习目标：**

1. 了解磁盘碎片分布情况。
2. 了解查看磁盘碎片整理报告的方法。
3. 掌握整理磁盘碎片的方法。

## 一、磁盘碎片简介

### 1. 产生磁盘碎片的原因

计算机使用一段时间后速度就会变慢，除了系统的原因以外，磁盘中产生文件碎片也是一个原因。由于硬盘被划分成一个个的簇，每个簇里又分成多个扇区，文件的大小不同，在储存的时候系统会搜索存入最相近的扇区中，久而久之在文件和文件之间会形成一些碎片，较大的文件也可能被分散存储。产生碎片以后，在查找和读取文件时需要更多的时间，从而减慢操作速度，对硬盘也有一定损害。因此每隔一段时间应该进行一次碎片整理工作。

**2. 整理磁盘碎片的原理**

磁盘碎片整理程序可以分析本地卷及合并碎片文件和文件夹，以便每个文件或文件夹都可以占用卷上单独而连续的磁盘空间。这样，系统就可以更有效地访问文件和文件夹以及保存新的文件和文件夹。在合并文件和文件夹时，磁盘碎片整理程序还将合并卷上的可用空间，以减少新文件出现碎片的可能性。合并文件和文件夹碎片的过程称为碎片整理。

**3. 磁盘碎片分布情况**

单击“开始/所有程序/附件/系统工具/磁盘碎片整理程序”命令，弹出“磁盘碎片整理程序”窗口，其中的“卷”列表框中显示了逻辑驱动器的状态，包括文件系统、磁盘容量、可用空间的数量和百分比等信息。该窗口的下半部分以图形方式记录了整理磁盘碎片的过程。

红色表示零碎的文件，蓝色表示连续的文件，白色表示空闲的空间，绿色表示 NTFS 卷上的系统文件。“分析显示”信息框中显示了碎片整理之前的情况，“碎片整理显示”信息框中显示了碎片整理之后的情况。

## 二、整理磁盘碎片

在 Windows 操作系统中提供了一个整理磁盘碎片的程序。碎片整理程序把这些碎片收集在一起，并把它们作为一个连续的整体存放在硬盘上。用户需要定期使用磁盘碎片整理程序（DiskDefragmenter）对磁盘碎片进行整理，从而保证系统运行的稳定性和高效性。

 **提示**

1. 应在低卷使用期间对文件服务器的卷进行碎片整理，以便将磁盘碎片整理过程对文件服务器性能的影响降到最低程度。磁盘碎片整理程序对卷进行碎片整理所花费的时间取决于以下因素，包括卷的大小、卷上零碎的文件数及可用的系统资源。

2. 安装升级、软件或重新安装 Windows 操作系统后需对卷进行碎片整理。安装软件之后卷上会形成许多碎片，所以运行磁盘碎片整理程序可帮助用户获得最佳的文件系统性能。

**1. 磁盘碎片整理的注意事项**

磁盘碎片整理可以提高文件的读写速度，可是盲目地进行整理，却有可能产生一些不必要的危险，这就要求注意以下事项：

(1) 整理期间不要进行数据读写。进行磁盘碎片整理是个比较漫长的工作，不少用户喜欢在整理的同时听歌、打游戏。这是很危险的，因为磁盘碎片整理时硬盘在高速旋转，这个时候进行数据的读写，很可能导致计算机死机，甚至硬盘损坏。

(2) 不宜频繁整理。磁盘碎片整理不同于其他计算机操作，硬盘会高速连续旋转。如果频繁进行磁盘碎片整理，可能导致硬盘寿命下降，建议三四个月左右整理一次。

(3) 做好准备工作。在整理磁盘碎片前应该先对驱动器进行“磁盘错误扫描”，这样可以防止系统将某些文件误认作逻辑错误而造成文件丢失。

操作步骤：在“我的电脑”中选择要整理的驱动器，单击鼠标右键，在弹出的快捷菜单中选择“属性”，选择“工具”选项卡，单击“查错”栏中的“开始检查”按钮，然后按照提示操作即可。

(4) 双操作系统下不要交叉整理。很多用户都安装有 Windows 98 和 Windows XP 双操作系统，但是由于系统兼容性等原因，交叉进行磁盘碎片整理可能会造成文件移位、混乱甚至系统崩溃。所以建议用户在 Windows 98 中整理 Windows 98 分区，在 Windows XP 中整理 Windows XP 分区。

**提示**

整理碎片之前应分析是否需要整理碎片并且保证磁盘至少有 15%的可用空间，这样磁盘碎片整理程序才能进行完全充分的碎片整理。磁盘碎片整理时间是比较长的，一般为 80 min（20 GB 大小）左右，而且整理速度会越来越快。系统显示的时间仅仅作为参考。

**2. 碎片检查**

在对磁盘碎片进行整理之前，先要分析磁盘，以确认是否需要进行碎片整理。

**操作步骤：**

❶选定需要进行磁盘碎片整理的驱动器，在此选择 F 盘。在盘符图标上单击鼠标右键，在弹出的快捷菜单中选择“属性”选项。

❷在弹出的“资料（F:）属性”对话框中选择“工具”选项卡，如图 4—42 所示。

❸在“碎片整理”选项区中可直接单击“开始整理”按钮，将弹出“磁盘碎片整理程序”窗口，如图 4—43 所示。

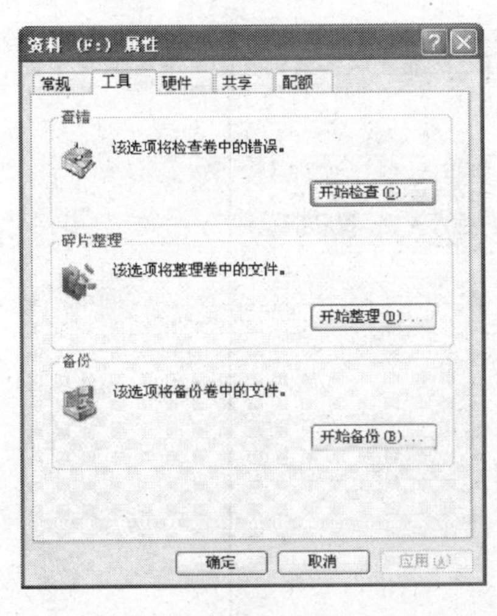


图 4—42 “资料（F:）属性”对话框-“工具”选项卡

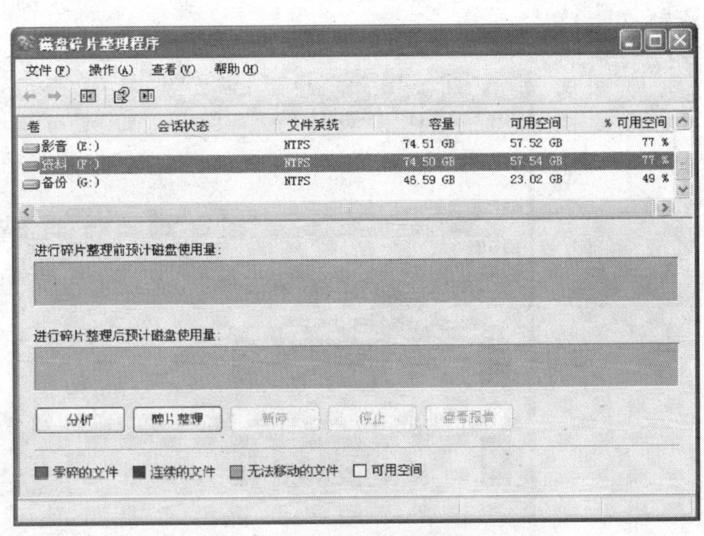


图 4—43 “磁盘碎片整理程序”窗口

❹在“磁盘碎片整理程序”窗口中选定 F 驱动器，单击“分析”按钮，进行磁盘分析。分析后会弹出信息提示对话框，指示用户是否应该进行碎片整理。如图 4—44 所示。

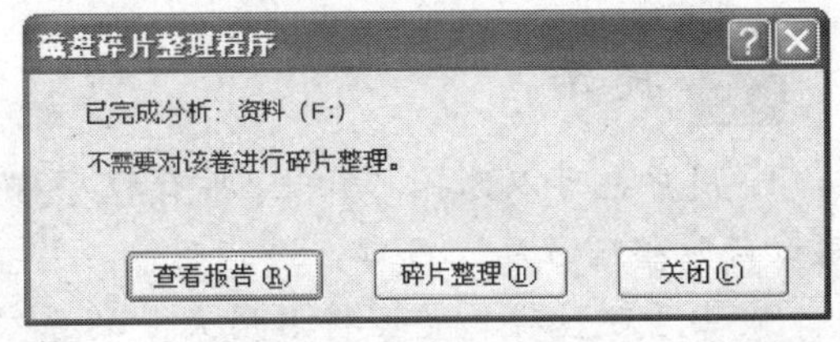


图 4—44 磁盘碎片整理分析信息提示对话框

**3. 查看分析报告**

操作步骤：单击如图 4—44 所示对话框中的“查看报告”按钮，弹出“分析报告”对话框，如图 4—45 所示。在该对话框中列出了选定驱动器的碎片分布情况以及该卷的信息，并根据文件碎片在磁盘空间的分布情况建议用户是否应对该卷进行碎片整理。

**4. 碎片整理**

**操作步骤：**

❶单击如图 4—45 所示对话框中的“碎片整理”按钮，系统自动进行碎片整理工作，在状态栏中将显示指定操作磁盘的状态、工作进度百分比和系统正在进行碎片整理操作的文件名。另外，在状态栏的右边还有一个绿色的进度条显示完成的进度，如图 4—46 所示。

❷碎片整理完成后，弹出信息提示对话框，提示信息为“已完成碎片整理 资料（F:)”。

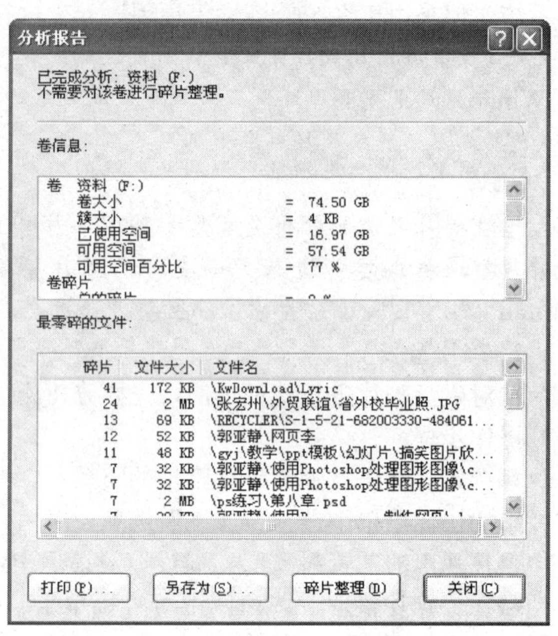


图 4—45 “分析报告”对话框

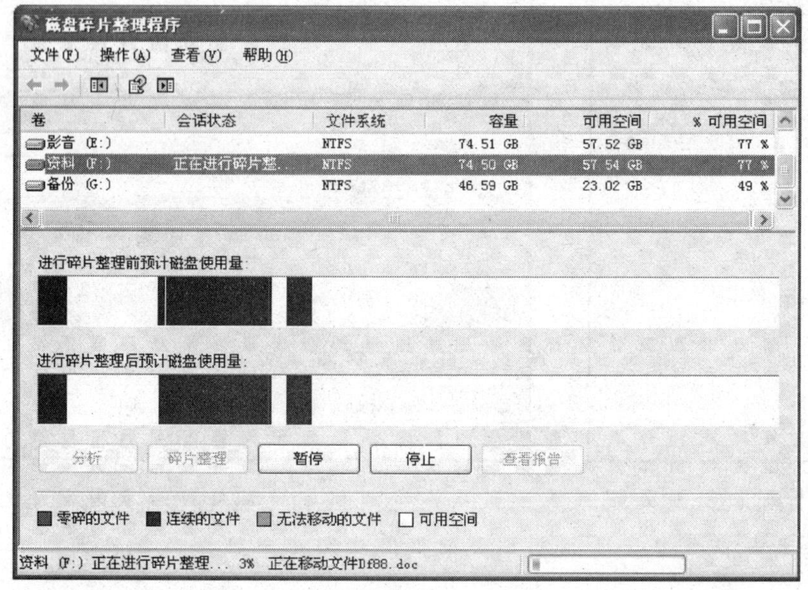


图 4—46 磁盘碎片整理中

**提示**

1. 用户也可以选择“开始/所有程序/附件/系统工具/磁盘碎片整理程序”命令，弹出“磁盘碎片整理程序”窗口，进行磁盘碎片整理。

2. 由于磁盘碎片整理将占用大量的系统资源，因此，如果用户需要使用计算机处理其他问题，可以单击“暂停”按钮来暂停整理工作，也可以单击“停止”按钮来结束整理工作。

# 课题 20　碎片整理工具——Diskeeper 2009

**学习目标：**

1. 了解 Diskeeper 2009 软件。
2. 掌握使用 Diskeeper 2009 分析、整理磁盘碎片的操作方法。

Diskeeper 2009 是一款功能强大的实时碎片整理工具。它具有其他同类软件不能比拟的磁盘整理功能（能够整理 Windows 加密文件和压缩文件），以及自行设定整理磁盘时间表功能（时间一到即可自动进行磁盘整理工作），从而自动分析、整理文件，以保持磁盘文件的连续性，加快文件存取效率。

## 一、Diskeeper 2009 的工作界面

Diskeeper 2009 的工作界面主要由几个窗格组件组成，如图 4—47 所示。其功能见表 4—1。

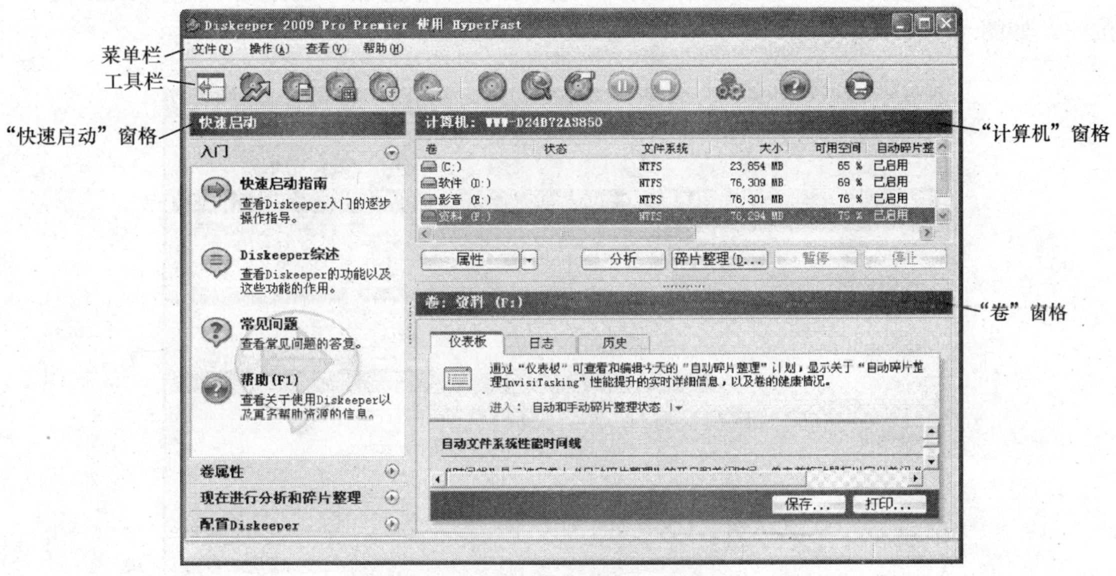


图 4—47　工作界面

**表 4—1　　Diskeeper 2009 主界面组件及功能**

| 组件 | 功能 |
| --- | --- |
| 菜单栏 | 提供了访问工具栏和“快速启动”窗格中可用功能的其他方法 |
| 工具栏 | 可快速访问常用的控件 |
| “快速启动”窗格 | 能够轻松访问 Diskeeper 常用功能，用于执行普通任务的快捷方式 |

续表

| 组件 | 功能 |
| --- | --- |
| “计算机”窗格 | 显示计算机上检测到的全部磁盘卷、碎片整理状态及卷的信息 |
| “卷”窗格 | 用户可在“仪表板”选项卡、“日志”选项卡和“历史”选项卡之间轻松切换。“仪表板”选项卡查看整理计划和磁盘健康状况；“日志”选项卡保存为 HTML（.htm）文件；“历史”选项卡保存为位图（.bmp）文件 |
| 保存 | 单击该按钮，显示一个对话框，用户可在其中指定文件名和要保存的位置 |
| 打印 | 单击该按钮，显示一个对话框，用户可在其中指定所要使用的打印机和设置任何可用的打印属性 |

## 二、分析和整理磁盘碎片

### 1. 分析磁盘碎片

在整理磁盘碎片前最好先分析卷上的碎片化程度，其方法如下：

**操作步骤：**

❶单击 Diskeeper 2009 工具栏中的“分析”按钮。

❷打开“快速启动”窗格中的“现在进行分析和碎片整理”任务组，然后单击“分析”按钮，如图 4—48 所示。

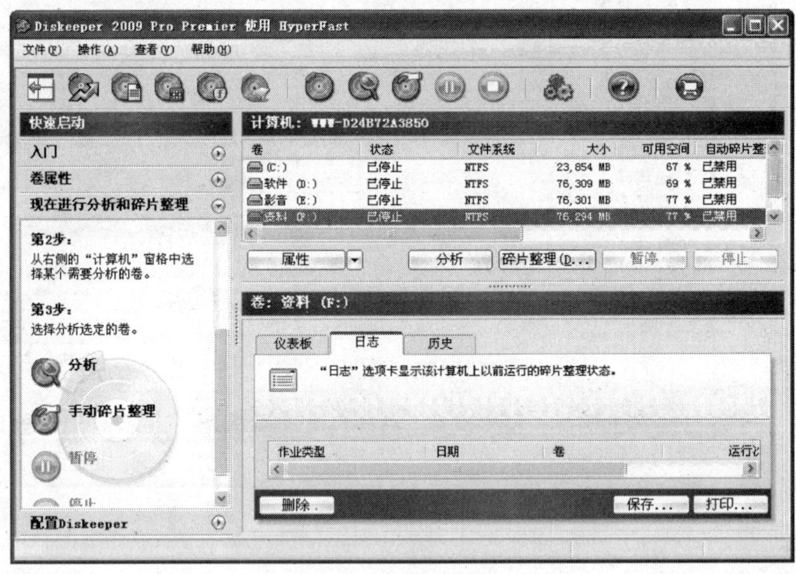


图 4—48　磁盘分析

 **提示**

分析磁盘时，在 Diskeeper 2009 工具栏、“计算机”窗格中可选择暂停、恢复或停止碎片整理选项。

**2. 整理磁盘碎片**

Diskeeper 2009 有两种整理磁盘碎片的模式。

(1)“自动碎片整理”模式。在“自动碎片整理”模式中，Diskeeper 2009 可自动在后台运行，不会影响正在运行的其他应用程序。因此，建议采用“自动碎片整理”模式，使计算机始终保持最佳性能。默认情况下，在安装了 Diskeeper 2009 的所有卷上采用“自动碎片整理”模式。

**操作步骤：**

❶打开“快速启动”窗格中的“卷属性”任务组，然后选择“自动碎片整理”选项，或单击“自动碎片整理”按钮，弹出“自动碎片整理”属性对话框，如图 4—49 所示。

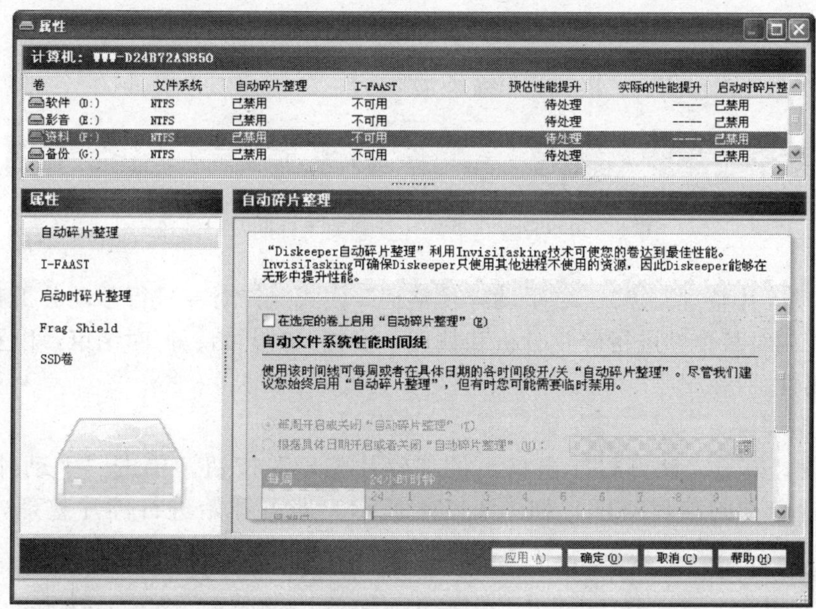


图 4—49 “自动碎片整理”属性对话框

❷在“计算机”窗格中选择一个或者多个卷。

❸勾选或者清除“在选定的卷上启用‘自动碎片整理’”复选框，然后单击“确定”按钮，以保存修改并关闭“卷属性”控制台，或者单击“应用”按钮，以保存修改并保持“卷属性”控制台的打开状态。

当在某个卷上启用“自动碎片整理”功能后，可在“自动碎片整理时间线”控件中设定不允许“自动碎片整理”运行的时间段，如图 4—50 所示。

 **提示**

Diskeeper 2009 还有一项重大的技术突破，即采用了 InvisiTasking 技术使“自动碎片整理”在后台隐形运行，不会影响计算机上的其他进程。即使退出 Diskeeper 2009，整理工作仍继续在后台进行。Diskeeper 2009 还提供了系统启动时碎片整理模式，单击“启动时碎片整理”选项，在弹出的窗口中可以进行各项设置。如果磁盘为 SSD 固态硬盘的话，则要选择专门的 SSD 固态硬盘碎片整理。

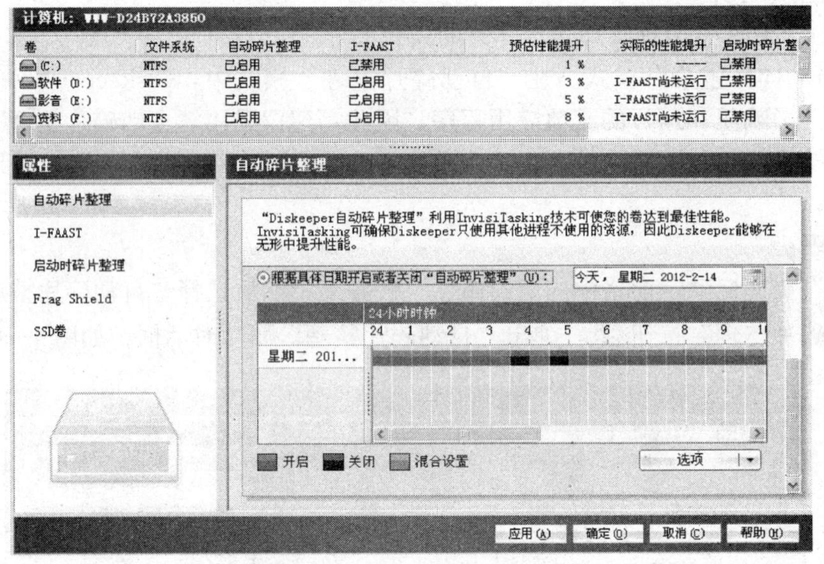


图 4—50　设置自动碎片整理关闭日期及时间段

(2)"手动碎片整理"模式。"手动碎片整理"模式允许对卷进行手动分析和碎片整理操作。可直接控制对某个卷进行碎片分析和整理，设置何时开始、何时结束，以及其他"手动碎片整理"属性。

1）碎片整理

操作步骤：单击"计算机"窗格下的"碎片整理"按钮。单击"手动碎片整理"按钮，启动选定卷的碎片整理，如图 4—51 所示。即可开始进行碎片整理，如图 4—52 所示。

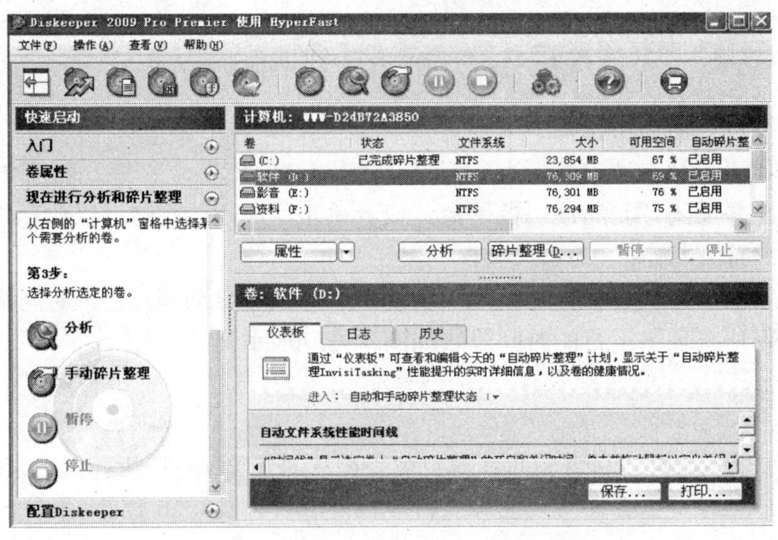


图 4—51　选择"手动碎片整理"

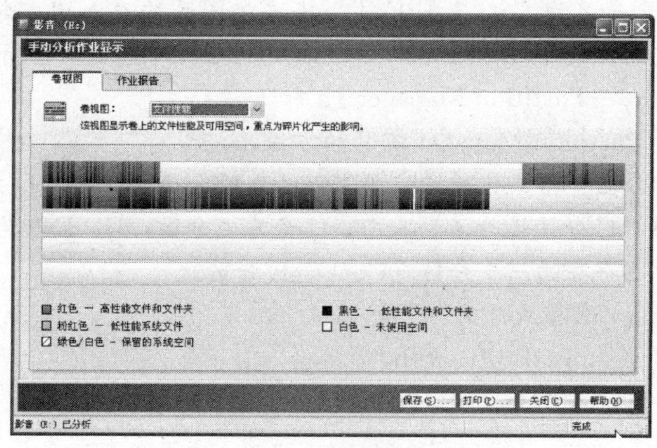


图 4—52　碎片整理

**注意**

要停止手动碎片整理作业，应首先选中要停止碎片整理的卷，然后单击 Diskeeper 2009 工具栏上的“停止”按钮或在“计算机”窗格中右键单击相应卷，在弹出的快捷菜单中选择“停止”选项。

2）作业报告。在手动执行某个卷的碎片整理（或者分析）时，“手动分析作业显示”在单独的窗口中显示。在“手动分析作业显示”中有两个选项卡。

①“卷视图”选项卡。该选项卡显示卷上的文件性能、可用空间及碎片产生的影响。

②“作业报告”选项卡。该选项卡显示建议及分区的各项信息。

3）手动碎片整理作业属性。在手动碎片整理作业属性中包括两个选项。

①磁盘优先级。主要设定磁盘在任何情况下都可以进行手动碎片整理作业。

②CPU 优先级。主要设定手动碎片整理速度的快慢，当设定为最高时，碎片整理速度最快；当设定为最低时，碎片整理速度最慢。

4）碎片整理选项。主要设定碎片整理的速度和稳定性。当选择“快速碎片整埋”选项时，整埋速度最快，但稳定性一般；当选择“推荐的碎片整理”选项时，整理速度较慢，但稳定性较好。

5）大型文件碎片整理。主要针对大型文件的碎片整理，整理速度较快。

**三、其他功能**

该软件还提供了详细的设置功能，可以利用该软件对特定的文件夹或者文件进行禁止移动和整理操作。若要对软件的一些运行信息进行记录，可选择“设置”按钮中的“时事日志”选项进行设置。还可以利用该软件来对系统中的新卷进行分析评测，并且自动进行磁盘碎片整理。

## 练　　习

用截图的方式回答以下问题。要求图片均为 JPEG 格式，其命名以题号为序进行，如第

2题中的第3小题，则命名为“2-3.JPEG”。将这些图片均存入以“学号”+“姓名”命名的文件夹中，将该文件夹压缩存入作业U盘或发送至教师指定的信箱中。

1. 磁盘分区工具——Partition Manager

(1) 显示出打开Partition Manager工具的方法。

(2) 对硬盘进行分区并格式化硬盘，要求：C分区大小10 GB，D分区大小10 GB，剩余空间分配给E分区；C分区设为活动状态；C盘为主分区，D、E盘为逻辑分区。

(3) 删除硬盘中已存在的三个分区（C、D、E分区）。

(4) 将D分区FAT32格式改为NTFS格式。

(5) 将D分区释放出5 GB空间大小。

(6) 从原来已存在的三个分区（C、D、E分区）中再增加两个分区（即变为C、D、E、F和G分区）。

(7) 将已存在的D和E分区合并为一个分区。

(8) 将E分区隐藏。

(9) 将未设定作用（活动）的C分区设定为作用状态。

2. 碎片整理工具——Diskeeper 2009

(1) 显示查看C分区属性。

(2) C、D分区设置自动碎片整理。

(3) 对C分区进行磁盘分析。

(4) 对D分区进行手动碎片整理。

(5) 对D分区设置开机自动碎片整理。

(6) 设置排除列表（即整理时无须整理的文件）。

3. 磁盘备份与还原工具——Norton Ghost

(1) 显示Norton Ghost工具的打开方式。

(2) 将C分区制作成镜像文件放入D分区中，文件名为“Windows”。

(3) 利用Norton Ghost工具将文件名为“Windows”的镜像文件恢复到E盘。

(4) 复制分区，将C盘复制到D盘。

(5) 为整个硬盘做镜像文件，文件名为“Disk”。

(6) 将文件名为“Disk”的镜像文件恢复到硬盘。

(7) 将硬盘1的内容全部复制到硬盘2。

(8) 检查镜像文件是否合法。

(9) 检查硬盘文件是否合法。

4. 分区格式化磁盘——DM

(1) 使用简易模式将硬盘分成一个区。

(2) 使用高级模式将硬盘分成一个区。

(3) 使用高级模式将硬盘平均分成四个区。

(4) 使用高级模式将硬盘分成三个区，C盘大小10 GB，D盘大小10 GB，剩余空间分配给E盘。

(5) 将已存在的三个分区（C、D、E分区）更改为四个分区（C、D、E、F分区）。

(6) 将已存在的三个分区（C、D、E分区）更改为两个分区（C、D分区）。

(7) 利用 DM 工具低级格式化硬盘。

(8) 利用 DM 工具，低级格式化硬盘。

5. 磁盘管理概述

(1) 显示打开磁盘碎片整理程序的方法。

(2) 利用 Windows 自带的碎片整理程序分析 D 盘，以查看有无磁盘碎片。

(3) 利用 Windows 自带的碎片整理程序整理含有磁盘碎片的 C 盘。

# 单元5　上传与下载工具

## 课题21　数据传输概述

**学习目标：**

掌握数据的传输方式和传输介质。

自从互联网诞生以来，人们能够从互联网上获取各种各样的资源，同时也可以将自己的资源传到网上与其他用户分享。从网上下载网络资源已经成为人们收集资料的普遍方式。

借助FTP工具软件，用户可以快速、稳定地上传或下载各种资源文件。而随着网络资源共享技术的不断发展，用户还可以使用P2P类的软件在互联网中分享各种资源。

数据是由计算机处理的数字、字母和符号等，是信息的一种载体。而数据传输是信息传输的一种形式，主要指与计算机有关的信息传输，也可以称为数据通信。

**一、数据传输方式**

在通信系统中，数据被分为数字数据（具有离散值，如字符串等）和模拟数据（在一定时间间隔中具有连续的数值，如音频数据）两种类型。在数据通信时，要将数据变换为电信号的形式，从一点传到另一点。由于有两种不同的数据类型，电信号也有两种基本形式。

**1. 模拟信号**

模拟信号是在各种介质上传送的不断变化的电磁波。例如，电话网、广播网、电视网等都是利用模拟信号进行数据传输的。

**2. 数字信号**

数字信号是在介质上传送的电压脉冲序列，它使用0和1来表示波形，因此又称为“二进制信号”。与模拟信号相比，数字信号具有抗干扰能力强、通信质量不易受影响等优点。

在数据传输过程中，根据信号的不同也可以对传输进行分类。其中，用数字信号进行的传输称为数字传输，而用模拟信号进行的传输则称为模拟传输。

**二、数据传输介质**

数据传输介质是在数据传输过程中位于发送设备和接收设备之间的物理线路。传输介质的特征在一定程度上决定了数据传输的特征及传输过程中信号的质量。目前常用网络传输介质有以下几种：

**1. 双绞线**

双绞线是目前局域网布线中常用的一种传输介质，由两根绝缘铜导线相互缠绕而成。局域网中常用的双绞线电缆由四组双绞线组成，每根铜导线的绝缘层上分别涂有不同的颜色，以示区别。

根据不同环境对传输介质要求的不同，可以将双绞线分为屏蔽双绞线（STP）和非屏蔽双绞线（UTP）两大类。两者的区别在于，屏蔽双绞线电缆中的双绞线被金属屏蔽层所包围，部分屏蔽双绞线电缆的四组双绞线外侧还会有网状金属屏蔽层；而非屏蔽双绞线电缆则没有额外的金属屏蔽层。因此屏蔽双绞线的抗干扰能力要优于非屏蔽双绞线，但成本相对较高。

**2. 光导纤维**

光导纤维又称为光纤或者光缆，其中心由一根或多根玻璃纤维组成，通过传输光信号来实现数据传输，是目前最为先进的一种网络传输介质。与其他金属传输介质相比，光纤具有通信容量大、传输距离长、抗腐蚀、抗干扰能力强等优点。但是，玻璃纤维质地较脆、机械强度低以及切断和连接技术要求较高等缺点是目前限制光纤普及的主要原因。

**3. 无线传输介质**

在自由空间利用电磁波发送和接收信号进行通信称为无线传输。地球上的大气层为大部分无线传输提供了物理通道，即为无线传输介质。无线传输所使用的频段很广，人们现在已经利用了数个波段进行通信。无线通信的方法有无线电波、微波和红外线。紫外线和更高的波段目前还不能用于通信。

（1）无线电波。无线电波是指在自由空间（包括空气和真空）传播的射频频段的电磁波。无线电技术是通过无线电波传播声音或其他信号的技术。

（2）微波。微波是指频率为300 MHz～300 GHz的电磁波，是无线电波中一个有限频带的简称，即波长在1 m（不含1 m）到1 mm之间的电磁波，是分米波、厘米波、毫米波的统称。微波频率比一般的无线电波频率高，通常也称为“超高频电磁波”。

（3）红外线。红外线是中众多不可见太阳光线中的一种，又称为红外热辐射。红外线可分为三部分，即近红外线，波长为0.75～1.50 μm；中红外线，波长为1.50～6.0 μm；远红外线，波长为6.0～1 000 μm 。

红外线通信不易被发现和截获，保密性强，抗干扰性强。此外，红外线通信机体积小、重量轻、结构简单、价格低廉。但是它必须在直视距离内通信，且传播受天气的影响。在不能架设有线线路，而使用无线电又怕暴露目标的情况下，使用红外线通信是比较好的选择。

## 课题22　极速下载工具——迅雷

**学习目标：**

1. 认识迅雷7的界面。
2. 掌握下载资源的操作方法。

迅雷是众多常用下载工具软件中的一种，它不仅可以快速搜索需要的资源信息，还可以更方便、更快捷地进行下载。在迅雷的所有产品中，迅雷 7 是一款新型的基于多资源超线程技术的下载软件，它针对宽带用户做了特别的优化，能够充分利用宽带上网的特点，带给用户高速下载的全新体验。

## 一、迅雷 7 界面介绍

迅雷 7 的界面设计简洁大方，并且注重操作的便捷性，只需单击“开始/所有程序/迅雷软件/迅雷 7/启动迅雷 7”命令，即可进入迅雷的界面，如图 5—1 所示。

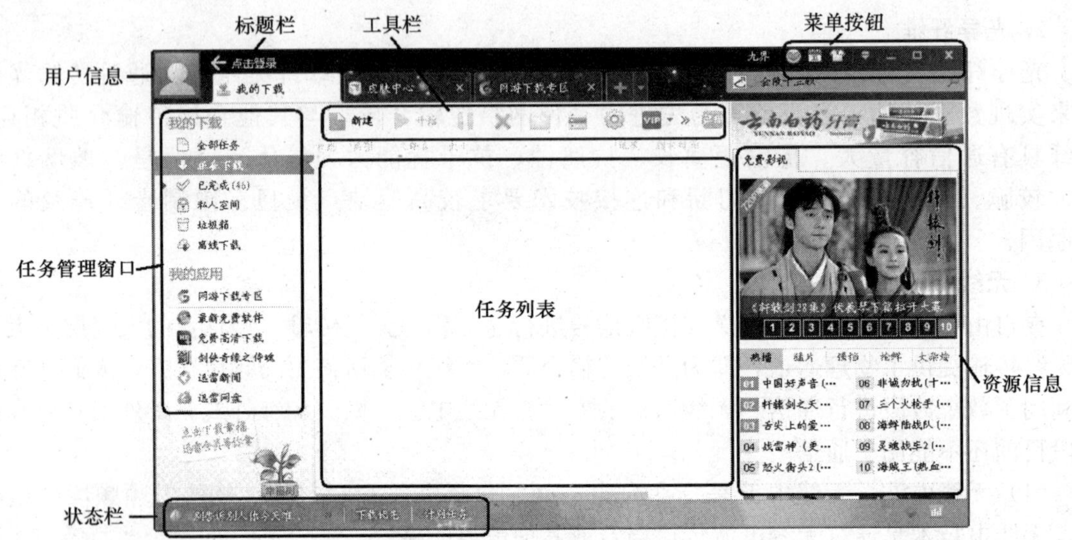


图 5—1　迅雷主界面

在迅雷 7 的主界面中，各组成部分的功能与作用如下所示：

### 1. 工具栏

工具栏主要用于显示迅雷中一些常用命令的快捷方式。

### 2. 菜单按钮

菜单按钮位于工具栏右侧，包括文件、编辑、工具三个不同的菜单，可以利用各菜单中的不同命令进行操作。

### 3. “任务管理”窗格

在该窗格中，选择不同的选项，即可分别显示正在下载、已经下载、已经收藏或者已经删除的下载任务。

### 4. 用户信息

该区域为所有迅雷注册用户的信息展示区，用户可以通过它来享受迅雷所提供的便捷、贴心的服务。

### 5. 任务列表

当在“任务管理”窗格中选择要显示的任务类别时，即可在任务列表中显示该类别中的所有任务。

**6. 状态栏**

单击状态栏中的“计划任务/下载后完成/关机”命令，可以实现当任务下载完成后自动关机的功能。

**二、下载资源**

在下载资源之前，可先登录迅雷，然后对资源进行搜索。在迅雷中，用户可以方便、快速地搜索视频、音频等资源。

**操作步骤：**

❶启动迅雷 7 之后，先单击左上角的“点击登录”命令，在弹出的“登录”对话框中分别输入已注册好的迅雷账号和密码，如图 5—2 所示。

❷在“搜索”文本框中输入要下载的资源关键字，如输入“蒋勋说红楼梦”。

❸单击“搜索”文本框左侧下拉列表命令，选择“使用狗狗搜索”。单击“搜索”按钮，弹出“狗狗搜索”资源列表，如图 5—3 所示。

图 5—2 “登录”对话框

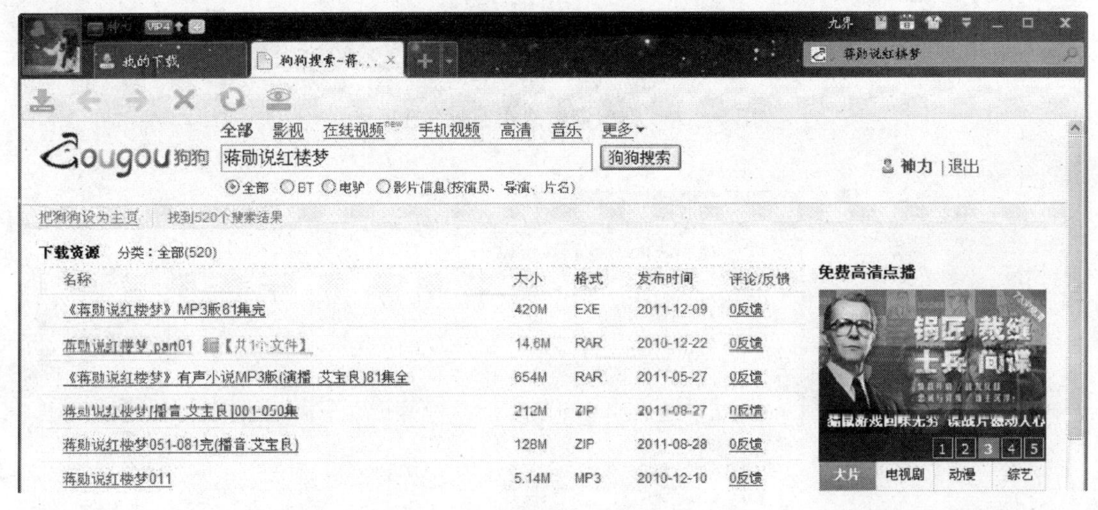


图 5—3 “狗狗搜索”资源列表选项卡

❹在弹出的资源列表中单击要下载资源的文字链接，并在弹出的下载页面中继续单击资源下载的文字链接，弹出“狗狗资源搜索下载”选项卡，如图 5—4 所示。

**提示**

下载时，可以通过评论内容来选择合适的下载资源。同时也可以单击“试听”按钮，经过预览后再决定是否要下载该资源。

❺单击“普通下载”按钮，在弹出的“新建任务”对话框中分别设置要存储的位置和文

件名称，勾选“登录服务器”复选框，并单击“立即下载”按钮，如图 5—5 所示。此时，可在迅雷 7“我的下载”选项卡任务列表中查看到该下载任务的相关信息，如文件名称、下载进度和速度等。

图 5—4 “狗狗资源搜索下载”选项卡

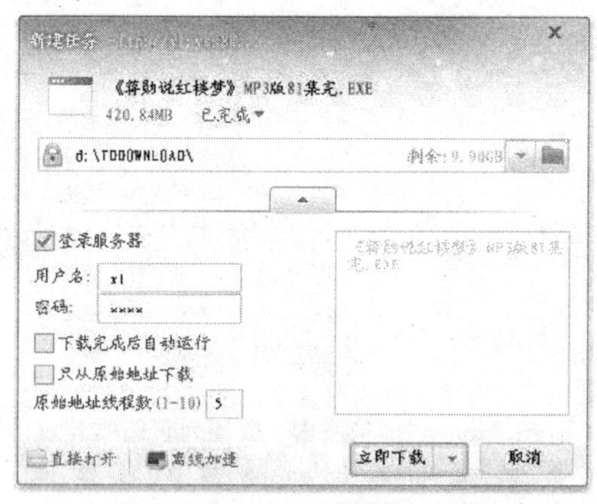


图 5—5 “新建任务”对话框

## 提示

当开始下载资源时，用户还可以将该下载程序隐藏到任务栏的通知区域中，并通过迅雷工具软件的悬浮窗观察下载进度。

# 课题 23　P2P 传输工具——BitComet

**学习目标：**

1. 掌握 BT 下载资源的操作方法。
2. 掌握制作和发布资源种子的操作方法。

BitComet 中文名称为比特彗星，是基于 BitTorrent 协议的高效 P2P（点对点）文件分享软件，俗称 BT 下载客户端。它拥有多项领先的 BT 下载技术，支持多个任务下载时有选择地下载文件，而最新版本的软件又将 BT 技术应用到了普通的 HTTP/FTP 协议下载，这样便可以通过 BT 技术加快用户的下载速度。

## 一、BT 简介

### 1. 工作界面组成

BitComet 是一款完全免费的下载工具软件，具有边下载边播放、自动根据用户的网络连接优化下载、智能磁盘缓存、智能文件扫描等特点。同时，它还具有简洁、易于用户操作的主界面，如图 5—6 所示。工作界面组件组成见表 5—1。

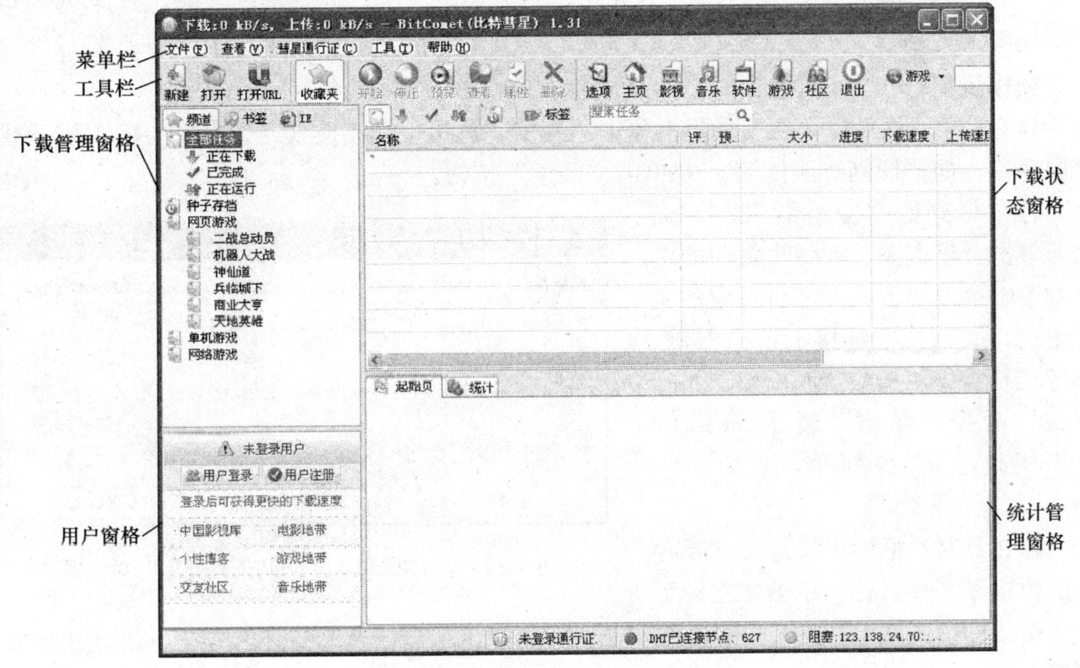


图 5—6　BT 主界面

**表 5—1**　　**工作界面组件组成**

| 界面组件 | 功能 |
| --- | --- |
| 菜单栏 | 传输工具所有的操作菜单 |
| 工具栏 | 常用的操作工具按钮 |

续表

| 界面组件 | 功能 |
| --- | --- |
| 下载管理窗格 | 对下载的文件进行管理，如可查看到正在下载或已经完成下载的文件 |
| 用户窗格 | 用户登录管理 |
| 下载状态窗格 | 可查看到所选下载任务目前的下载情况 |
| 统计管理窗格 | 可查看下载文件的统计性报告 |

**2. 相关术语**

在使用 BT 工具软件下载资源之前，用户还需要对其相关术语进行简单的了解。

（1）Tracker。用于收集下载者信息，并将此信息提供给其他下载者，使下载者相互连接起来传输数据的服务器。

（2）种子。当一个下载任务中所有文件都被某下载者完整地下载后，下载者的文件便成为一个种子。发布者发布的文件本身就是原始种子，也指 .torrent 文件。下载者要下载文件，需要先得到相应的 .torrent 文件，然后才能使用 BT 客户端软件进行下载。

（3）制作种子。发布者提供下载任务的全部内容的行为、下载者下载完成后继续提供给他人下载的行为，均称为制作种子。

## 二、下载资源

**1. 下载文件**

**操作步骤：**

❶启动 BT 软件后，在工具栏上单击“音乐”按钮，在“搜索”文本框中输入要下载的资源名称，如“仙剑奇侠传 5”，并单击“搜索”按钮。

❷在得到的“搜索结果”页面中，单击音乐资源，在弹出页面的资源列表中单击要下载资源所对应的文字链接，或在文字链接上单击右键，执行快捷菜单中的“使用 BitComet 下载”命令，弹出“新建 HTTP/FTP 下载任务”对话框，如图 5—7 所示。

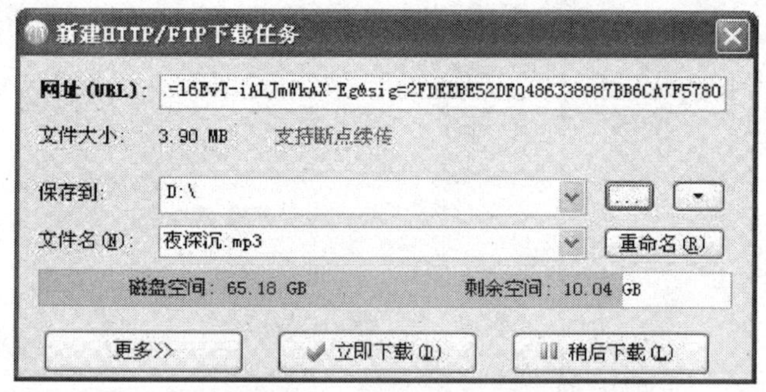


图 5—7 “新建 HTTP/FTP 下载任务”对话框

❸在此对话框中设置好文件要存储的位置和文件名称，单击“立即下载”按钮即可。在 BT 主界面的任务列表中将显示该下载任务的名称、大小、下载速度和进度等信息。

**提示**

除了使用 BT 下载资源外，还可以通过 BT 发布自己的资源，在发布资源之前，首先要将资源制作成 BT 种子。

**2. 制作种子**

**操作步骤：**

❶启动 BT 软件后，执行“彗星通行证/登录”命令，在弹出的“彗星通行证-登录”对话框中，输入已注册好的用户名和登录密码，单击“登录”按钮。

❷在 BT 窗口中，单击“文件/制作 Torrent 文件”命令，在弹出的“制作 Torrent 文件”对话框中，选择“源文件”选项区中的“单个文件”单选按钮，输入种子的文件路径。然后输入 Tracker 服务器的地址，并在“生成”文本框中输入生成文件保存的地址，如图 5—8 所示，单击“制作”按钮。

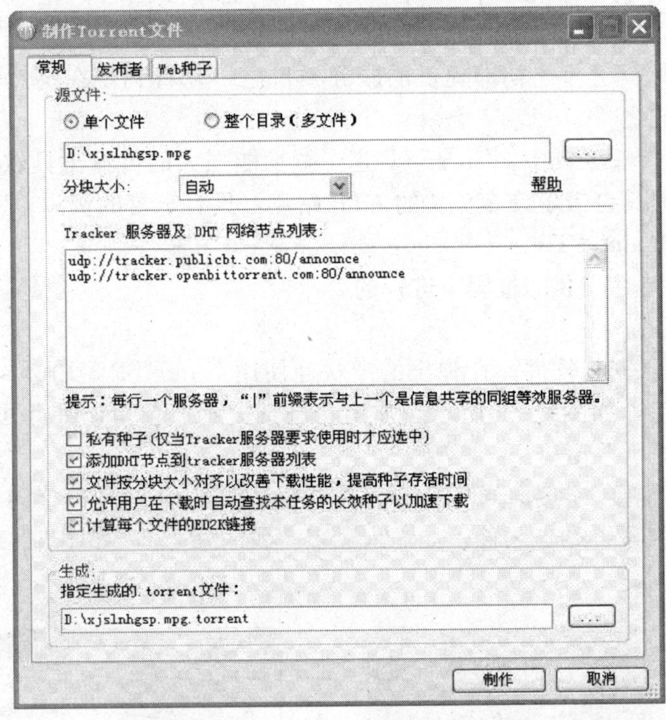


图 5—8 “制作 Torrent 文件”对话框

❸此时，种子即可加入 BT 窗口的任务列表中。登录到“BT 影视天堂”首页，单击“精华区”文字链接，在跳转的页面中单击“发布页密码”文字链接获取发布密码，然后返回到论坛，单击“发布页”文字链接。

❹在跳转的页面中，单击“点这里发布”文字链接。然后，在“.torrent 文件发布”页面中，根据提示分别设置“torrent 文件的地址”“文件类别”“上传者名称”“上传者口令”等信息，最后单击“OK”按钮即可。

**提示**

1. 若要将多个文件制作成种子，需要选择“整个目录（多文件）”单选按钮。
2. 选择任务列表中的种子文件，可单击工具栏中的“开始”按钮。
3. 页面中的“上传者名称”是用户在“BT 影视天堂”中注册的用户名。

4. 每个 ID 的发布密码是唯一的，用户只需要查看一次即可，下次可以继续用这个密码发布资源，所以一定要牢记密码。

# 课题 24　FTP 传输工具——CuteFTP

**学习目标：**

1. 了解配置 CuteFTP 的方法。
2. 掌握上传和下载文件的操作方法。

FTP 服务是互联网诞生之初即提供的服务项目之一，直到现在仍然是互联网用户最为主要的资源共享方式之一。

在所有的 FTP 传输工具中，CuteFTP 是一款功能强大的传输工具软件。虽然该软件相对来说比较庞大，但其自带了许多免费的 FTP 站点，具有丰富的资源。

## 一、安装及配置 CuteFTP

配置 CuteFTP 是在安装的过程中进行的。

**操作步骤：**

❶双击 CuteFTP 安装软件，在弹出的“欢迎使用 CuteFTP 8 Professional!”对话框中可单击“继续”按钮，如图 5—9 所示。弹出“每日提示”窗口，在此可直接单击“关闭”按钮，关闭“每日提示”窗口。

❷单击“文件/连接/连接向导”命令，在弹出的“CuteFTP 连接向导”对话框中输入 FTP 服务器的地址并设置站点名称，如输入文字“我的站点”，如图 5—10 所示，然后单击“下一步”按钮。

图 5—9 “欢迎使用 CuteFTP 8 Professional!”对话框

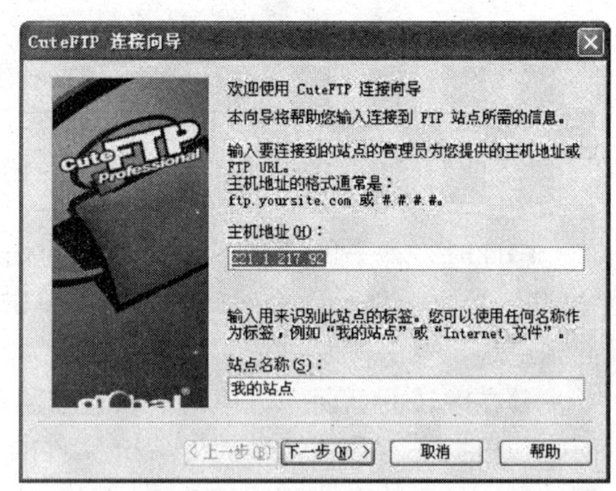


图 5—10 “CuteFTP 连接向导”对话框

 **提示**

CuteFTP 属于共享软件，用户必须要向软件作者支付一定的费用后才能够永久获得该软件的使用授权。

❸在弹出的对话框中输入 FTP 用户名与登录密码，在“登录方法”选项区中选择其中的“普通”单选按钮，如图 5—11 所示。单击“下一步”按钮。

❹在弹出的对话框中单击“浏览”按钮，再在弹出的对话框中选择上传目录，如图 5—12 所示。单击“下一步”按钮，接着在打开的对话框中单击“完成”按钮，即可连接该站点。

**提示**

用户要用自己申请的账号和密码代替图中账号和密码。

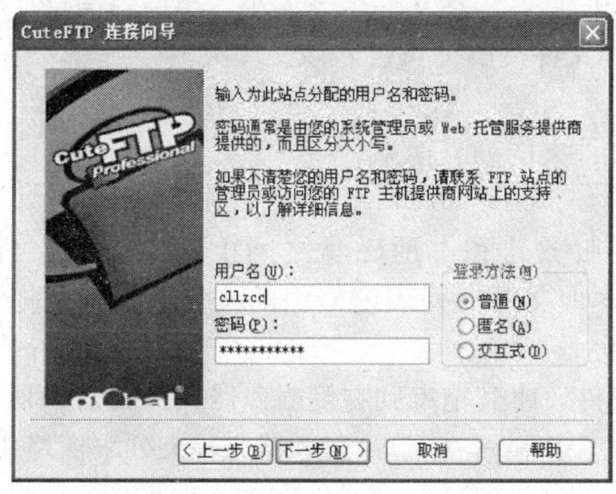


图 5—11　输入 FTP 用户名与登录密码

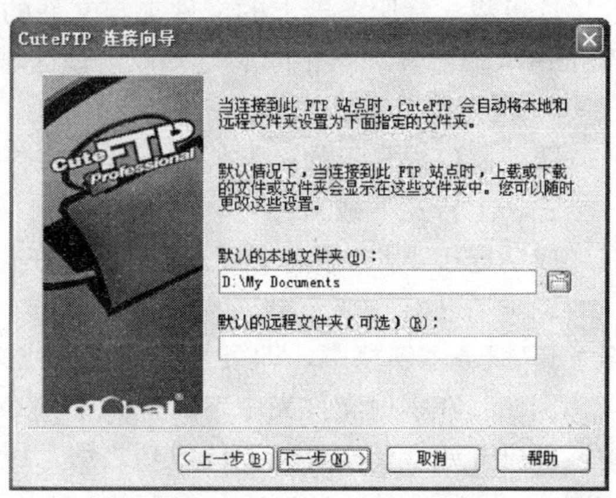


图 5—12　选择上传目录

## 二、CuteFTP 界面简介

成功连接 FTP 站点之后，即可进入该工具软件的主界面，如图 5—13 所示，可以看到该软件的主界面由四个不同功能的窗格组成，以下对 CuteFTP 主界面的各个窗格分别进行介绍。

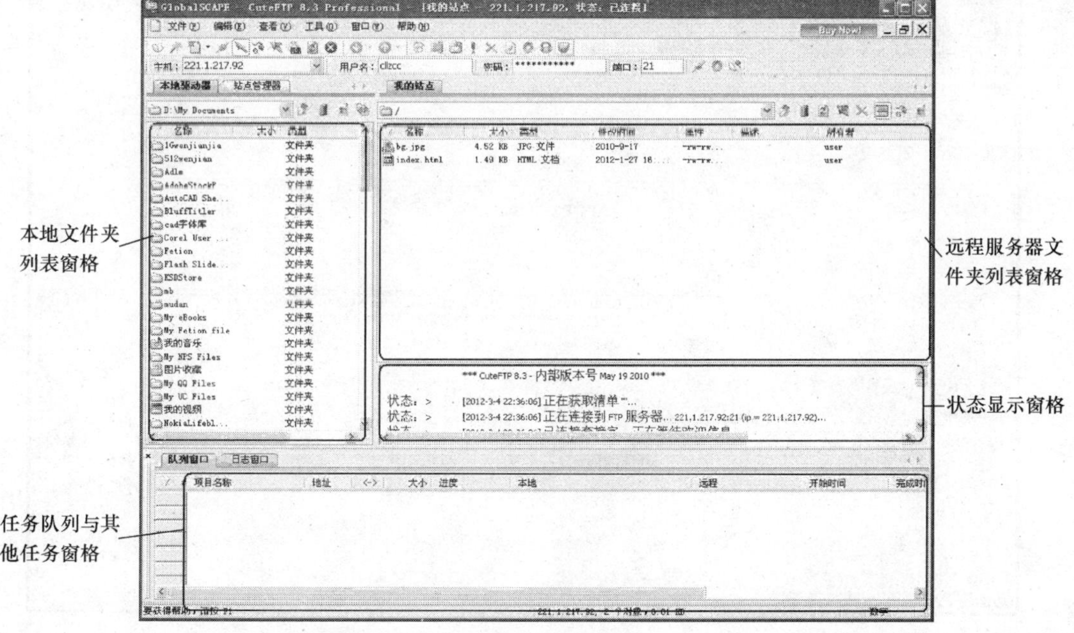


图 5—13　CuteFTP 主界面

**1. 状态显示窗格**

CuteFTP 主界面的状态显示窗格以命令的形式显示了当前的 FTP 连接及使用状态，例如，登录 FTP 站点时的登录信息，以及传输数据时的文件名、文件大小等。

**2. 本地文件夹列表窗格**

该窗格用于显示本地磁盘内的文件夹与文件。

**3. 远程服务器文件夹列表窗格**

通常情况下，远程服务器文件夹列表窗格为空。不过，当 CuteFTP 连接到 FTP 服务器后，这里将显示服务器上的文件夹与文件的列表信息，包括文件名、大小、类型等信息。与 Windows 资源管理器相同的是，双击该区域内的文件夹图标可进入该文件夹。

**4. 队列窗口和日志窗口**

队列窗口内显示的是上传或下载的文件与文件夹的列表信息。

**三、上传及下载文件**

成功连接 FTP 服务器之后，即可在 FTP 服务器和本地磁盘之间上传或下载文件。CuteFTP 在上传或者下载时支持拖曳操作，将本地文件夹列表窗格内的文件或文件夹拖曳至 FTP 服务器窗格中，即可上传该文件或文件夹。

例如，在本地文件夹中，选择一个 Word 文件，将其拖曳到右侧服务器文件夹窗格列表中，即可开始上传文件。上传成功之后，所选文件将显示在 FTP 服务器文件夹列表窗格中，如图 5—14 所示。

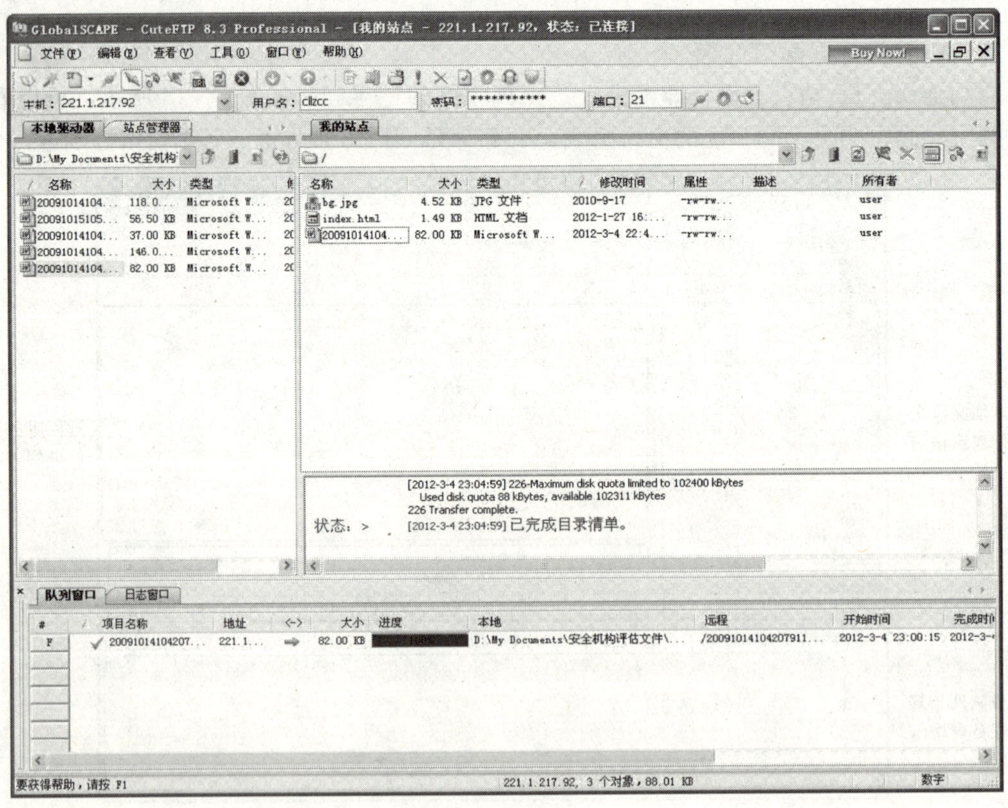


图 5—14 上传文件

**提示**

若要下载服务器中的文件，只需将服务器文件夹列表窗格中的文件拖曳到左侧的本地文件夹列表窗格中即可。

## 练　　习

### 一、截图题

用截图的方式回答以下问题。要求图片均为 JPEG 格式，其命名以题号为序进行，如第 2 题中的第 3 小题，则命名为“2－3. JPEG”。将这些图片均存入以“学号”＋“姓名”命名的文件夹中，将该文件夹压缩存入作业 U 盘或发送至教师指定的信箱中。

1. 注册迅雷账户。
2. 使用迅雷搜索、下载资源。
3. 使用迅雷下载 MP3 音乐并试听。
4. 使用迅雷批量下载电视剧。
5. 使用 BT 下载一部电影。
6. 注册并登录 BT 软件。
7. 登录“BT 影视天堂”获取发布密码。
8. 安装配置 CuteFTP。
9. 从互联网上申请获取自己的 FTP 用户名和密码。
10. 运行 CuteFTP，连接至 FTP 服务器，在 FTP 服务器和本地磁盘之间上传下载文件。

### 二、简答题

将以下简答题答案以 Word 文档形式（该文档命名为“学号”＋“姓名”）存入作业 U 盘或发送至教师指定的信箱中。

1. 简述数据传输的概念。
2. 简述数据传输的方式。
3. 简述几种常用的网络传输介质。
4. 简述无线传输介质。
5. 简述 BitComet 的特点及相关术语。
6. 如何制作资源种子？
7. 如何发布资源？
8. 简述 CuteFTP 主界面的四个窗格。

# 单元6　电子书阅读与制作工具

## 课题25　电子书概述

学习目标：

1. 了解电子书的概念及电子书的种类。
2. 掌握电子书的特点及电子书的格式。

### 一、电子书的概念

电子书是利用计算机技术将文字、图片、声音、影像等信息，通过数码方式记录在以光、电、磁为介质的设备中，并借助特定的设备来读取、复制、传输的文件。电子书代表了人们所阅读的数字化出版物，区别于以纸张为载体的传统出版物。

电子书一般是指“电子书籍”，即数字化的出版物，也可以理解为以PDF、DOC、CEB、TXT或者图片格式存在的书籍，可以更直接地理解为，它是数字化的文字内容。

### 二、电子书的特点

**1. 获取与携带方便**

通过网络下载，很小的电子设备就能有大量的阅读资料。

**2. 易于检索与互动**

电子书支持全文检索，使作者与读者能通过网络互动。

**3. 个人定制**

读者可根据需要定制电子书，使个人出版成为可能。

**4. 使用方便**

可通过网络的超链接功能获得更进一步的资料。

**5. 多元化，多媒体**

可供阅读的平台越来越多元化，电子书内容也呈现为多媒体影音资料。

**6. 阅读感受**

阅读电子书与阅读传统纸张书籍几乎相同。

**7. 便携式阅读器功耗低，续航时间超长**

**8. 便携式阅读器无背光、不伤眼**

### 三、电子书格式

电子书格式是对电子书文件的编码方式、文件结构的一种约定。如同一把钥匙开一把锁，不同的文件要用不同的方法打开、显示、制作或运行。电子书格式分为PC电子书格式和手机电子书格式，PC电子书格式包括PDF、CHM、EXE、PDG、CEB、TXT等，手机电子书格式包括 UMD、JAR 等。

**1. PC 电子书格式**

(1) PDF 文件格式。PDF (Portable Document Format) 是美国 Adobe 公司开发的电子读物文件格式，是目前使用最普遍的电子书格式，它可以真实地反映出原文档中的格式、字体、版式和图片，并能确保文档打印效果不失真。其阅读软件有 Adobe Acrobat、Adobe Reader 或其他第三方阅读软件。

(2) CHM 文件格式。CHM (Compiled Help Manual) 即“已编译的帮助文件”。CHM 文件格式是微软 1998 年推出的基于 HTML 特性的帮助文件系统，由于与网页浏览器有着高相似度且具备众多优点，CHM 格式的电子书广受用户的喜爱。

这种格式的电子读物的缺点是：要求使用者的操作系统必须是 Windows 98 或 NT 及以上版本。如果读者的操作系统是 Windows 95 或以下版本，还需要安装一个被称做“CHM 文件阅读升级包”的软件方可打开。

(3) EXE 文件格式。这是目前比较流行也是被许多人青睐的一种电子读物文件格式，这种格式电子书的制作工具也有很多。它最大的特点就是阅读方便，不需要安装专用的阅读器，制作也很简单，制作出来的电子读物相当精美。这种格式的电子读物对运行环境并无很高的要求。

但是这种格式的电子图书也有一些不足之处，如多数制作软件制作出来的 EXE 文件都不支持 Flash 和 Java 及常见的音频、视频文件，需要 IE 浏览器支持等。而且多数此格式的电子图书无法直接获取其中的文字、图像资料。

(4) PDG 文件格式。PDG (图文资料数字化) 格式是超星公司把书籍经过扫描后存储时所使用的格式。PDG 文件存放在超星数字图书馆中，如果用户要想阅读这些图书，则必须使用超星阅览器 (Superstar Reader)。安装完阅览器后，打开它，单击“资源”选项，就可以看到按照不同科目划分的图书分类，展开分类后，每一本电子书就呈现在用户面前。阅读软件为超星阅读器 SSReader。

(5) CEB 文件格式。CEB (Chinese eBook) 是高保真的中文电子书格式，是由北京方正阿帕比技术有限公司开发的全新电子图书阅读工具——方正 Apabi Reader 使用的格式。它能够保留原文件的字符、字体、版式和色彩等所有信息，包括图片、公式、表格、棋牌以及乐谱等。同时，该格式能对文字图像等进行很好的压缩，文件的数据量小。

(6) TXT 文件格式。它在计算机中是笔记本文件的扩展名，这种文件格式现在已经普遍应用到电子产品中，最常见的就是 TXT 小说，它们不仅可以方便地在计算机上打开，还可以下载到 MP3 播放器和手机中。现在网上 TXT 小说网站也很多，可以很方便地下载，省去很多购买纸书的费用。

**2. 手机电子书格式**

(1) UMD 文件格式。该格式原先为诺基亚手机操作系统支持的一种电子书格式，阅读该格式的电子书需要在手机上安装相关的软件。不过现在很多 Java 手机下载阅读软件后也可以打开阅读该格式的文件。

(2) JAR 文件格式。JAR 文件格式以流行的 ZIP 文件格式为基础。与 ZIP 文件不同的是，JAR 文件不仅用于压缩和发布，而且还用于部署和封装库、组件和插件程序，并可被像编译器和 JVM 这样的工具直接使用。在 JAR 中包含特殊的文件，如 manifests 和部署描述符，用来指示工具如何处理特定的 JAR 文件。

**四、电子书比较**

**1. TXT 电子书**

TXT 电子书其实就是未做任何加工的电子文本，是最简单的展现文本。它的编码分为 Ansi、Unicode、Unicode big endian、UTF－8 等。这几种代码在计算机中都可以正常浏览，计算机中常用的是 Ansi 编码。但手机一般默认使用的是 Unicode 编码，编码不认同的情况下会出现乱码。随着手机的逐渐发展，这种情况有所改善。简而言之，TXT 电子书制作最为简单，将常规编码的电子资料“另存为”的时候，把编码改成 Unicode 编码形式即可。其优点为体积小，是各种电子书的原始载质。缺点是功能单一，界面不美观。

**2. EXE 电子书**

EXE 电子书在众多的电子书格式中制作起来算是最复杂的一种，但也是界面最美观、功能最多的一种。它的制作过程是先将 TXT 格式的文本内容按章节分开成多个 TXT 文本，再分别制成一个 html 集合（页面插图及电子书封面），最后通过电子书封装软件制成一个扩展名为 EXE 的电子书文件。其优点是美观、功能多、可显示章节目录、可翻页滚屏、排版整齐、不需要借助任何阅读软件。缺点是体积相对 TXT 文件要大，目前尚不能在手机上阅览。

**3. PDF 电子书**

PDF 电子书一般是用 Foxit PDF Editor 来制作的，基本分为两种形式。一种是文字版的，另一种直接将纸质书籍文字全版影印成图片，集合成 PDF 电子书。其优点是直观、有章节目录、可以在手机上阅览。缺点是在所有电子书格式中 PDF 电子书的体积最大，还需要安装 PDF 阅读器。

**4. JAR 电子书**

JAR 电子书其实就是将 TXT 电子文本转码成 Unicode 编码，然后通过手机电子书制作软件再次提升其功能实用性，基本相当于 TXT 电子书的升级版。其优点是相对 TXT 而言加入了书签分节功能。缺点是仅限于在手机上观看，不能在计算机中阅览，体积比 TXT 格式稍大。

## 课题 26　轻巧的 PDF 阅读器——Foxit Reader

**学习目标：**

掌握 Foxit Reader 的实用功能。

**一、Foxit Reader 简介**

Foxit Reader（福昕阅读器）由福建福昕软件所研发。它是一款免费的 PDF 文档阅读器和打印器，具有体积小巧、启动速度快和功能丰富的特点。各版本均支持 Windows Me/2000/XP/2003/Vista 等操作系统，其核心技术与 PDF 标准版 1.7 完全兼容。其突出特点如下：

1. 体积小巧，仅 16.4MB 的下载文件。

2. 启动速度快，启动画面完全没有制作公司的 LOGO 和作者名称。

3. 功能强大的福昕阅读器 5.1 已拥有以下新的功能：

自定义阅读器皮肤、自定义快捷键、支持标签式工具栏模式、搜索注释和书签、支持 Windows 活动目录信息权限管理服务、Windows（资源管理器）浏览缩略图、Outlook 预览、“适合可见区域”模式、拆分窗口模式、XFA 表单填写、朗读功能。

**二、阅读器的实用功能**

启动福昕阅读器后首先出现启动页面，在“历史记录”窗口中单击以前浏览过的 PDF 文件即可将其打开，或选择“文件/打开”命令，即打开一个 PDF 文件。

**1. 手形工具**

**操作步骤：**

❶打开一个 PDF 文件后，光标呈指针形状，要查看下页内容可向下拨动鼠标上的滚轮。选取“手形工具”后，光标改为手形，拖曳鼠标或拨动滚轮即可按页浏览。

❷向上拖曳鼠标即可使整页内容向上移动。

**提示**

按页浏览文件内容，响应链接，填写表单和播放多媒体文件。如果手形工具未被选中，在执行操作的同时长按空格键即可使用手形工具。

**2. 快照工具**

快照的功能是把所选取的内容以图片方式复制。

**操作步骤：**

❶选择“工具/快照”命令。

❷光标变为准星形状，拖曳鼠标框选所需要的内容。

❸弹出如图 6—1 所示的“福昕 PDF 阅读器”对话框，可直接单击“确定”按钮，将所选内容复制到剪切板中。

❹打开 Word 或其他编辑软件，选择“粘贴”命令即可完成快照粘贴操作。

图 6—1　复制提示框

**3. 选择文本**

**操作步骤：**

❶选择“工具/选择文本”命令。

❷拖曳鼠标，框选所需要的内容，如图 6—2 所示，在选中的文字上单击鼠标右键，在弹出的快捷菜单中，可以进行复制、标记等操作。

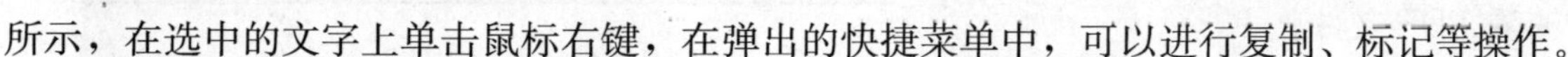

❸如选择“复制到剪切板”命令，可打开 Word 或其他编辑软件，选择“粘贴”命令。

**提示**

PDF 的资源分为两种：文字版本和扫描版本。此命令适用于文字版本里文字的复制。与“快照”工具不同，此命令粘贴的是文本格式的字符。

**4. 查找文本**

**操作步骤：**

❶选择“工具/查找文本”命令。

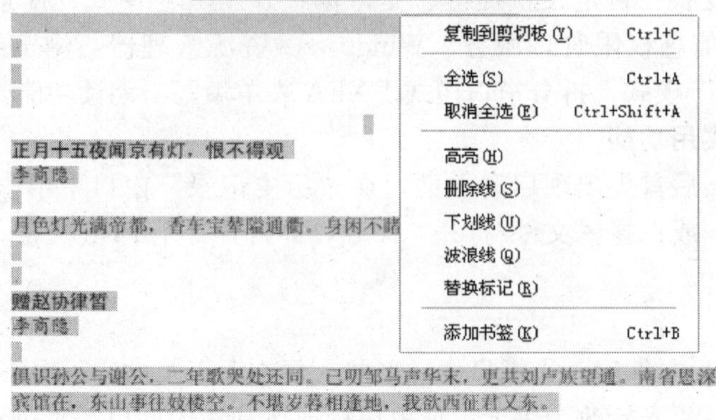


图 6—2　快捷菜单

❷在弹出的文字输入框中输入需要查找的内容，按右侧的按钮即可进行“上一个”“下一个”“滤镜”操作，如图 6—3 所示。

图 6—3　文字输入框

**5. 更改皮肤**

福昕阅读器软件可以进行更改皮肤的操作。

**操作步骤：**

❶选择“工具/更改皮肤”命令。弹出如图 6—4 所示的对话框，在左侧窗格“皮肤列表”框中，单击所需要的颜色，在右侧的预览框中可直接看到选中后的效果。

❷选择到合适的外观皮肤后，分别单击“应用”和“确定”按钮即可。

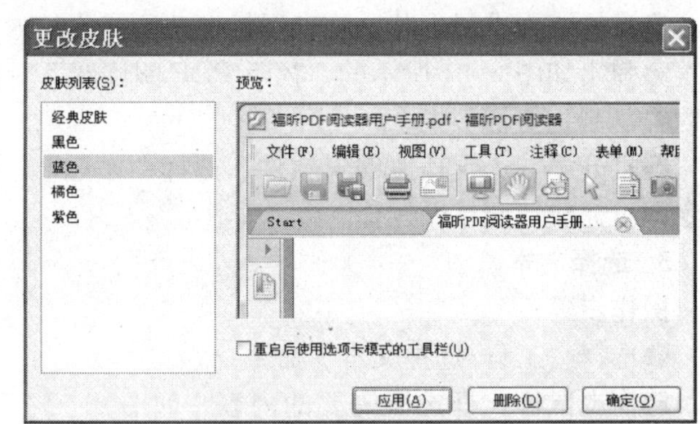


图 6—4　“更改皮肤”对话框

**6. 拆分窗口**

拆分窗口即在两个窗口（拆分命令）或四个窗口（表格式拆分命令）中查看 PDF 文件。

**操作步骤：**

❶选择“视图/拆分”命令，将当前窗口拆分成上下两个窗口来查看 PDF 文件，每个窗口可独立操作，显示不同页面的内容。

❷选择“视图/表格式拆分”命令，将当前窗口拆分成四个窗口来查看 PDF 文件。

**注意**

拆分窗口是将同一个页面进行拆分。上下移动鼠标，左右窗口的内容为一组同时移动；

左右移动鼠标，上下窗口的内容为一组同时移动。

**7. 书签**

书签用来标记已读过的信息，以便于下次快速寻找。

(1) 创建书签

**操作步骤：**

❶选择“视图/导航栏/书签”命令。如果 PDF 文件中已存在一个书签，将以目录树的方式显示，如图 6—5 所示。

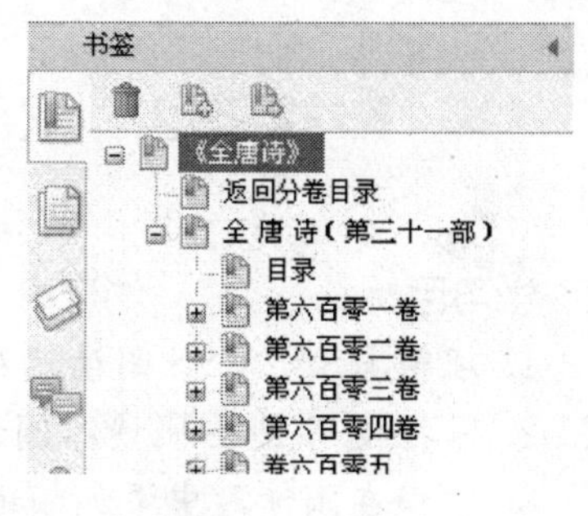


图 6—5 书签

图中“+”号表示可展开的目录，“—”号表示已展开的目录。

❷如对现在的目录不满意或没有书签，可自己创建书签。以创建以作者名字为标记的书签为例，单击所要创建书签的页面后，单击“点击添加新书签”按钮，在左侧窗格中出现如图 6—6 所示的新书签，默认名称为“无标题”。输入书签内容，如作者名字，按“Enter”键，即可创建一个新的书签。

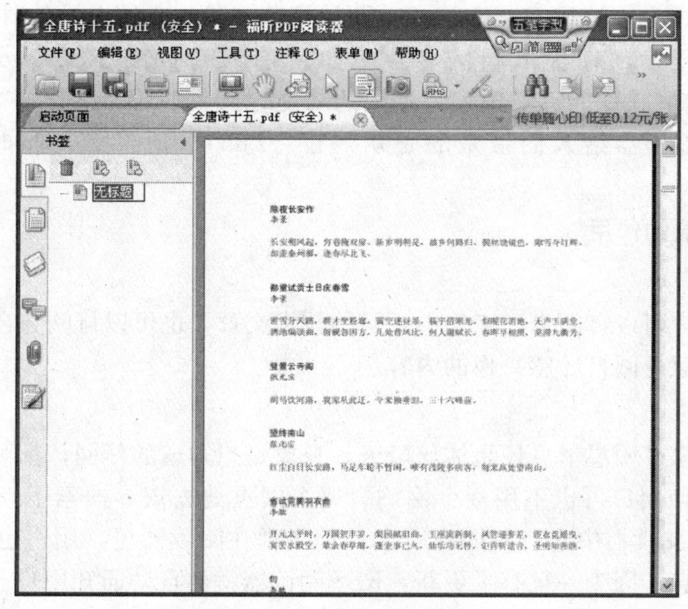


图 6—6 添加书签窗口

❸重复上述操作即可创建一个完整的目录书签。

(2) 删除书签

操作步骤：单击选中要删除的书签后，单击左侧窗格中的“垃圾筒”按钮，即可删除此书签。

(3) 展开书签

操作步骤：单击选中要展开的书签后，单击左侧窗格中的“点击展开当前书签”按钮，即可展开书签。

# 课题 27　RSS 阅读器——闻天下 RSS 阅读器

**学习目标：**

1. 理解 RSS、RSS 阅读器及其作用。
2. 掌握使用 RSS 阅读器阅读新闻的方法。
3. 掌握在阅读器中添加频道、删除频道、更新新闻的方法。

**一、RSS 简介**

RSS（Really Simple Syndication）英文原意为“聚合真的很简单”，是某一站点用来和其他站点共享内容的一种简易方式，也称聚合内容。网络用户可以借助支持 RSS 的新闻聚合工具软件，在不打开网站内容页面的情况下，阅读支持 RSS 输出的网站内容。把新闻标题、摘要（Feed）、内容按照用户的要求“送”到用户的桌面。

**二、RSS 阅读器**

RSS 阅读器可以自由读取 RSS 和 Atom 两种规范格式的文档，该软件有多个版本，由不同的人或公司开发，有着不同的名字。如目前流行的有 RSSReader、FeedDemon、SharpReader 等。这些软件能够实现大致相同的功能，其实质都是为了方便地读取 RSS 和 Atom 文档。RSS 阅读器给人们带来的是从“拉（Pull）”到“推（Push）”的网页浏览方式。

**三、RSS 阅读器的作用**

**1. 订阅博客**

在博客上，用户可以订阅自己工作中所需的技术文章，也可以订阅与自己有共同爱好的作者的日志，即随意订阅自己感兴趣的内容。

**2. 订阅新闻**

无论是奇闻怪事、明星消息还是体坛风云，只要是想知道的新闻，都可以订阅。

RSS 阅读器可使用户再也不用逐个网站、逐个网页地去查寻搜索了。只要将需要的内容订阅在一个 RSS 阅读器中，这些内容就会自动出现在阅读器里，用户也不必不断地刷新网页以获取即时消息，因为一旦有了更新，RSS 阅读器就会自动通知用户。

**四、闻天下 RSS 阅读器**

闻天下 RSS 阅读器是一款全新的快捷实用的阅读软件，可以把它看做一个信息传递通道或一个资讯平台，通过它可以获取、阅读和管理 XML 格式的信息。它一方面继承并发扬了新闻聚合技术的传统，另一方面进一步改进完善了 RSS 阅读器，促进了 RSS 的传播推广。启动闻天下 RSS 阅读器后出现如图 6—7 所示的界面。

在左侧频道列表窗格中列出了闻天下所收藏的提供 RSS 输出的网站，上部窗格显示新闻标题、阅读的状态、日期及地址，下部主窗格用来显示具体新闻内容。

**五、使用 RSS 阅读器阅读新闻内容**

阅读新闻内容是 RSS 阅读器最基本的功能。

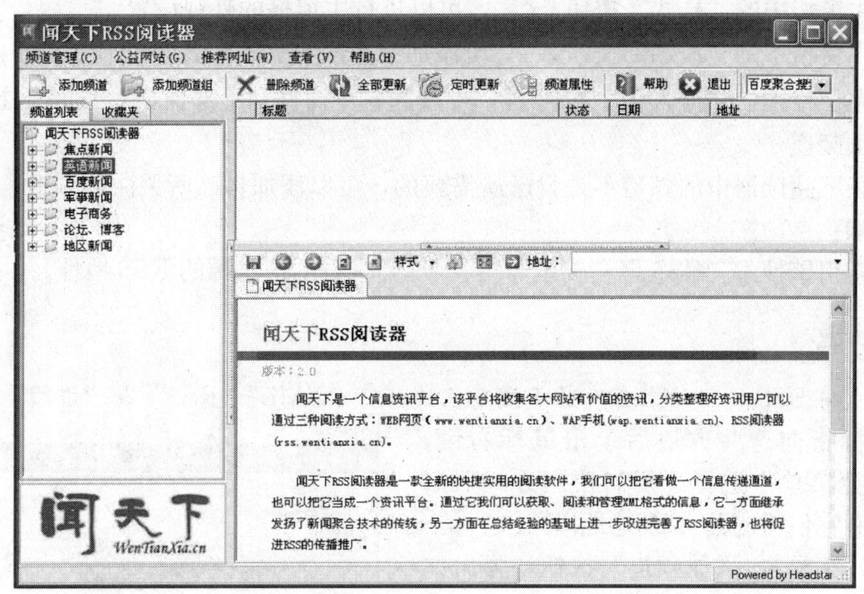


图 6—7　闻天下 RSS 阅读器主界面

**操作步骤：**

❶单击左侧窗格频道列表中的频道组文件夹，如“焦点新闻”频道，如图 6—8 所示。

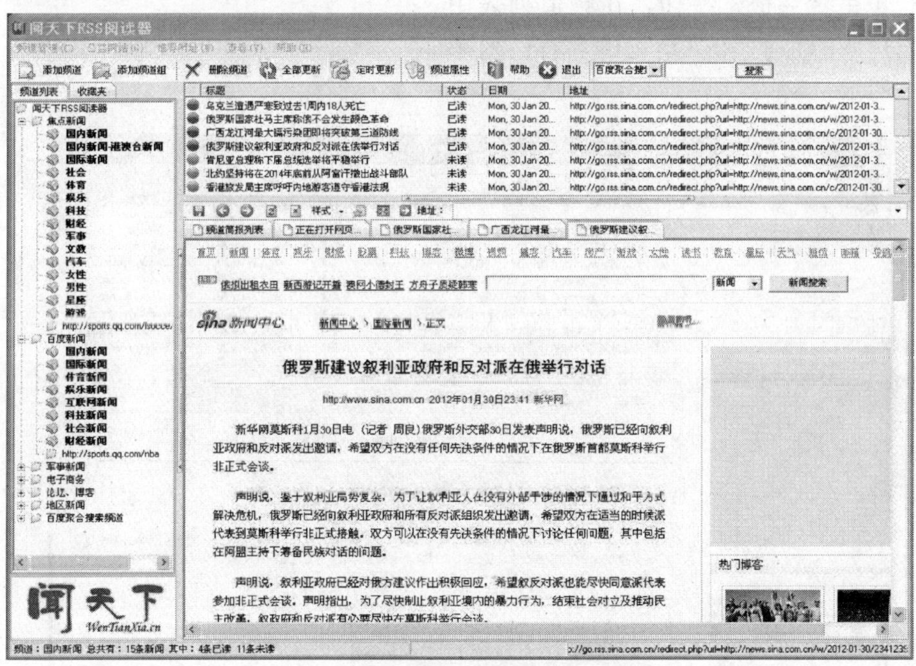


图 6—8　查看焦点新闻

❷单击主窗格中的“保存”按钮，将当前新闻网页保存到用户的计算机中。

❸单击主窗格中的“前进”“后退”按钮，可在打开的新闻之间进行切换。

❹单击主窗格中的“样式”按钮 样式 ，可以进行主窗格的外观设置。

❺单击主窗格中的“添加”按钮，可添加当前网页到收藏夹中。

❻单击主窗格中的“最大化”按钮，可收起左侧窗格和上部窗格，只展开主窗格。

## 六、添加频道

如果闻天下阅读器中的频道不是自己所需要的，可以添加自己所关注的频道。

**操作步骤：**

❶用搜索引擎搜索“RSS 聚合资讯”，找到想要查看的信息源的 RSS 地址。

**注意**

一般在支持 RSS 的网站上会有若干橘黄色的标有“XML”“RSS”或“订阅”的方块。

❷将光标指向这些方块后单击鼠标右键，在弹出的快捷菜单中选择“复制快捷方式”命令，即可复制它们对应的 RSS 地址。

❸单击“工具栏/添加频道”按钮，弹出如图 6—9 所示的“添加频道”对话框，在“频道地址”输入框中粘贴 RSS 地址，单击“下一步”按钮。

❹在弹出的窗格中选择 RSS 地址所在的频道组，最后单击“完成”按钮，在频道列表中即显示出用户所添加的 RSS 地址的名称。效果如图 6—10 所示。

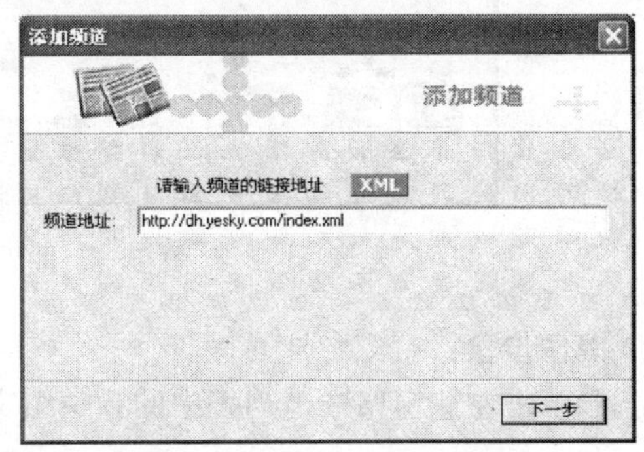


图 6—9 “添加频道”对话框

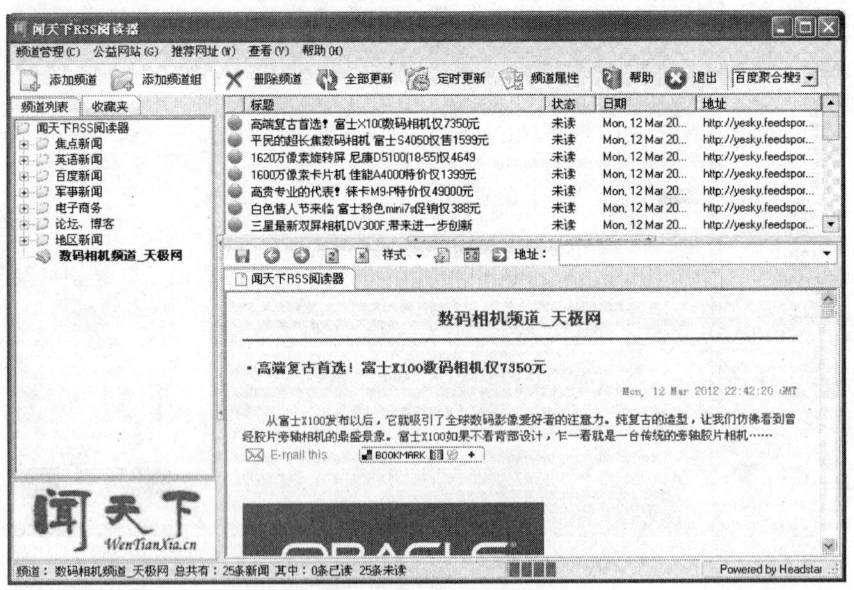


图 6—10 成功添加频道的窗格

❺单击所添加的频道，即可在窗格中显示用户定制的内容。

**七、删除频道**

该功能可删除用户不需要的频道。

操作步骤：在左侧窗格中单击选中要删除的频道组，再单击工具栏中的“删除频道”按钮 删除频道 即可。

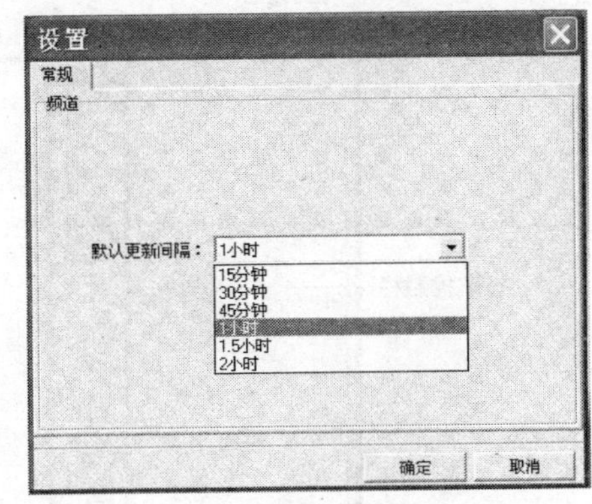


图 6—11 “设置”对话框

**八、设置自动更新新闻**

该功能可设置新闻更新的时间间隔。

操作步骤：单击工具栏中的“定时更新”按钮 定时更新，弹出如图 6—11 所示的“设置”对话框，可在此对话框中选择更新的间隔时间。默认更新间隔为 1 小时。设置完成后，单击“确定”按钮。

**九、全部更新**

该功能可更新所有频道的新闻。

操作步骤：单击工具栏中“全部更新”按钮 全部更新，即可更新所有频道组的新闻。

 **提示**

单击工具栏中的“停止更新”按钮 停止更新，即可停止对所有频道组新闻的更新。

## 课题 28　CHM 制作工具——Visual CHM

**学习目标：**

1. 了解 Visual CHM 的主界面和作用。
2. 掌握把网站页面、图片和 HTM 文件制作成 CHM 文件的方法。
3. 掌握 Visual CHM 主界面和 CHM 文件窗口设置方法。

**一、Visual CHM 简介**

Visual CHM 是一个非常便利的制作 CHM 文件的工具，完全的可视化操作、多种编译属性使制作出的 CHM 文件具有专业感。CHM 是微软新一代的帮助文件格式，它利用 HTML 做源文，可把帮助内容以类似数据库的形式编译储存。

**二、软件主界面**

将 Visual CHM 软件安装完毕后，在桌面上双击软件图标，打开该软件的主界面。如图 6—12 所示，在主界面中有菜单栏、工具栏、功能按钮、选项卡、导航控制栏以及左窗格和右窗格等几个部分组成。

**三、CHM 文件制作**

用 Visual CHM 制作的 CHM 文件可以是网站的页面、图片，也可以是用户自己创建的 HTM 文件。用 Visual CHM 制作的 CHM 文件可直接支持 HTML、HTM、MHT、JPG 四种格式。

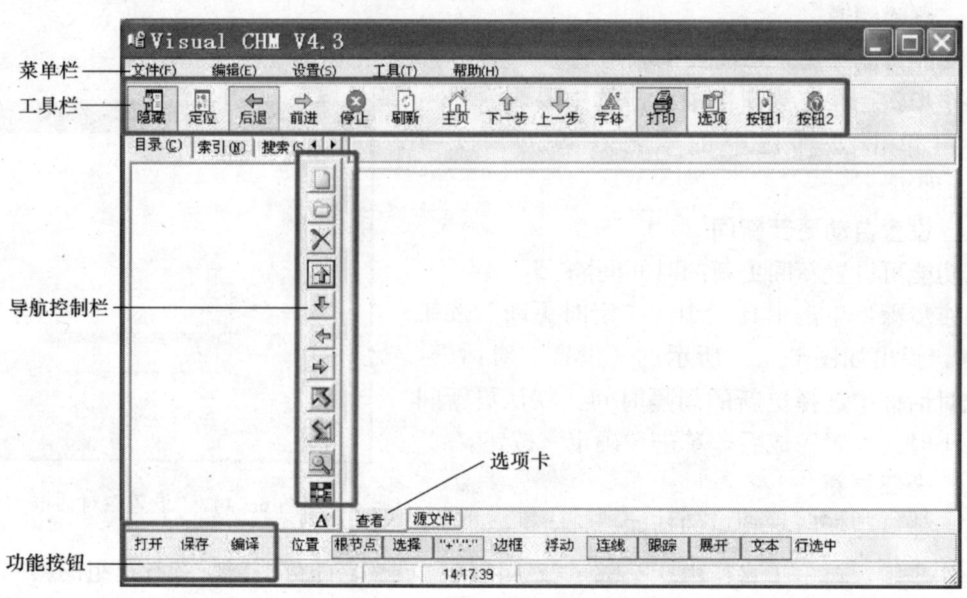


图 6—12 Visual CHM 主界面

**1. 把网站的页面做成 CHM 文件**

**操作步骤：**

❶单击“编辑/添加文件”命令，打开“选择文件”对话框，如选中素材文件夹中的“首页-新华微博（I_home_news_cn）. mht”文件，单击“打开”按钮，即可以添加一个文件。如图 6—13 所示，在左侧目录区可以看到一个已添加的文件。

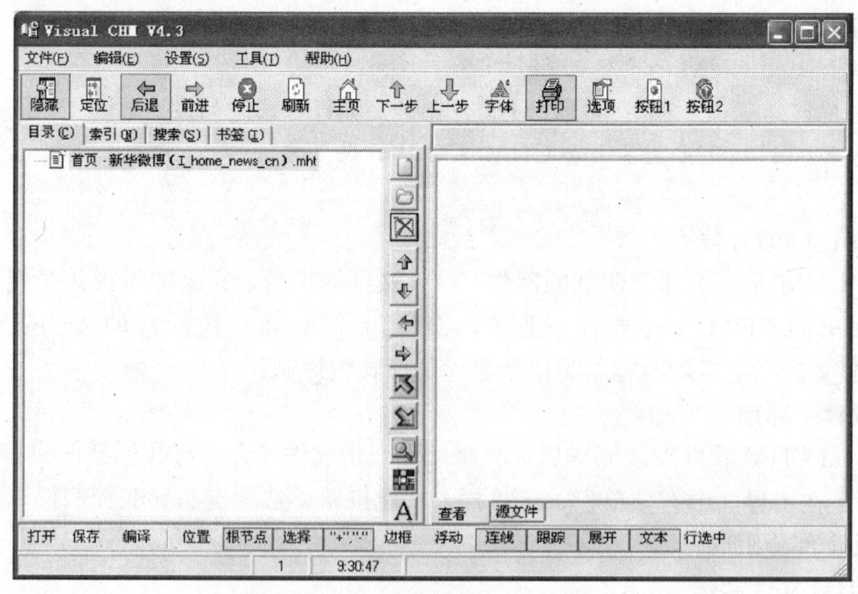


图 6—13 添加第一个文件后的效果

❷单击“编辑/添加子文件”命令，打开“选择文件”对话框，如选中素材文件夹中的

"微访谈 _ 新华微博 . mht"文件，单击"打开"按钮，可再次添加一个文件。效果如图 6—14 所示。

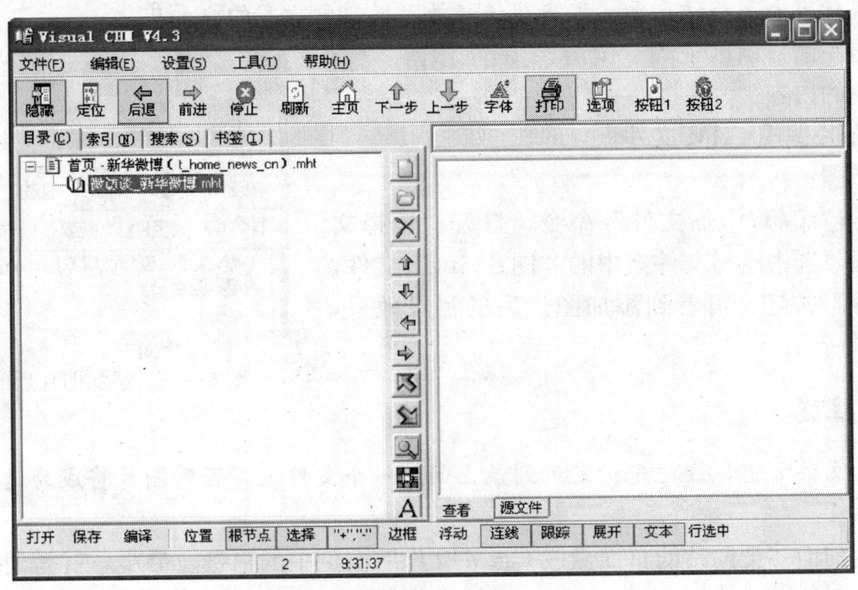

图 6—14 添加子文件后的效果

**提示**

CHM 文件以目录树的形式显示文件信息。

❸单击目录区下方的"保存"按钮，打开"保存 Visual CHM 方案"对话框，选择保存位置及输入文件名"lx28"进行保存。

❹单击目录区下方的"编译"按钮进行编译运行，如图 6—15 所示。

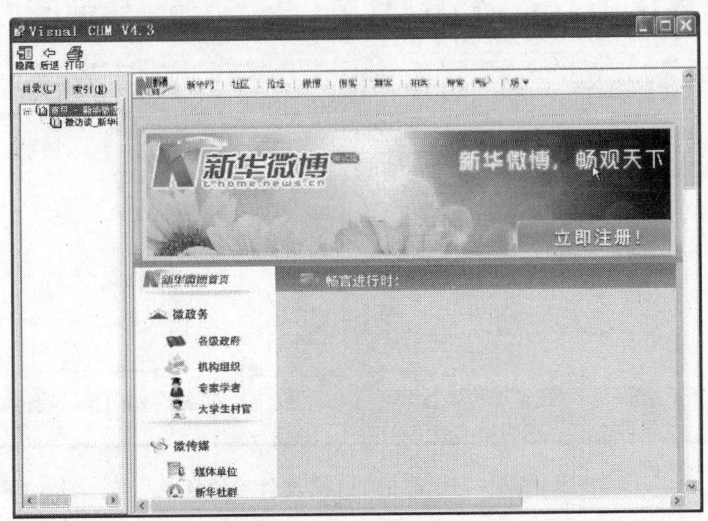

图 6—15 编译后的效果

**提示**

拖曳鼠标可上下移动页面，单击超链接还可链接到指定的页面中。

❺单击左侧目录区中的“微访谈_新华微博”，即可显示页面的内容。

**2. 把图片做成 CHM 文件**

**操作步骤：**

❶单击“编辑/添加文件”命令，打开“选择文件”对话框，选中素材文件夹中的“图片.jpg”文件，单击“打开”按钮，可看到添加图片后的目录效果，如图 6—16 所示。

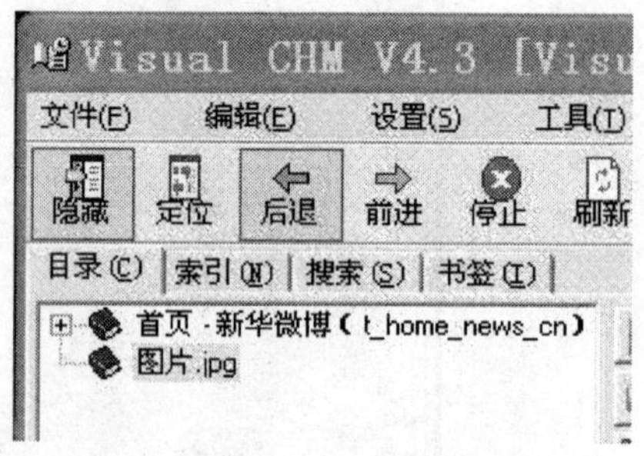


图 6—16　添加图片后的目录

**注意**

在添加文件之前，应把光标定位到最上面的一个文件上，否则图片将成为这个文件下的一个子文件。

❷重复前面“把网站的页面做成 CHM 文件”实例中的第❸、❹步，就得到一个包含图片的 CHM 文件。

**3. 把自己创建的 HTM 文件做成 CHM 文件**

**操作步骤：**

❶单击“编辑/添加文件”命令，打开“选择文件”对话框，选中素材文件夹中的“目录.htm”文件，单击“打开”按钮，可看到添加 HTM 文件后的目录效果，如图 6—17 所示。

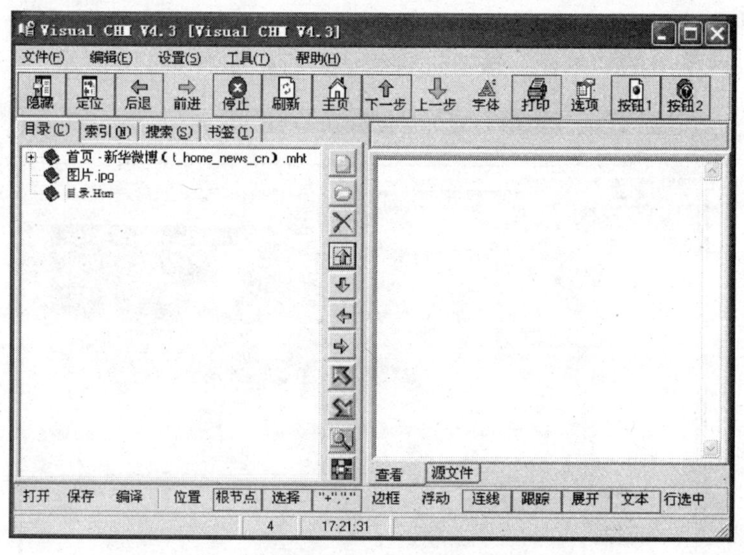


图 6—17　添加 HTM 文件后的目录

❷重复前面“把网站的页面做成 CHM 文件”实例中的第❸、❹步，就得到一个包含自制 HTM 文件的 CHM 文件。

以上操作也可使用“编辑”菜单中的“添加目录”命令实现，这样把素材文件夹中所有的 HTM 文件和网页都一次添加成功，可以提高操作效率。

**四、标题设置**

**1. Visual CHM 主界面设置**

操作步骤：单击“设置/选项/窗口式样”命令，弹出如图 6—18 所示的“设置”对话框，勾选其中的“工具栏”和“导航控制”复选框，可以设置 Visual CHM 主界面效果如图 6—12 所示。

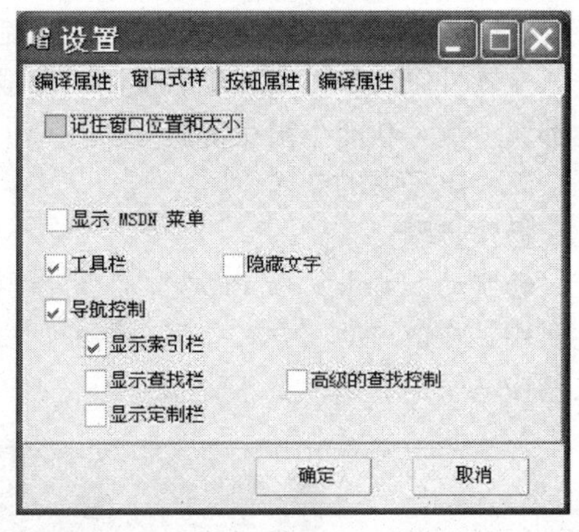


图 6—18　窗口式样“设置”对话框

**2. CHM 文件窗口设置**

**操作步骤：**

❶单击“设置/选项/按钮属性”命令，弹出“设置”对话框，选择“按钮属性”选项卡，设置如图 6—19 所示。

❷最后单击“确定”按钮，并对文件进行前述的“保存”“编译”操作。得到如图 6—20 所示的 CHM 文件窗口界面。

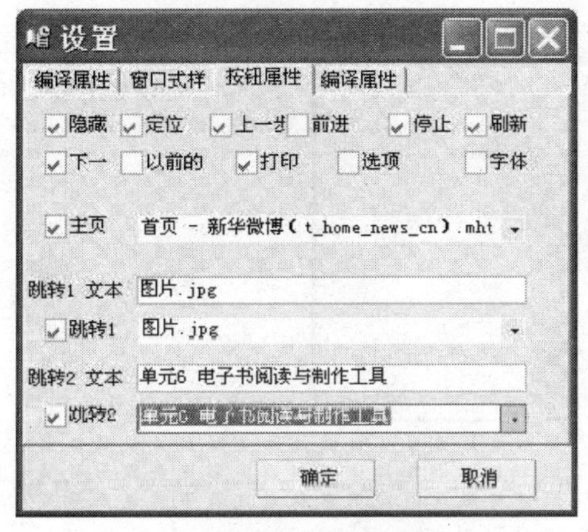


图 6—19　“设置”对话框-“按钮属性”选项卡

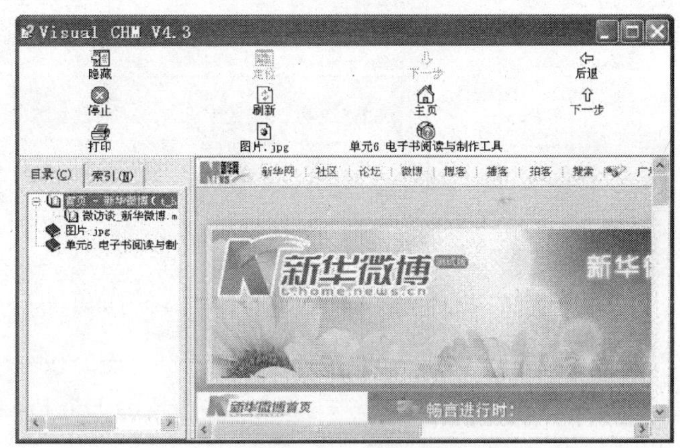


图 6—20　CHM 文件窗口界面

## 课题 29　EXE 电子书制作工具——eBook Edit Pro

**学习目标：**

掌握使用 eBook Edit Pro 制作电子书的方法。

**一、eBook Edit Pro 简介**

eBook Edit Pro 是一款典型的将 HTML 页面文件捆绑成 EXE 电子文档的制作软件。软件支持大多数基于 Web 的技术。其主要特点如下：

1. 自定义窗口标题。
2. 启动时弹出信息窗口。
3. 图标式的导航条（真彩）。
4. 支持使用自定义文件图标（唯一一款支持使用 32×32，256 色的软件）。
5. 支持文字自动换行。
6. 含有改变文字大小功能的图形按钮。

该软件以向导模式逐步引导用户完成电子书的制作，与同类软件相比，其稳定性、兼容性都属一流，功能也很完备。

## 二、电子书的制作

**操作步骤：**

❶启动 eBook Edit Pro v3.31 后弹出其主界面，如图 6—21 所示。该窗口主要是供用户注册用，在窗口的下方有九个选项卡，直接单击“选项”选项卡或单击“下一步”按钮，进入制作电子书的第一步。

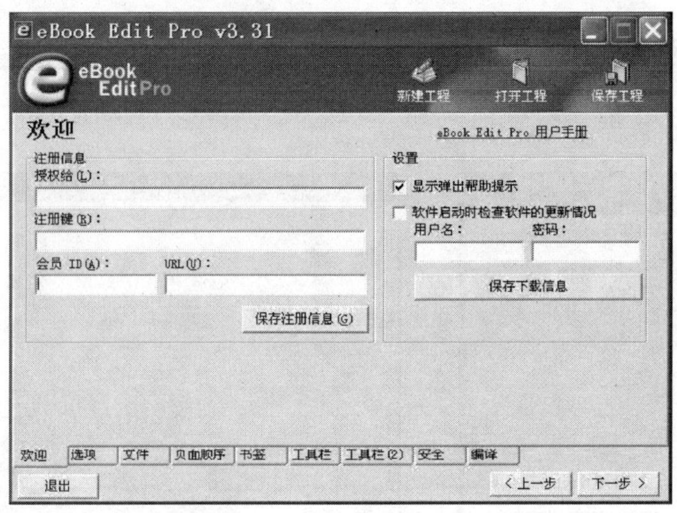


图 6—21　eBook Edit Pro v3.31 主界面

 **提示**

窗口中的“新建工程”按钮为新建一个电子书，“打开工程”按钮为打开一个已创建好的电子书，“保存工程”按钮为将建立的电子书存盘。

❷选择“选项”选项卡，如图 6—22 所示。其主要选项组成及功能见表 6—1。

**表 6—1　“选项”选项卡主要选项组成及功能**

| 主要选项 | 功能 |
|---|---|
| 输入电子书的标题 | 输入的内容将显示在编译后的电子图书的标题栏内 |
| 自定义关于对话框的文本 | 对话框上包含授权用户名以及 URL 信息（与欢迎选项卡中的 URL 信息相同）。也可以包含一些用户自定义的文字信息 |

续表

| 主要选项 | 功能 |
| --- | --- |
| 电子书的图标 | 自定义制作的电子图书的图标，图标文件是 32×32 像素的 ico 文件 |
| 显示设置 | 设置图书运行时的窗口大小，建议使用 640×480 以便在不同的分辨率下均能获得较好的浏览效果 |
| 弹出消息/闪屏 | 用来设置在读者打开（或关闭）图书时，是否显示弹出的消息对话框或者一个闪屏（闪屏是在软件运行初期加载过程中出现的一个特殊的包含位图的窗体）。其闪屏有三种方式：①不显示；②显示弹出消息。在读者打开或者关闭图书时阅读一段自定义的信息，用户可以随意定制这段消息。可以使用“预览”按钮预览这个消息对话框；③显示闪屏。在读者打开或者关闭图书的时候看到自己制作的一幅关于图书的图片（闪屏），也可以使用一幅 BMP 格式的图片作为该闪屏 |
| 窗口类型 | 该项设置决定打开电子书窗口的类型，如浏览器形式或面板形式 |
| 其他 | 该项设置主要有“允许调整电子书”和“允许使用右键菜单”两个选项 |

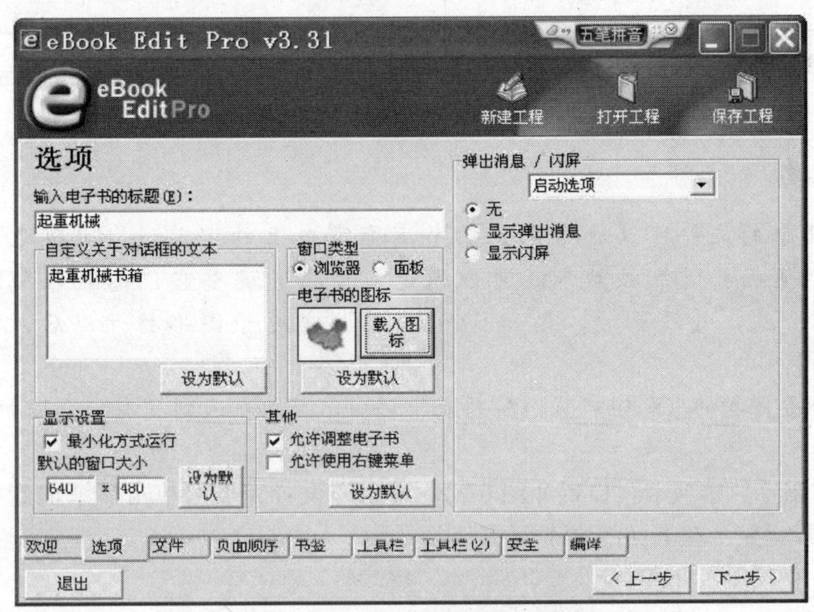


图 6—22 “选项”标签设置

❸选择“文件”选项卡，在弹出的选项卡中单击浏览文件夹图标，选择制作电子书的文件所在的文件夹。选中后，文件夹里的文件全部显示在窗口中。这里选择“课题 29 EXE 电子书制作工具一素材”文件夹。

**提示**

1. 文件夹里的内容更换后需单击“再扫描”按钮。

2. 制作电子书的素材可以是通过网络获得的网页文件（保存格式为网页，仅 HTML 文件*.htm *.html）或自己编写的 TXT 或 HTM 文件。

❹选择“页面顺序”选项卡，如图 6—23 所示，单击“全部添加”按钮，将左侧窗格中的文件全部移到右侧窗格中，在“起始页面”下拉列表中选择电子书的首页，如图 6—24 所示。单击“移除”或“全部移除”按钮可将选中的或全部页面从右侧窗格中移到左侧窗格中。

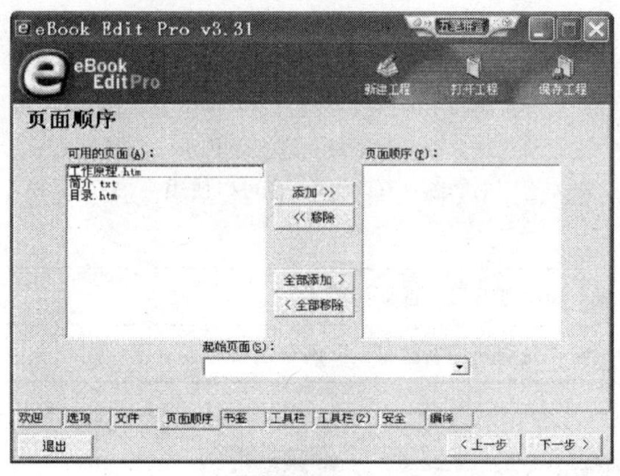


图 6—23 “页面顺序”选项卡

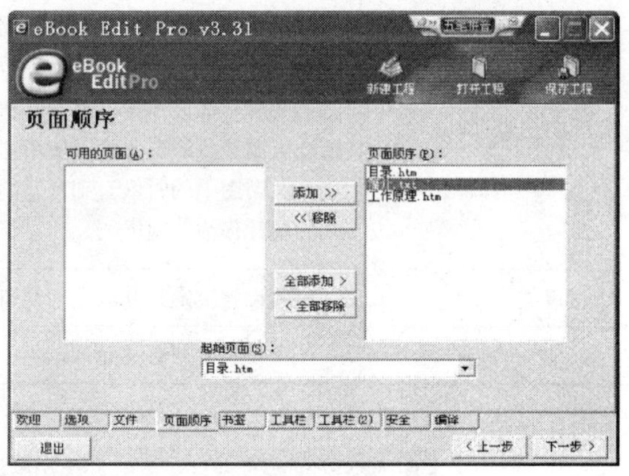


图 6—24 “页面顺序”选项卡设置后的效果

## 注意

1. 添加进来的文件可以通过电子图书浏览窗口上的“前进”“后退”按钮来翻页，最顶部的页面将首先被载入，可以通过拖曳方式调整它们的载入顺序。也可以自制一个“封面”，并设置为“起始页面”，这样当电子图书打开以后，首先会载入“封面”。

2. 务必把受保护的（加密）页面从列表中移出，否则在遇到具有安全保护的页面时将导致无法阅读。

❺选择“书签”选项卡，设置如图 6—25 所示，设置完成后单击“添加到书签”按钮，所添加的 URL 就显示在上面的文本框中。

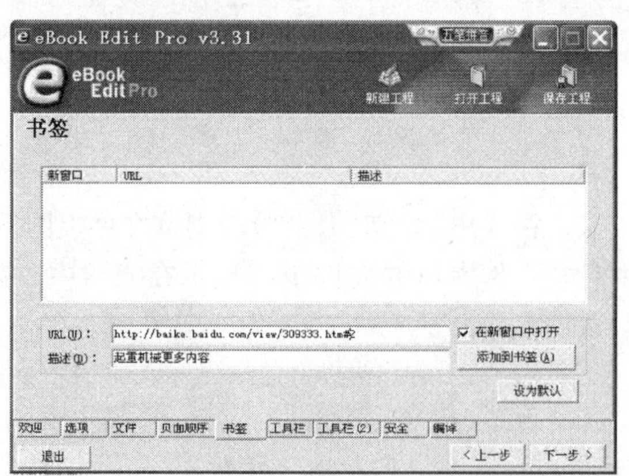


图 6—25 “书签”选项卡设置后的效果

**注意**

“书签”选项卡用来指定一个到其他站点的链接，这个链接可以是主页或者是电子图书中的某一个页面。若为外部链接则需要加入 http：//关键字（例如：http：//www.epubcn.com）；内部链接则需要在页面的名字前面加入关键字 ebook（例如：ebook：contents.html）。

❻选择“工具栏”选项卡，设置如图 6—26 所示，用来自定义电子图书的工具栏。其常用选项见表 6—2。

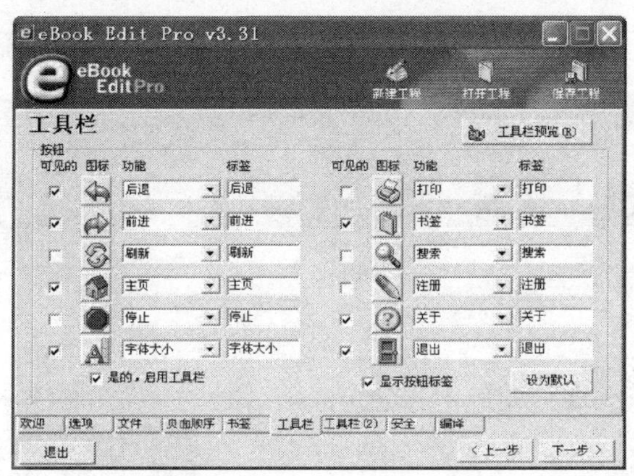


图 6—26 “工具栏”选项卡设置

**表 6—2　　“工具栏”选项卡常用选项及功能**

| 选项 | 功能 |
| --- | --- |
| 后退 | 返回上一页 |
| 前进 | 翻到下一页 |
| 字体大小 | 调整页面文字大小，共有五种大小方式可供调节 |
| 书签 | 以下拉按钮的方式显示已定义过的内部和外部链接 |

❼选择“工具栏（2）”选项卡，可定义工具栏放置的位置、图标大小及工具栏的字体背景颜色。

❽选择“安全”选项卡，设置电子书使用权限。安全选项有四种方法，如图 6—27 所示。详细说明见表 6—3。“共享保护”选项可以和以上各功能结合起来使用。可提供一个图书的预览版给用户，这里主要有两个选项，见表 6—4。

**表 6—3　　“安全”选项卡中的安全选项**

| 安全选项 | 功能 |
| --- | --- |
| 无安全保护 | 选中该项则表明用户可以不通过验证就能阅读图书中的任何页面 |
| 密码 | 选中该项则表明用户将设置一个密码作为图书的保护密码。所有的读者共用一个相同的密码。在右侧窗格中可以设置所要保护的页面，可以通过勾选复选框来设置要保护的页面，没有被选中的页面则不受密码保护 |

续表

| 安全选项 | 功能 |
| --- | --- |
| 用户名＋序列号 | 选择该项则表明用户将为图书的每一位读者单独设立一套用户名＋序列号的保护机制。可以不用担心制作的图书在网站上到处被人们免费传播，因为对于每一个用户来说，其用户名和密码是各不相同的 |
| 10 位唯一的计算机代码 | 这种保护措施与“用户名＋密码”类似，不同的是，这种保护措施使得用户只能在同一台机器上使用，从而限制了图书被自由传播 |

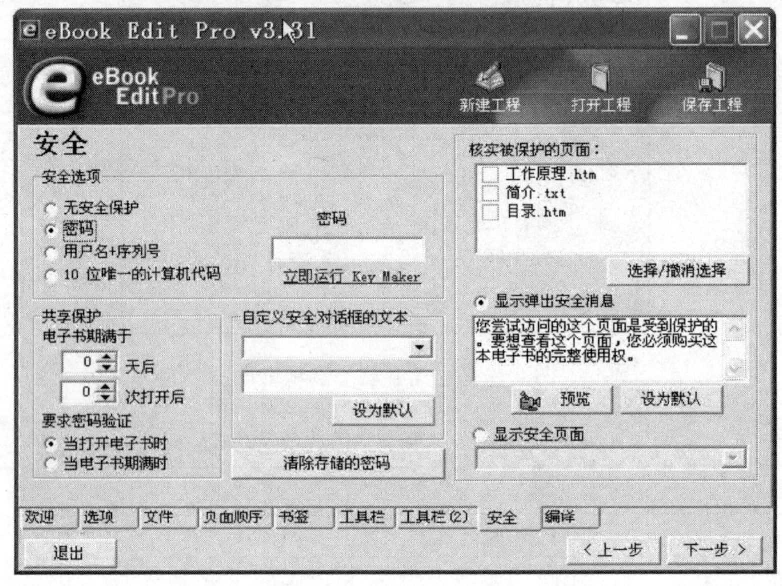


图 6—27 “安全”选项卡

**表 6—4　　“共享保护”选项功能**

| “共享保护”选项 | 功能 |
| --- | --- |
| 电子书期满于 | ①在一些天以后；②在打开一些次数以后；③超过了定义的天数或打开次数后所有页面将会被锁定，直到使用正确的密码解开 |
| 要求密码验证 | ①当图书打开时；②当图书过期时；③在用户第一次打开或者图书到期时，遇到密码验证提示框 |

❾选择“编译”选项卡，设置保存电子书的路径、文件名，并可测试电子书的使用效果。

# 课题 30　阅读图书工具——超星图书阅览器

**学习目标：**

1. 了解超星图书阅览器及超星读书窗口。
2. 掌握注册、登录超星读书网站的方法。
3. 掌握滚屏、更换底色的设置方法及文字识别功能。
4. 掌握下载免费书籍的方法。

## 一、超星阅读器简介

超星图书阅览器（SSReader）是超星公司拥有自主知识产权的图书阅览器，是专门针对数字图书的阅览、下载、打印、版权保护和下载计费而研发的，可以阅读网上由全国各大图书馆提供的总量超过 69 万种的 PDG 格式的数字图书，还可阅读其他多种格式的数字图书。

## 二、超星图书阅览器的使用

### 1. 启动超星图书阅览器

操作步骤：双击桌面上的“超星阅览器”图标或单击“开始/所有程序/超星阅览器/超星阅览器”命令，弹出如图 6—28 所示的超星读书窗口。

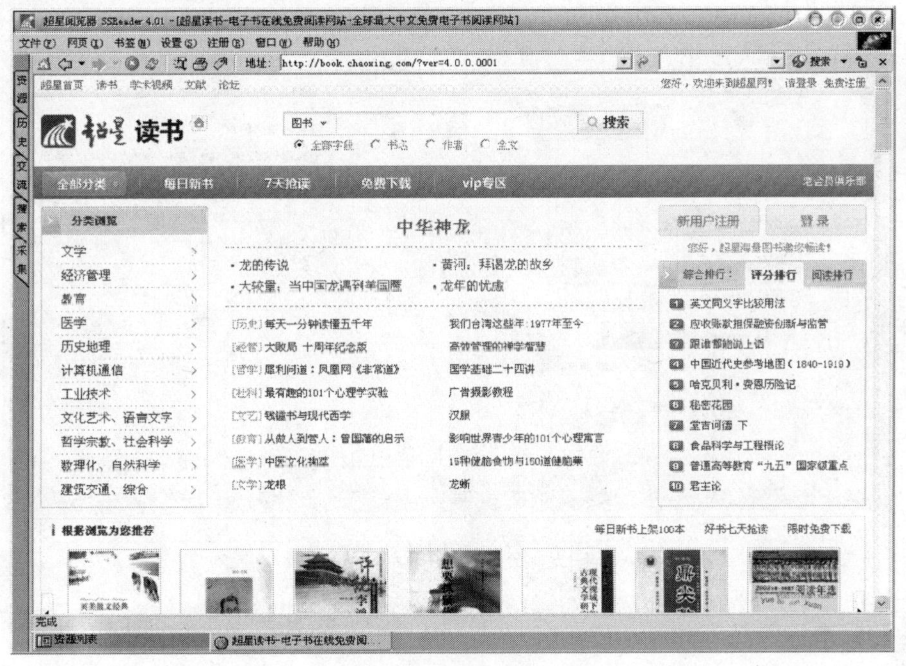


图 6—28　超星读书窗口

在该窗口左上角“超星读书”图标的上面显示了超星图书馆的五个模块，分别是“超星首页”“读书”“学术视频”“文献”“论坛”。单击链接即可进入相应的页面。在上述图标的下面显示了五个“读书”的链接，分别是“全部分类”“每日新书”“7 天抢读”“免费下载”和“VIP 专区”。窗口的左边有五个功能选项，详见表 6—5。

**表 6—5　　功能选项**

| 选项 | 功能 |
|---|---|
| 资源 | 以目录树的形式显示本地图书馆及互联网资源 |
| 历史 | 显示通过阅览器访问过的资源 |
| 交流 | 在线超星社区、读书交流、问题咨询、找书帮助 |
| 搜索 | 在线搜索书籍 |
| 采集 | 编辑制作超星 PDG 格式 Ebook |

**2. 注册用户**

**操作步骤：**

❶单击“注册/新用户注册”命令，弹出注册窗口。在此有两种注册方式，即“电子邮箱注册”和“手机号码注册”。单击“手机号码注册”选项，按照如图 6—29 所示的提示来输入信息。

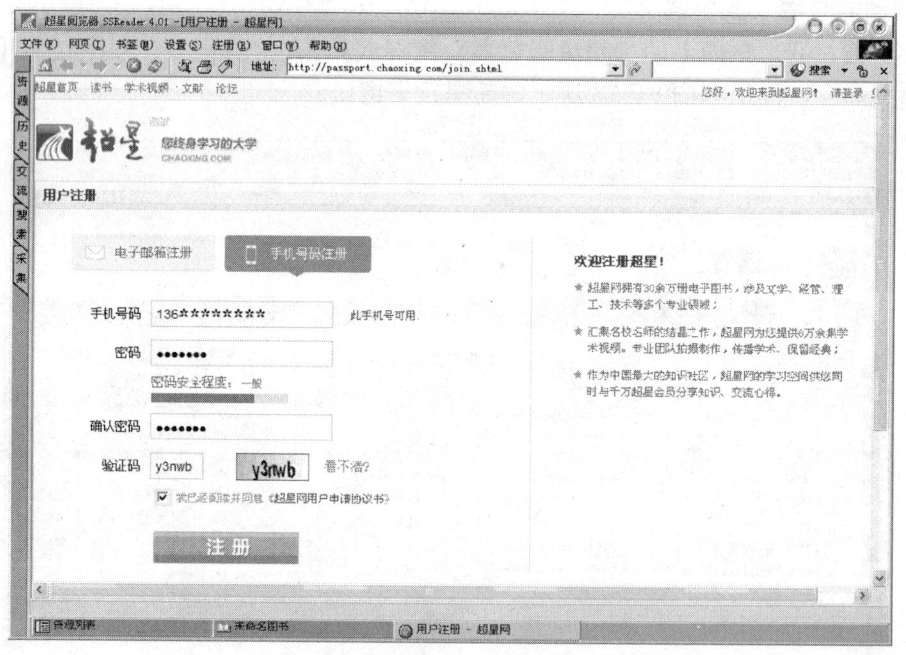


图 6—29　新用户注册窗口

**提示**

如果手机号码输入有误，将会以红色字显示错误信息。

❷按提示输入完信息后单击“注册”按钮。弹出如图 6—30 所示窗口，按提示用手机输入激活信息并发送，即可完成注册。

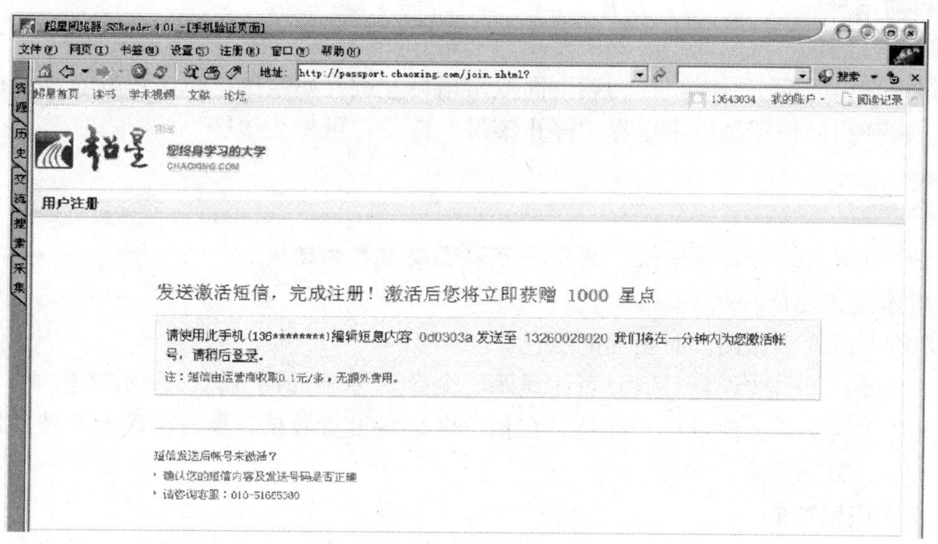


图 6—30　发送激活短信窗口

### 3. 登录超星阅览器

操作步骤：单击“注册/用户登录”命令，弹出“用户登录”窗口，输入注册时用的手机号码及密码，单击“登录”按钮，即可进入超星图书馆的主界面，如图 6—31 所示。

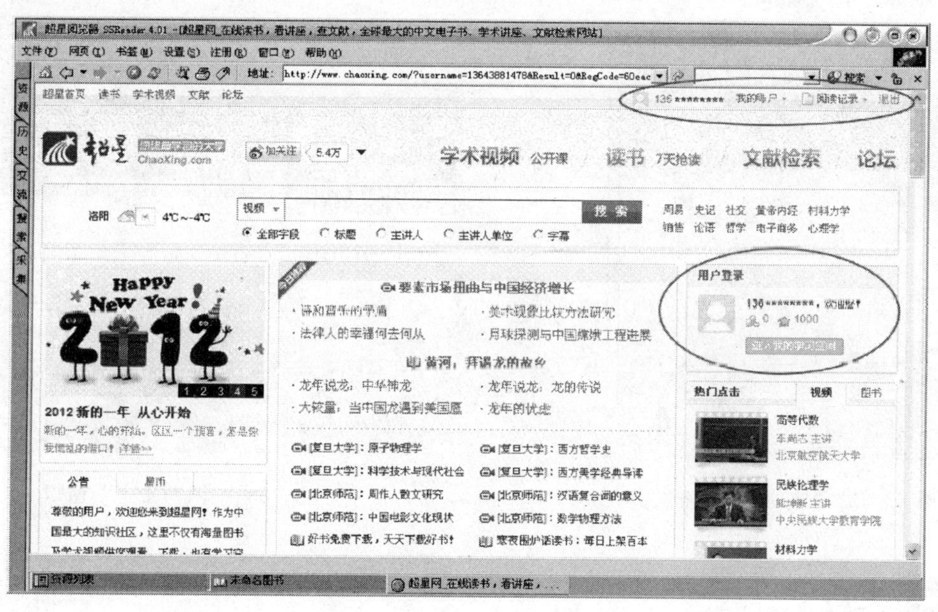


图 6—31　超星图书馆的主界面

在窗口右上角显示出用户的登录信息。至此用户就可以自由浏览超星图书馆了，并可下载免费的图书资源。

**4. 自动滚屏**

在阅读书籍时，可以使用滚屏功能阅读书籍。

操作步骤：阅读书籍时，在阅读页面双击鼠标左键开始滚屏。单击鼠标左键或单击鼠标右键后，在弹出的快捷菜单中选择“停止滚屏”选项，可停止滚屏。

**提示**

单击“设置/选项/书籍阅读”选项，可以调整滚屏的速度。

**5. 更换阅读底色**

该功能可改变书籍阅读时页面的颜色。

操作步骤：单击“设置/选项/页面显示”命令，弹出如图6—32所示“选项”对话框，在此设置背景为图片，前景色为红色。在预览区显示设置效果，单击“确定”按钮即可把设置应用到图书阅读界面。

**6. 文字识别功能**

在超星图书馆界面显示的都是以PDG格式存储的图片，而不是文本。利用文字识别功能可以将PDG格式的图片转换为TXT格式的文本保存到本地计算机中。

**操作步骤：**

❶在图书阅读页面单击鼠标右键，在弹出的快捷菜单中选择“识别文字”选项。

❷按住鼠标左键在页面上拖曳，框选需要识别的文字。在鼠标释放后弹出如图6—33所示的“识别文字”窗口。

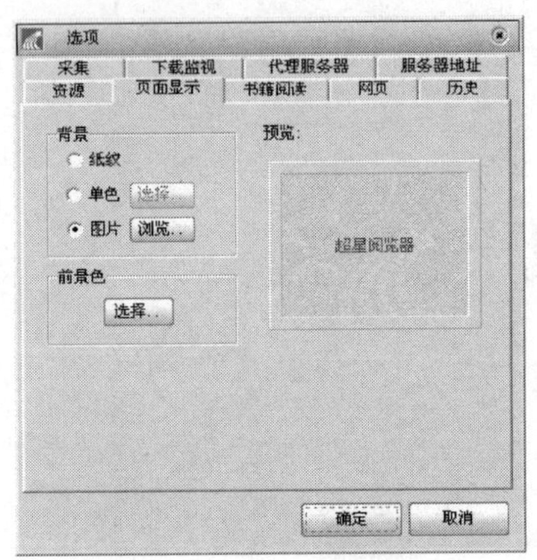


图6—32 “选项”对话框

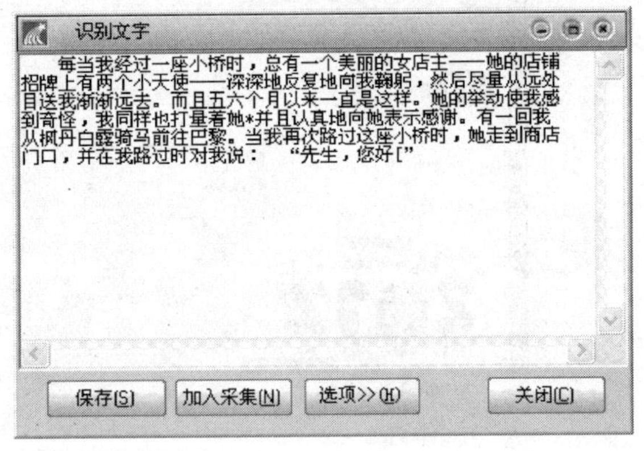


图6—33 “识别文字”窗口

**提示**

1. “保存”按钮

打开“保存”对话框，将选中的文字以TXT格式保存到本地计算机中。

2. “加入采集”按钮

打开左侧窗格的“采集”选项，可自动添加选中的文字，如图6—34所示采集窗口，单击“采集/保存”命令，将采集到的文字制作成一个PDG格式的电子书。

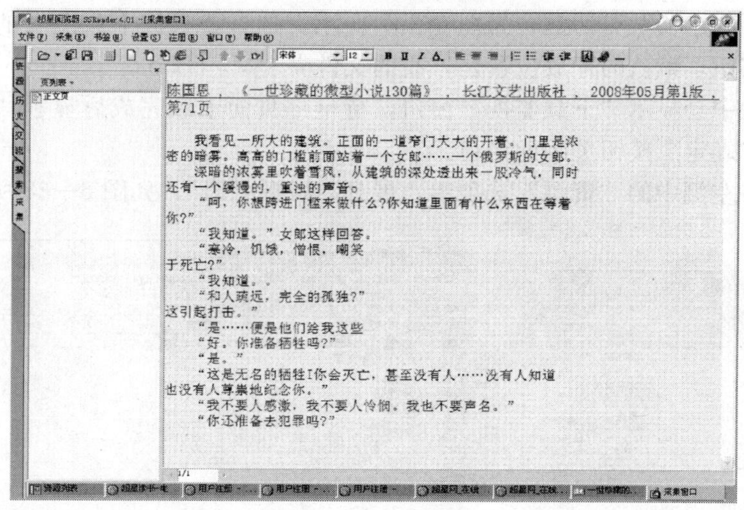


图6—34　采集窗口

3. “选项”按钮

可进行文字加入采集时的相关设置。

**注意**

1. 文字识别功能是有错误率的，需要与原稿校对。

2. 图像图书可使用文字识别的功能，文本图书直接使用复制功能即可复制文字。

**7. 添加到本地图书馆**

该功能可将在超星图书馆中看到的图书保存到本地计算机中以便今后查阅。

**操作步骤：**

❶单击窗口左侧的“搜索”选项，进入超星读书窗口。

❷单击“免费下载”选项，进入如图6—35所示的免费下载窗口，或者在搜索窗口输入书籍名称，单击“搜索”按钮。

❸如在此双击所找到的书籍《白领黑皮书》，弹出与此相关的下载图书窗口，如图6—36所示，单击“下载图书”图标。

图6—35　免费下载窗口

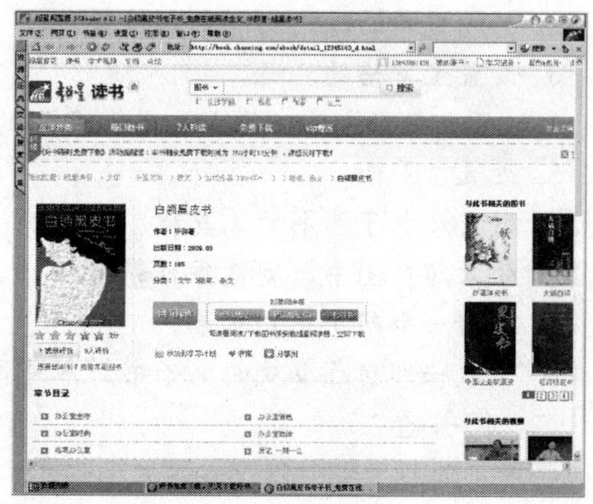


图6—36　下载图书窗口

❹弹出“下载选项”对话框，如图 6—37 所示，选择要存放下载图书的位置及文件名，单击“确定”按钮。默认的存放位置是“我的文件夹 \ My eBooks”。

❺下载过程中会显示“下载监视”窗口，待全部页面下载完成后显示“下载任务结束”对话框，单击“确定”按钮关闭此窗口。

❻单击窗口左侧中的“资源”选项卡，展开“资源列表”，如图 6—38 所示。

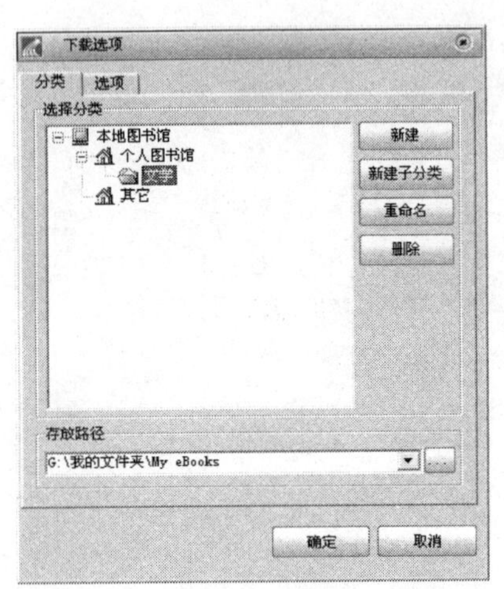


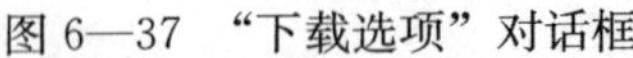
图 6—37 “下载选项”对话框

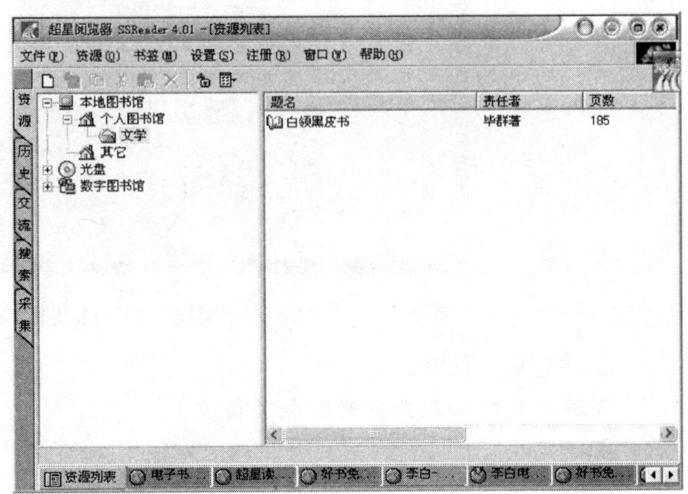


图 6—38 “资源”选项卡

❼双击《白领黑皮书》这本书，就可以浏览书中的内容了。

## 练　　习

### 一、截图题

用截图的方式回答以下问题。要求图片均为 JPEG 格式，其命名以题号为序进行，如第 2 题中的第 3 小题，则命名为“2－3. JPEG”。将这些图片均存入以“学号”＋“姓名”命名的文件夹中，将该文件夹压缩存入作业 U 盘或发送至教师指定的信箱中。

1. 用搜索引擎搜索“RSS 聚合资讯”，寻找信息源的 RSS 地址。
2. 新闻更新的时间间隔如何设置？
3. 设置主窗格的外观。
4. “添加目录”和“添加文件”命令的区别。
5. 设置主界面。
6. 自定义电子图书的工具栏。
7. 登录超星图书，浏览每日新书。
8. 注册一个超星用户账号。
9. 下载一部自己喜欢的电子书到本地图书馆。

### 二、简答题

将以下简答题答案以 Word 文档形式（该文档命名为“学号”＋“姓名”）存入作业 U 盘或发送至教师指定的信箱中。

1. 简述电子书的概念、特点。
2. 电子书的格式有哪些?
3. 各种格式的电子书适用的阅读软件分别是什么?
4. 列出常用电子书的优缺点。
5. 福昕阅读器能打开的电子书的格式是什么?
6. 福昕阅读器中“快照”命令的功能是什么?
7. PDF 的资源分为哪些，“工具/选择文本”命令适用于哪种资源?
8. 福昕阅读器中如何快速查看指定人信息?
9. 福昕阅读器中窗口拆分后，页面的内容有何变化?
10. 简述创建书签的操作方法。
11. 哪些文件可以制作 CHM 文件?
12. 如何设置电子图书图标?
13. 制作电子书的文件顺序有什么要求? 如何调整顺序?
14. 安全选项有哪些方式? 区别是什么?
15. 简述“文字识别”命令的功能，使用时注意的问题。

# 单元 7　网络聊天工具

## 课题 31　网络通信概述

**学习目标：**

1. 理解并掌握网络协议的概念、组成、层次结构及划分。
2. 掌握即时通信软件的概念、应用领域及分类。

### 一、网络协议

#### 1. 网络协议的概念

协议是用来描述进程之间信息交换规则的术语。在计算机网络中，两个相互通信的实体处于不同的地理位置，其上的两个进程相互通信，需要通过交换信息来协调它们的动作以达到同步，而信息的交换必须按照预先共同约定好的过程进行。网络协议就是为计算机网络中进行信息交换而建立的规则、标准或约定的集合。

#### 2. 网络协议的三要素

（1）语法。语法用来规定及控制信息的格式、编码及信号电平等。

（2）语义。语义用来说明通信双方的动作方式；用于协调动作与处理差错的控制信息。

（3）定时（时序）。定时（时序）定义了进行通信的时间，动作的先后顺序，传输的速率等。比如是采用同步传输还是异步传输。

#### 3. 网络协议的层次结构

由于网络节点之间联系的复杂性，使得在制定协议时，通常把复杂成分分解成一些简单成分，然后再将它们复合起来。最常用的复合技术就是层次方式，其层次结构如下：

（1）结构中的每一层都规定有明确的服务及接口标准。

（2）最高层是应用程序。

（3）除了最高层外，中间的每一层都为上一层提供服务，同时又是下一层的用户。

（4）最底层是物理通信线路，它使用从最高层传送来的参数，是提供服务的基础。

#### 4. 层次的划分

为了使不同计算机厂家生产的计算机能够相互通信，以便在更大的范围内建立计算机网络，国际标准化组织（ISO）在 1978 年提出了“开放系统互连参考模型”，即著名的 OSI/RM 模型（Open System Interconnection/Reference Model）。它将计算机网络体系结构的通信协议划分为七层，自下而上依次为：物理层（Physics Layer）、数据链路层（Data Link Layer）、网络层（Network Layer）、传输层（Transport Layer）、会话层（Session Layer）、表示层（Presentation Layer）、应用层（Application Layer）。

其中第四层完成数据传送服务，上面三层面向用户。对于每一层，至少制定两项标准：服务定义和协议规范。前者给出了该层所提供服务的准确定义，后者详细描述了该协议的动作和各种有关规程，以保证提供的服务。如图7—1所示。

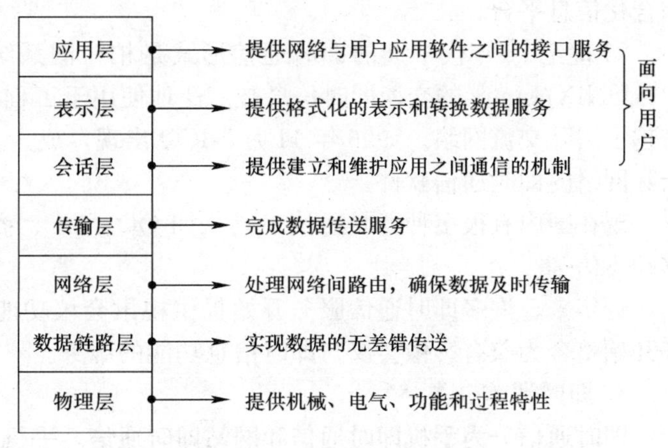

图7—1 通信协议划分层次图

**5. 常用的网络协议**

常用的网络协议有TCP/IP协议、NetBEUI和IPX/SPX协议。

（1）TCP/IP协议。作为互联网的基础协议，任何和互联网有关的操作都离不开TCP/IP协议。不过TCP/IP协议也是三大协议中配置起来最复杂的一个，尤其是通过局域网访问互联网，要详细设置IP地址、网关、子网掩码、DNS服务器等参数。

尽管TCP/IP协议是目前最流行的网络协议，但TCP/IP协议在局域网中的通信效率并不高，使用它浏览“网上邻居”中的计算机时，经常会出现不能正常浏览的现象。此时安装NetBEUI协议就会解决这个问题。

（2）NetBEUI。即NetBIOS Enhanced User Interface（NetBIOS增强用户接口）。它是NetBIOS协议的增强版本，曾被许多操作系统采用，例如Windows for Workgroup、Windows 9x系列、Windows NT等。NetBEUI协议在许多情形下很有用，是Windows 98之前的操作系统的默认协议。NetBEUI协议是一种简单、通信效率高的广播型协议，安装后不需要进行设置，特别适合于在“网络邻居”间传送数据。所以除了TCP/IP协议之外，使用小型局域网的计算机也可以安装NetBEUI协议。另外还有一点要注意，如果一台只装了TCP/IP协议的Windows 98机器要想加入到Windows NT域，也必须安装NetBEUI协议。

（3）IPX/SPX协议。它是Novell开发的专用于NetWare网络中的协议。大部分可以联机的游戏都支持IPX/SPX协议，比如“星际争霸”“反恐精英”等。虽然这些游戏通过TCP/IP协议也能联机，但通过IPX/SPX协议更方便，因为它无须任何设置。除此之外，IPX/SPX协议在局域网络中的用途似乎并不是很大，如果不在局域网中联机玩游戏，那么这个协议可有可无。

## 二、即时通信软件

**1. 概念**

即时通信软件是一种基于互联网的即时交流软件，最初称为ICQ，即网络寻呼机。此类软件使得人们可以通过Internet随时跟另外一个在线用户交流信息，甚至可以通过视频看到对方的实时图像，而不必支付昂贵的话费。

**2. 即时通信简介**

即时通信（Instant Messenger，IM）是指能够即时发送和接收互联网信息的业务。自1998年面世以来，特别是近几年的迅速发展，即时通信的功能日益丰富，逐渐集成了电子邮件、博客、音乐、电视、游戏和搜索等多种功能。即时通信不再是一个单纯的聊天工具，它已经发展成集交流、资讯、娱乐、搜索、电子商务、办公协作和企业客户服务等为一体的综合化信息平台。

20世纪70年代早期的即时通信形式是柏拉图系统（PLATO system）。20世纪80年代，UNIX/Linux的交谈即时信息被广泛地使用于工程与学术界，20世纪90年代即时通信跨越了国际交流网络。1996年11月，ICQ出现，成为首个广泛被非UNIX/Linux用户用于国际网络的即时通信软件。

现在国内有很多种即时通信工具，如QQ、UC、商务通、网易泡泡、淘宝旺旺、中国移动飞信等。

近年来，许多即时通信服务开始提供视讯会议功能，网络电话（VoIP）与网络会议服务开始整合为兼有影像会议与即时信息功能的服务。

**3. 即时通信分类**

即时通信分为手机即时通信和网站即时通信。手机即时通信的代表是短信。网站、视频即时通信有YY语音、QQ、MSN、百度Hi、叮当旺业通、新浪UC、阿里旺旺、IS、网易泡泡、网易CC、盛大ET、中国移动飞信、企业飞信、COCO等应用形式。

# 课题32　即时通信软件——QQ

**学习目标：**

1. 了解QQ的功能。
2. 掌握QQ注册、登录的方法。
3. 掌握添加好友、与好友聊天及给好友传输文件的方法。

## 一、QQ简介

QQ是腾讯计算机系统有限公司开发的一款基于Internet的即时通信软件。它支持在线聊天、视频电话、点对点断点续传文件、共享文件、网络硬盘、自定义面板、QQ邮箱等多种功能。同时，QQ还可以与移动通信终端、IP电话网、无线寻呼等多种通信方式相连，使得QQ不仅仅是单纯的网络虚拟寻呼机，而是一种方便、实用、高效的即时通信工具。

## 二、QQ的使用

**1. 申请QQ账号**

**操作步骤：**

❶双击桌面上的“腾讯QQ”快捷图标，即可打开如图7—2所示的QQ启动界面。

❷单击“注册账号”按钮，弹出如图7—3所示的“QQ注册”窗口，按窗口提示输入信息，单击“立即注册”按钮。

❸弹出“QQ注册”-“申请成功”窗口，表示已申请成功，并显示出申请的QQ号码，如图7—4所示。

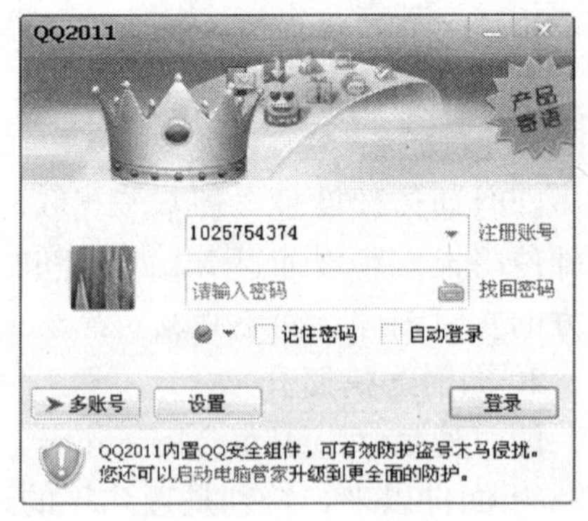


图7—2　QQ启动界面

图 7—3 “QQ 注册”窗口

图 7—4 “QQ 注册”-“申请成功”窗口

 **注意**

QQ 号码为腾讯 QQ 的账号，全部由数字组成，QQ 号码在用户注册时由腾讯服务系统随机分配。对 QQ 号码可以设置密码保护，防止 QQ 号码被盗。

### 2. 登录 QQ 添加好友

**操作步骤：**

❶在如图 7—4 所示的界面中单击“登录 QQ”按钮，或双击桌面上的“腾讯 QQ”快捷图标，即可弹出如图 7—2 所示界面，刚申请成功的 QQ 号码也会自动显示出来。

❷输入申请时设置的密码，单击“登录”按钮，显示如图 7—5 所示的 QQ 主界面，表示已登录成功。

**提示**

以后登录时双击“腾讯 QQ”快捷图标，在弹出如图 7—2 所示的启动界面中，单击“注册账号”前的下拉按钮，在弹出的列表中单击选择自己的 QQ 号码，并在“请输入密码”处输入密码，单击“登录”按钮即可。

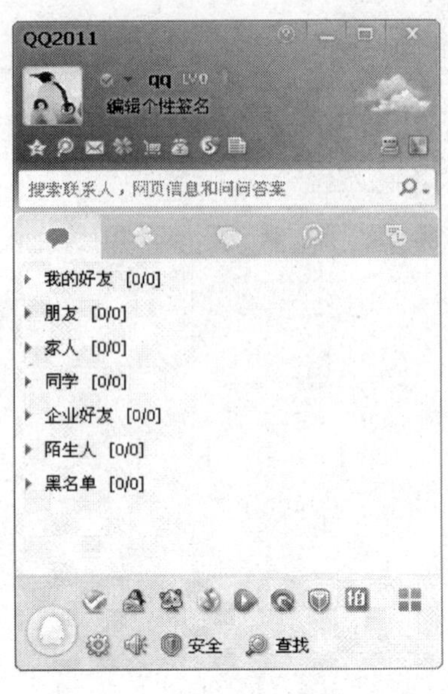


图 7—5 QQ 登录主界面

❸单击“查找”按钮，弹出“查找联系人/群/企业”对话框，如图 7—6 所示，在账号文本框中输入要查找的 QQ 号码，单击“查找”按钮，即开始查找，并在随后弹出的对话框中显示出查找到的账号、昵称及其他信息。若无此号码则提示没有找到的信息。

❹单击“添加好友”按钮，在弹出的对话框中输入验证信息，然后单击“下一步”按钮。

**注意**

验证信息用来确定用户的身份，使对方知道用户是谁，并加为好友。

❺在打开的对话框中填写所添加好友的名字及分组，如图 7—7 所示。

**注意**

添加好友后显示的是好友注册时的昵称，填写备注姓名可帮助识别。

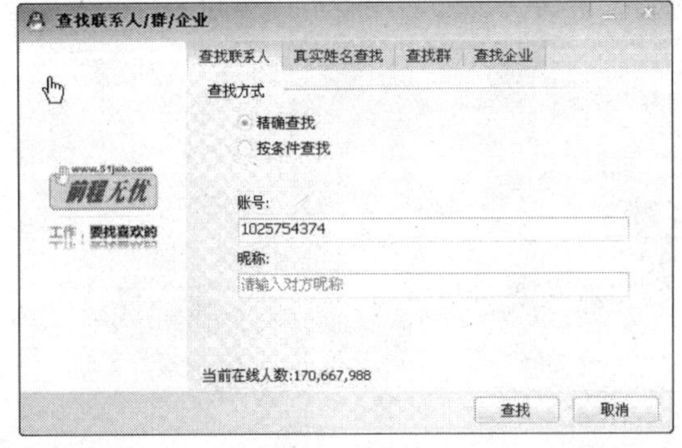


图 7—6 “查找联系人/群/企业”对话框

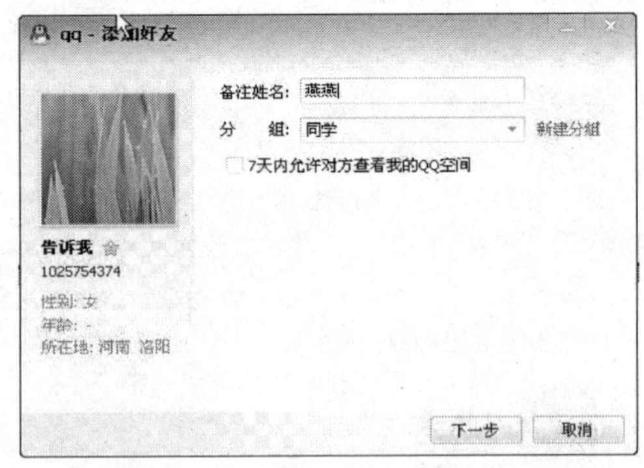


图 7—7 填写好友的名字及分组

❻单击“下一步”按钮，提交信息，并显示出“您的好友添加请求已经发送成功，正在等待对方确认。”的信息。

❼单击“完成”按钮，即完成添加好友的操作。当被对方添加为好友后，在同学分组中会显示出好友的信息。

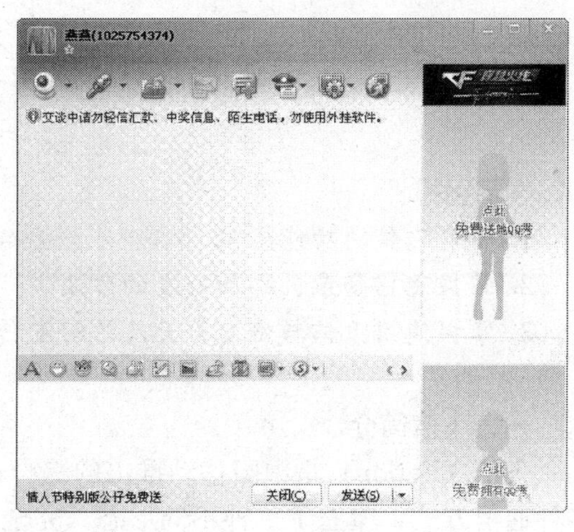

图 7—8　聊天窗口

**3. 使用 QQ 聊天**

操作步骤：双击想要聊天人的图标，弹出如图 7—8 所示的聊天窗口。在下部窗格光标闪烁处输入聊天文字，单击“发送”按钮即可将聊天文字发送给对方，并显示在上面的窗格中。对方的聊天文字也在上面窗格中显示。

**4. 文件传输及 QQ 群**

(1) 文件传输。文件传输功能是将本地计算机中的文件（包括文本、声音、图片等）传递给对方或接收对方传输来的文件。

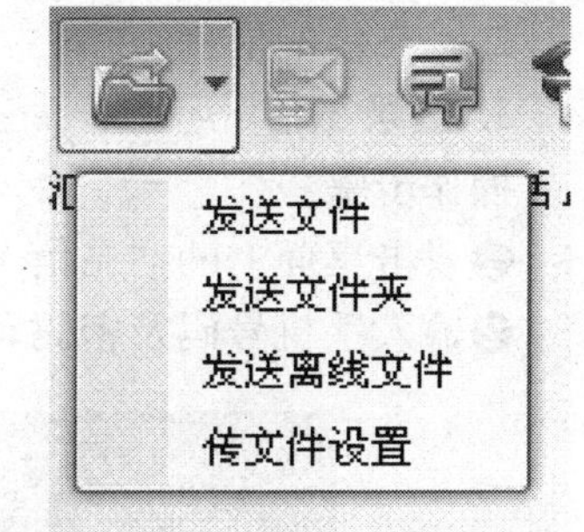


图 7—9 “文件传送方式”下拉列表

**操作步骤：**

❶在打开的聊天窗口中，单击“传送文件”按钮，弹出如图 7—9 所示的文件传送方式下拉列表，可选择传送文件的方式。

❷选择“发送文件”选项，弹出“打开”对话框，找到要发送的文件并单击选中，再单击对话框右下角的“打开”按钮。在聊天窗口中会显示出文件及发送状态的相应信息。

1. “发送文件”选项指一次发送一个文件，接收方在线时可选择此项。
2. “发送文件夹”选项指把文件夹作为一个文件发送，接收方在线时可选择此项。
3. “发送离线文件”选项指离线传送的文件内容可以保存 7 天，如超过 7 天接收方没有接收文件，系统将自动删除此文件。

❸对方接收后，在聊天窗口中会提示“打开文件”“打开所在文件夹”等信息。表示文件传送结束。

(2) QQ 群。QQ 群是腾讯公司推出的多人聊天服务。群主在创建群以后，可以邀请多名朋友到一个群里面共同聊天。在群内除了聊天，腾讯还提供了群空间服务。在群空间中，用户可以使用群 BBS、相册、共享文件等多种方式进行交流。

# 课题 33　移动聊天工具——飞信

**学习目标：**

1. 了解飞信的功能。
2. 掌握飞信登录、添加好友的方法。
3. 掌握使用飞信与好友聊天及给好友传输文件的方法。

## 一、飞信简介

飞信（Fetion）是中国移动推出的综合通信服务，融合了语音（IVR）、GPRS、短信等多种通信方式，覆盖了三种不同形态（完全实时、准实时和非实时）的客户通信需求，实现了互联网和移动网之间的无缝通信服务。飞信不但可以免费从计算机给手机发短信，而且不受任何限制，能够随时随地与好友开始语音聊天，并享受超低的语音聊天资费。

中国移动飞信可实现无缝连接的多端信息接收，音视频、图片和普通 Office 文件都能随时随地任意传输，与好友保持畅快有效的沟通。

## 二、飞信的使用

### 1. 登录飞信

**操作步骤：**

❶双击桌面上的“飞信 2012”快捷图标，弹出如图 7—10 所示的飞信启动主界面。

❷输入手机号码及密码，单击“登录”按钮，显示如图 7—11 所示的飞信登录主界面。

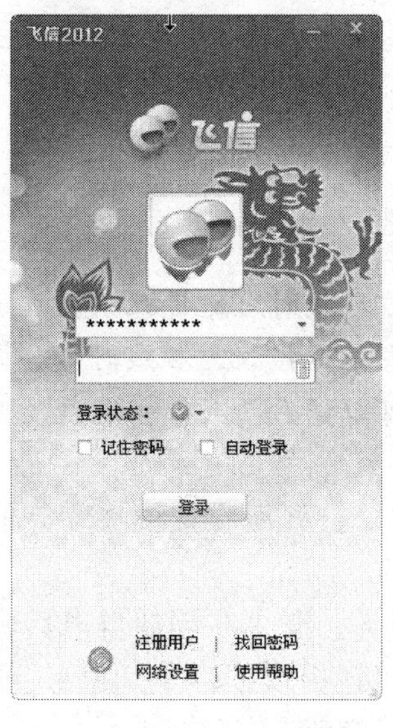


图 7—10　飞信启动主界面

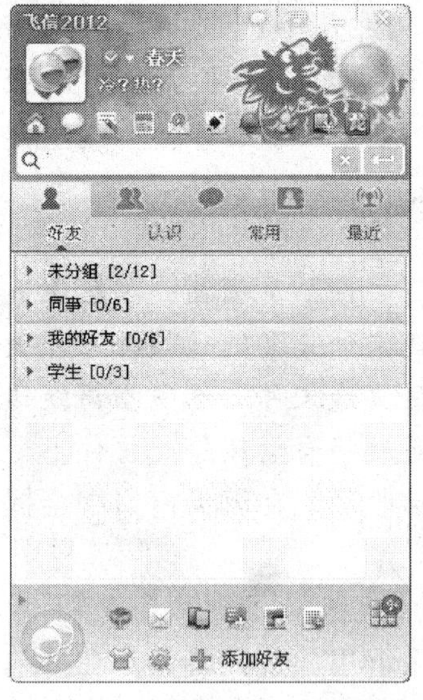


图 7—11　飞信登录主界面

### 2. 添加好友

**操作步骤：**

❶在如图 7—11 所示的界面中，单击“添加好友”按钮，弹出如图 7—12 所示的“添加

好友”对话框。

❷在“账号”文本框中输入要添加好友的手机号码，单击“确定”按钮即可。

在“发出申请”选项内填入相应的信息，添加的好友可以看到信息内容。同时在相应分组中可看到此好友的号码并提示“等待对方同意添加为好友”。待对方通过申请后此提示自动消失。

**3. 给好友发送消息**

操作步骤：双击好友的图标，弹出如图7—13所示聊天窗口，在下面窗格中光标闪烁处输入要发送的消息文字，单击“发送短信”按钮，对方手机或在线飞信客户端就能收到此条短信。对方回复的短信则在上面窗格中显示。

若对方使用计算机登录，消息会在计算机上显示；否则会以短信方式发送到对方手机上。

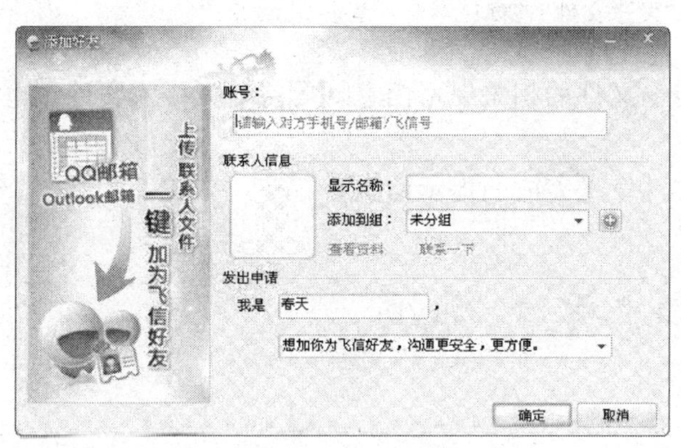


图7—12 “添加好友”窗口

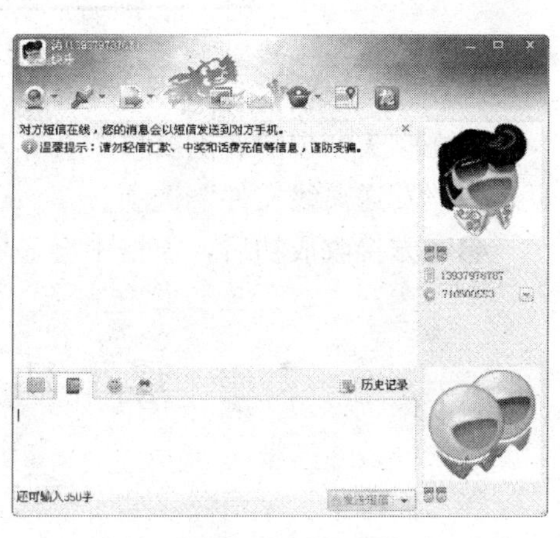


图7—13 聊天窗口

**4. 群发消息**

**操作步骤：**

❶选中要发送消息的分组，单击鼠标右键，在弹出的快捷菜单中，选择“向该组群发短信”选项（也可以是彩信），弹出如图7—14所示“发短信”对话框。

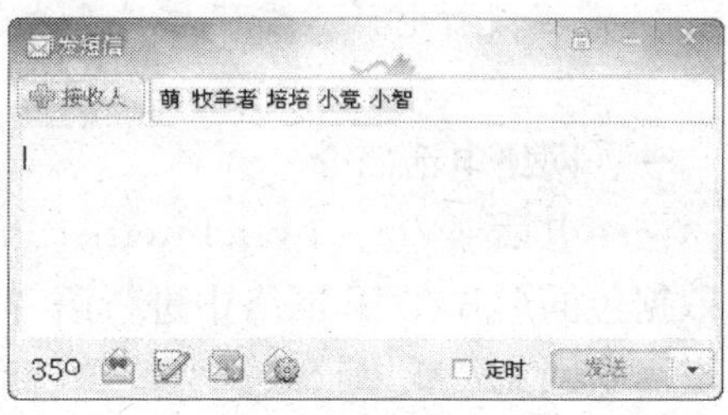


图7—14 “发短信”对话框

接收人窗口中显示出该群的所有人，单击“接收人”按钮可以重新选择接收人。

❷在该对话框中输入短信内容，单击“发送”按钮，接收人即可收到此短信。

**5. 文件传输**

**操作步骤:**

❶双击要接收文件好友的图标，在弹出的聊天窗口内单击“文件传输”按钮，弹出如图7—15所示的“发送文件”对话框，查找并单击选择要传输的文件，再单击“打开”按钮。

图7—15 “发送文件”窗口

❷在聊天窗口的右侧窗格中会显示出传输文件的相关提示信息，等待对方接收文件。也可选择“发送离线文件”选项。

❸对方接收成功后，窗格中会显示出文件发送完成的提示信息。

# 课题34 网络电话——Skype

**学习目标:**

1. 了解网络电话的功能。
2. 掌握添加联系人的方法。
3. 掌握拨打电话、发送文件和发送消息的方法。

## 一、网络电话简介

网络电话（Voice over Internet Protocol，VoIP）将模拟的声音信号经过压缩与封包后，以数据包的形式在IP网络中进行语音信号传输，俗称互联网电话或IP电话。它使用户可以通过互联网免费或以较低资费传送语音、传真、视频和数据等。

Skype即是一款网络即时语音沟通工具，也是一家全球性互联网电话公司。其主要功能是在全世界范围内向客户提供免费的高质量通话服务。它的功能包括视频聊天、多人语音会议、多人聊天、传送文件、文字聊天等。使用它可以免费与其他用户进行高清晰语音对话，也可以拨打国内、国际电话，包括固定电话和手机，并且可以实现呼叫转移、短信发送等功能。

## 二、网络电话的使用

### 1. 添加联系人

**操作步骤:**

❶双击桌面上的“Skype”快捷图标，弹出如图 7—16 所示的 Skype 主界面。

图 7—16　Skype 主界面

❷单击“添加联系人”选项，弹出如图 7—17 所示的“TOM-Skype（TM）-查找 Skype 用户”窗口，输入 Skype 用户名，单击“查找”按钮。

❸找到相应的用户后显示出该用户的相关信息，如图 7—18 所示，单击“添加联系人”按钮。在随后弹出的窗口中输入自己的身份识别信息。然后单击“发送”按钮。

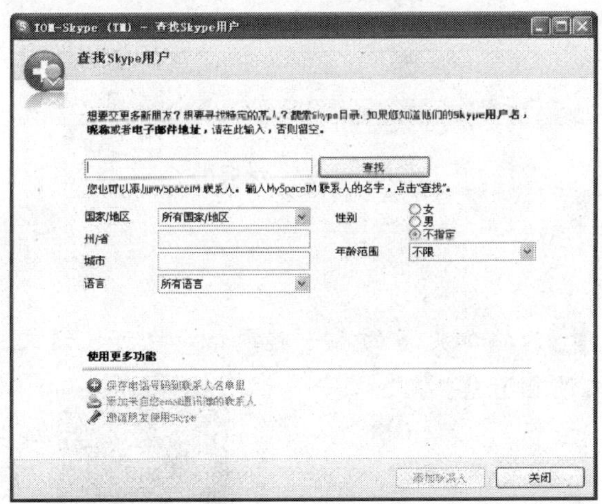


图 7—17　查找 Skype 用户窗口

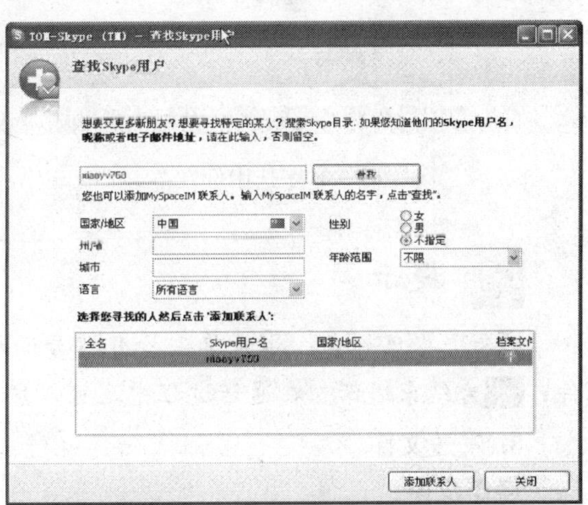


图 7—18　添加联系人的信息显示

❹发送后等待对方回复接受邀请的信息。对方接受邀请后，会在左侧窗格中显示其用户名，此时就可以与对方通话了。

 提示

如果知道更多的 Skype 用户可以单击“添加更多联系人”按钮继续添加。

**2. 拨打电话**

**操作步骤：**

❶单击左侧窗格“联系人”标签中的好友，则在该窗格中显示与好友通话的历史记录。在右侧窗格中显示如图 7—19 所示的内容。

❷单击“拨打”按钮右侧的下拉按钮，从弹出的下拉列表中选择相应选项，如“呼叫”。

 提示

Skype 和 Skype 之间的通话是免费的。通过 Skype 拨打固定电话或者手机等需要付费，但费率较低。

❸单击“呼叫 Skype”按钮，开始连接，接通后显示相应信息，如图 7—20 所示为“接通中”。

图 7—19　选中好友

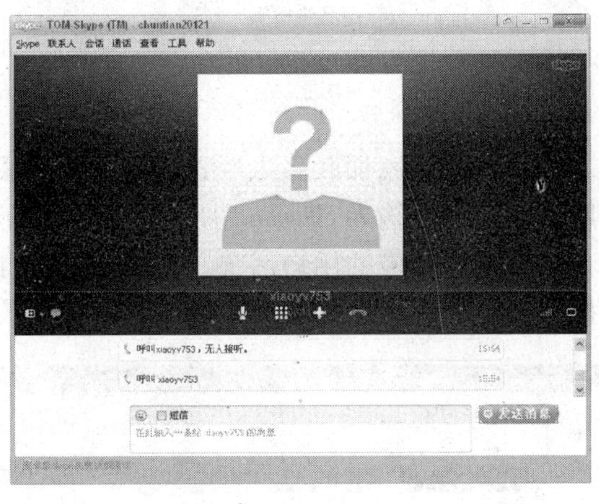

图 7—20　接通中

 提示

■为麦克风静音；■为单击打开拨号面板；■为添加更多的人一起通话，也可发送文件；■为结束通话。在通话过程中还可以发送文件或消息。

**3. 发送文件**

**操作步骤：**

❶单击窗口中■按钮弹出如图 7—21 所示的菜单，选择“发送文件…”选项，在弹出的窗口中选择要发送的文件，单击“打开”按钮。

❷在窗口下方提示出等待对方接收的信息。对方接收后也会提示出相应的信息。

图 7—21　■中的菜单

**4. 发送消息**

**操作步骤：**

❶在如图 7—20 所示的窗口下方输入消息内容，单击“发送消息”按钮，对方即可看到此条信息。

❷对方回复的信息将在短信内容输入框的上方显示。

## 练　　习

**一、截图题**

用截图的方式回答以下问题。要求图片均为 JPEG 格式，其命名以题号为序进行，如第 2 题中的第 3 小题，则命名为“2－3. JPEG”。将这些图片均存入以“学号”＋“姓名”命名的文件夹中，将该文件夹压缩存入作业 U 盘或发送至教师指定的信箱中。

1. 申请一个 QQ 账号。
2. 添加好友到“同学”分组中。
3. 将计算机中的文件发送给好友。
4. 添加一个移动用户为好友。
5. 给好友发送一条文字消息（祝福的话）。
6. 查找 Skype 用户，并添加为联系人。
7. 拨打网络电话。
8. 在通话状态下给好友发送文件。

**二、简答题**

将以下简答题答案以 Word 文档形式（该文档命名为“学号”＋“姓名”）存入作业 U 盘或发送至教师指定的信箱中。

1. 简述网络协议三要素的内容。
2. 常用的网络协议有哪些？特点是什么？
3. 即时通信软件的作用是什么？
4. 常用的即时通信工具有哪些？

# 单元8 多媒体播放软件

## 课题35 多媒体技术概述

**学习目标：**

1. 理解多媒体的分类。
2. 掌握多媒体的概念、特点。
3. 掌握多媒体应用及基本要素。

### 一、多媒体技术分类及特点

“多媒体（Multimedia）”一词在1960—1965年开始使用，指的是文本、图形、视频、声音或数据等多种形态信息的处理和集成呈现（processing and integrated presentation）。顾名思义，Multimedia意味着非单一媒体而是多种形式的感知媒体。需要指出的是，一般所说的“多媒体”，不仅指多种媒体信息本身，而且指处理和应用多媒体信息的相应技术，因此“多媒体”常被当做“多媒体技术”的同义词。真正的多媒体技术所涉及的对象是计算机技术的产物，而其他的单纯事物，如电影、电视、音响等，均不属于多媒体技术的范畴。

**1. 多媒体技术定义**

多媒体技术（Multimedia Technology）是利用计算机对文本、图形、图像、声音、动画、视频等多种信息进行综合处理、建立逻辑关系和人机交互作用的技术。

**2. 媒体的分类**

媒体（Medium）又称载体，是指信息传送和存储的最基本技术和手段。根据信息被人们感觉、加以表示、使之呈现、实现存储或进行传送的载体的不同，基本媒体可分为五类：

（1）感知媒体（Perception Medium）。感知媒体是指人的感觉器官所能感觉到信息的自然种类，如声音、图形、图像和文本等。人的感觉器官包括视觉、听觉、触觉、嗅觉、味觉等。感知媒体帮助人类来感知环境。目前，人类主要靠视觉和听觉来感知环境的信息，触觉作为一种感知方式也慢慢引入到计算机领域中。

（2）表示媒体（Representation Medium）。表示媒体是指被交换的数据类型，它们定义了信息的特性。表示媒体的特性信息的计算机内部编码表示。

（3）呈现媒体（Presentation Medium）。呈现媒体是指为人们再现信息的物理工具和设备（输出设备），或者指获取信息的工具和设备（输入设备），如显示器、扬声器、打印机等输出类呈现媒体，以及键盘、鼠标、扫描仪等。

（4）存储媒体（Storage Medium）。存储媒体是指存储数据的物理介质，如磁盘、光盘、磁带等。

(5) 传输媒体（Transmission Medium）。传输媒体是指传输数据的物理媒介，如双绞线、同轴电缆、光缆、无线电链路等。

**3. 多媒体的基本特点**

多媒体是融合两种以上媒体的人机交互式信息交流和传播媒体，其具有以下特点：

(1) 信息载体的多样性。这是相对于计算机而言的，即指信息媒体的多样性。

(2) 多媒体的交互性。是指用户可以与计算机的多种信息媒体进行交互操作，从而为用户提供更加有效地控制和使用信息的手段。

(3) 集成性。是指以计算机为中心综合处理多种信息媒体，它包括信息媒体的集成和处理这些媒体的设备的集成。

(4) 数字化。媒体以数字形式存在。

(5) 实时性。声音、动态图像（视频）随时间而变化。

**4. 多媒体技术的特征**

(1) 能够完成在内容上相关联的多媒体信息的处理和传送，如声音、图像、文本、图形、动画等。

(2) 交互式工作，而不是简单的单向或双向传输。

(3) 网络连接，即各种媒体信息是通过网络传输的，而不是借助 CD－ROM 等存储载体来传递的。

**二、多媒体技术的应用**

近年来，多媒体技术得到迅速发展，多媒体系统的应用更以极强的渗透力进入人类生活的各个领域，如游戏、教育、档案、图书、娱乐、艺术、金融交易、建筑设计、家庭、通信等。其中，运用最早最广泛的就是电子游戏，无数青少年甚至成年人为之着迷，可见多媒体的魅力。大商场、邮局里的电子导购触摸屏也是一例，它的出现极大地方便了人们的生活。近年来出现的教学类多媒体产品，通过一对一专业级的教授，使莘莘学子受益匪浅。正因为如此，许多有远见的商家看到了这一形势，纷纷运用多媒体系统做企业宣传之用，甚至运用其交互能力加入了电子商务、自助式维护、教授产品使用的功能，方便了客户，促进了销售，宣传了企业形象，扩展了商机，在销售和形象两方面均有获益。

**1. 多媒体技术应用领域**

(1) 教育（形象教学、模拟展示）：如电子教案、形象教学、模拟交互过程、网络多媒体教学、仿真工艺过程等。

(2) 商业广告（特技合成、大型演示）：如影视商业广告、公共招贴广告、大型显示屏广告、平面印刷广告等。

(3) 影视娱乐业（电影特技、变形效果）：如电视/电影/卡通混编特技、演艺界 MTV 特技制作、三维成像模拟特技、仿真游戏等。

(4) 医疗（远程诊断、远程手术）：如网络多媒体技术、网络远程诊断、网络远程操作（手术）等。

(5) 旅游（景点介绍）：如风光重现、风土人情介绍、服务项目。

(6) 人工智能模拟（生物、人类智能模拟）：如生物形态模拟、生物智能模拟、人类行为智能模拟等。

**2. 多媒体的基本要素**

(1) 文本(Text)。文本是最常用的媒体,是指各种文字,包括各种字体、尺寸、格式及彩色的文字。文本是计算机文字处理的基础,也是多媒体应用程序的基础。通过对文本显示方式的设置,可以使显示的信息形式多样化,更易于理解。

(2) 声音(Sound)。声音指各种声音信号,包括语音、音乐、自然音等,是一种模拟的连续波形,需要通过采样将模拟信号数字化后,才能在计算机中对其进行处理。

(3) 图形(Graphics)。图形指矢量图形,是从点、线、面到三维空间的黑白或彩色几何图,也称矢量图。采用矢量图可以减少存储空间,也便于绘图仪输出。

(4) 图像(Image)。图像指位图。静止的图像在计算机中难以用矢量来表示,基本上只能用点阵来表示,其元素代表空间的一个点,称为像素,这种图像称为位图。

(5) 视频(Video)。视频图像是一种活动影像,是利用人眼的视觉暂留现象,将多幅画面连续播放,只要能够在每秒20帧以上,人眼就察觉不出画面之间的不连续性。将视频图像输入到计算机中是通过摄像机、录像机等视频设备的AV输出信号送到计算机内的视频图像捕捉卡进行数字化处理而实现的。而新型的数字化摄像机可直接得到数字化图像,不需要视频捕捉卡处理。

(6) 动画(Animation)。动画是指计算机制作出来的连续静态图像的顺序播放。动画也是一种活动影像,最典型的是“卡通”片。它与视频影像不同的是:视频影像一般是指生活中所发生的事件的记录,而动画通常指人工创作出的连续图形所组合成的动态影像。

# 课题36　音乐播放器——千千静听

**学习目标:**

1. 了解千千静听的功能。
2. 了解千千静听的界面,掌握添加歌曲的方法。
3. 掌握搜索歌词、编辑歌词的方法。

## 一、千千静听简介

千千静听是一款完全免费的音乐播放软件,它集播放、音效、转换、歌词等众多功能于一身。它具有小巧精致、操作简捷、功能强大的特点,深得用户喜爱是目前国内最受欢迎的音乐播放软件之一。

千千静听支持几乎所有常见的音频格式,包括MP3/MP3Pro、AAC/AAC+、M4A/MP4、WMA、APE、MPC、OGG、WAVE、CD、FLAC、RM、TTA、AIFF、AU等和多种MOD和MIDI音乐,以及AVI、VCD、DVD等多种视频文件中的音频流,还支持CUE音轨索引文件。

备受用户喜爱和推崇的千千静听,还具有强大而完善的同步歌词功能。在播放歌曲的同时,可以自动连接到千千静听庞大的歌词库服务器,下载相匹配的歌词,以卡拉OK式效果同步滚动显示,并支持鼠标拖曳定位播放;另有独具特色的歌词编辑功能,可以制作或修改同步歌词,还可以直接将自己精心制作的歌词上传到服务器与他人共享。

## 二、千千静听的使用

### 1. 千千静听界面简介

操作步骤：双击桌面上的“千千静听”快捷图标，弹出千千静听窗口，各组件如图 8—1 所示。

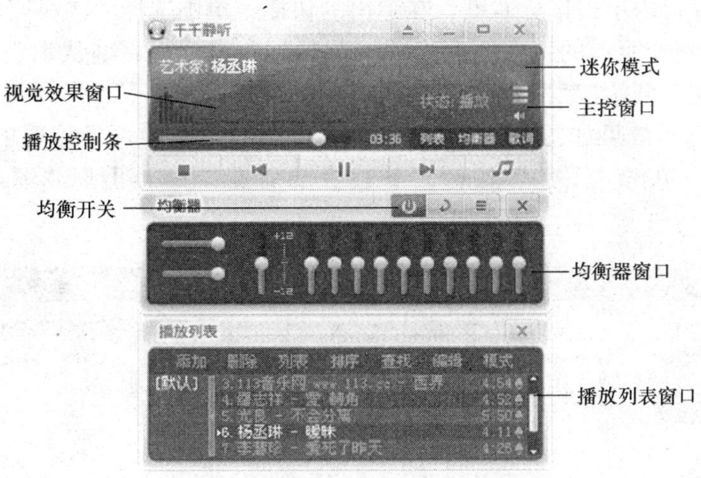


图 8—1　千千静听窗口

 **提示**

1. 如图 8—1 所示为千千静听的默认皮肤，系统内置了 12 种皮肤可供更换。单击主控窗口左上角的“主菜单”按钮，即可更换皮肤。

2. 默认情况下主控窗口、均衡器窗口和播放列表窗口连接在一起，可以单击标题栏，拖曳改变其位置。

3. 单击“主控窗口”中的“列表”“均衡器”“歌词”按钮，可以打开/关闭对应的窗口。

### 2. 添加歌曲

操作步骤：单击“播放列表”窗口中的“添加”按钮，打开如图 8—2 所示的菜单，单击“文件”选项，在打开的选择文件窗口中选中音频文件，单击“打开”按钮，即可将选中的文件添加到播放列表中。

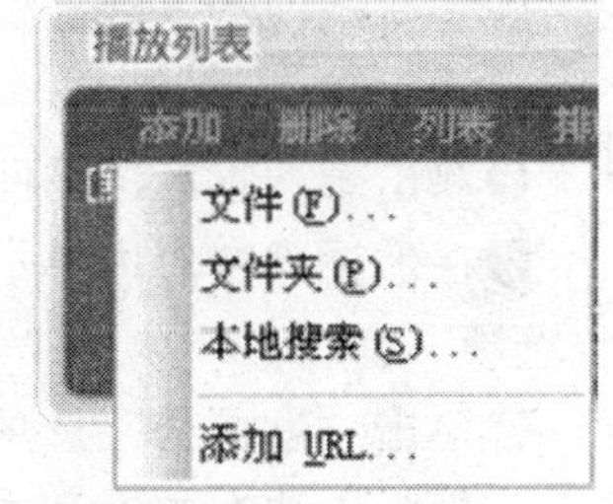


图 8—2　添加歌曲

 **提示**

1. “文件夹”选项：将选中目录下的所有音频文件加入到列表中。

2. “本地搜索”选项：打开搜索对话框，搜索本地计算机上的音频文件。

3. “添加 URL”选项：添加网络音乐。输入网络音乐的地址，单击“确定”按钮。

### 3. 搜索歌词

提供手工搜索下载和自动搜索下载功能。

（1）手工搜索下载

**操作步骤：**

❶双击想要搜索歌词的名称，开始播放歌曲，单击“主控窗口”中的“歌词”按钮打开歌词秀窗口。

❷在歌词秀窗口内单击鼠标右键，在弹出的快捷菜单中选择“在线搜索”选项。

❸弹出如图 8—3 所示的“在线搜索并下载歌词”对话框，确认歌手、歌名信息正确，单击“搜索”按钮，开始搜索。

❹搜索到的显示效果如图 8—4 所示，在搜索到的歌词中选择需要的选项，填写好要保存的文件名称，单击“下载”按钮。下载成功后窗口中会出现“下载歌词成功!”的提示。

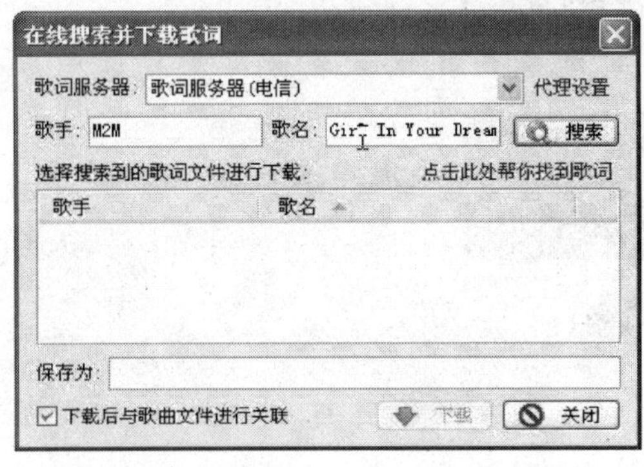


图 8—3 “在线搜索并下载歌词”对话框

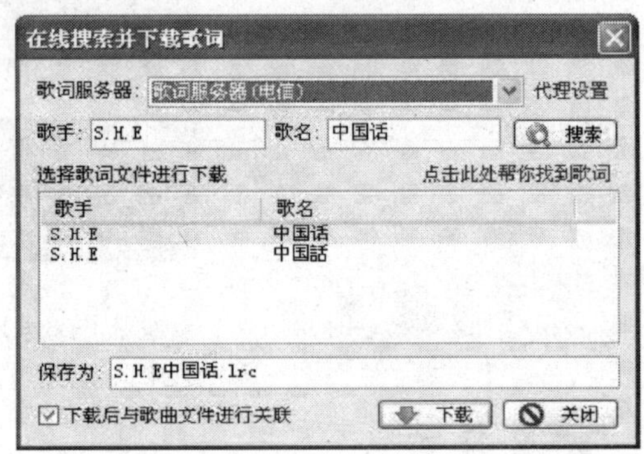


图 8—4 搜索到的显示效果

**提示**

1. 应选择所使用的电信运营商歌词服务器，以确保下载速度。目前千千静听支持网通和电信两种运营商。

2. 填写查找信息时，可以只填写歌名，不填写歌手名，以扩大搜索范围。

（2）自动搜索下载

**操作步骤：**

❶双击想搜索歌词的曲目。

❷在歌词秀窗口内单击鼠标右键，选择“选项”命令，弹出如图 8—5 所示的“千千静听-选项”窗口。

❸单击“歌词秀”选项，在右侧窗口中勾选“播放音频文件时自动加载歌词”复选框，当千千静听无法在内嵌和本地歌词中搜索到相关联的歌词时，会自动在线搜索并下载歌词。当搜索到的歌词只有一个时，千千静听会自动下载；搜索到多个歌词时，则会弹出相应对话框供用户选择。

**4. 编辑歌词**

千千静听的歌词文件有其特定的格式，每句歌词前面都必须有类似［00：16.00］这样的时间标签，否则歌词无法正常显示。歌词可以用各种文本编辑工具进行编辑，最后保存成以 .lrc 或 .txt 为扩展名的文件即可。

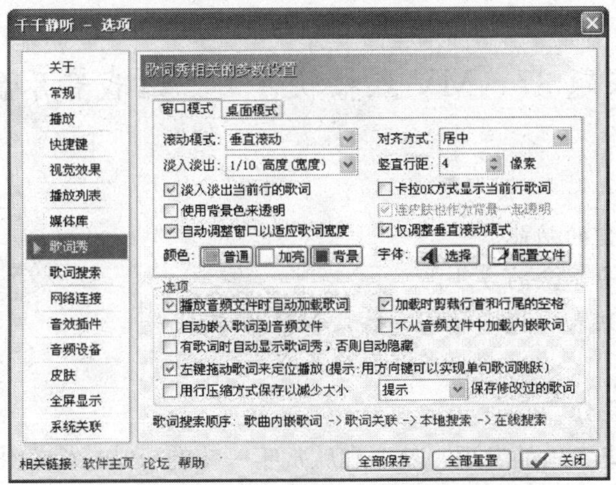


图 8—5 “选项”对话框

**操作步骤：**

❶在“播放列表”窗口中选中想要编辑歌词的曲目。

## 提示

1. 单击“歌词秀”窗口中的“显示桌面歌词”按钮，可关闭窗口，只在桌面上显示歌词，如图 8—6 所示。

图 8—6 桌面歌词秀窗口

2. 将光标指向桌面上的歌词，弹出“歌词秀”窗口的控制菜单，单击“返回窗口模式”按钮，即可重新切换到窗口模式。

❷单击“主控窗口”中的“歌词”按钮，打开“歌词秀”窗口，如图 8—7 所示。

❸在“歌词秀”窗口中单击鼠标右键，在弹出的菜单中选择“编辑歌词”，进入如图 8—8 所示的歌词秀编辑模式，即可增加、删除、修改歌词了。

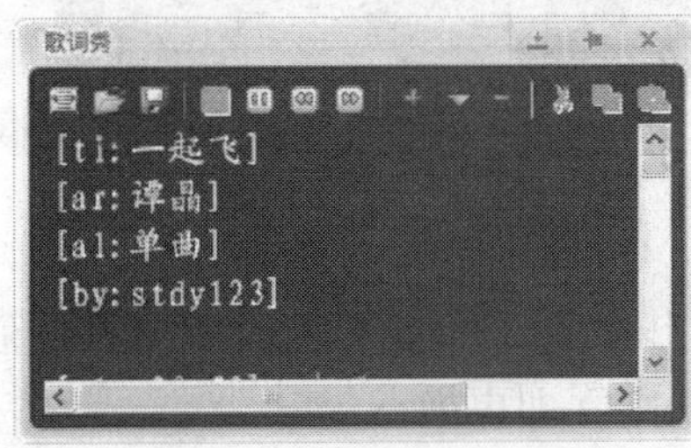


图 8—7 “歌词秀”窗口

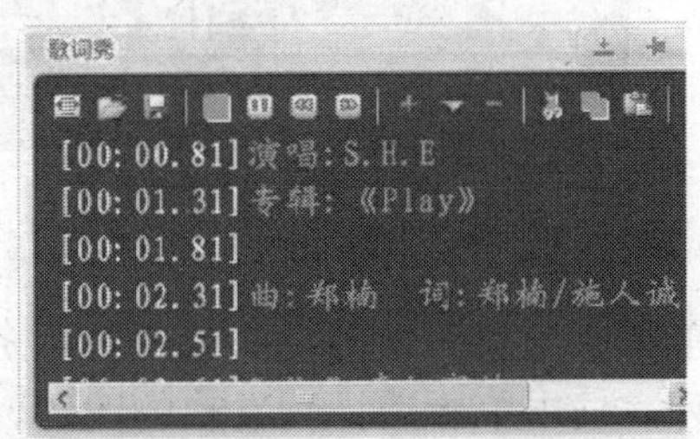


图 8—8 歌词秀编辑模式

# 课题 37　MV 点播软件——酷我音乐盒

**学习目标：**

1. 了解酷我音乐盒的功能。
2. 掌握设置酷我音乐盒的方法。
3. 掌握创建播放列表、搜索歌词、播放 MV 的方法。

## 一、酷我音乐盒简介

酷我音乐是一个集音乐的发现、获取和欣赏于一体的一站式个性化音乐服务平台。它运用最新技术，为用户提供实时更新的海量曲库、一点即播的速度、完美的音画质量和一流的 MV、K 歌服务。它具有以下特点：①海量皮肤随意切换；②高清 MV、DVD 画质，优化 MV 播放技术；③同步 MP3 一键导入，歌曲一键复制；④即点即播；⑤支持 Windows 7 全面升级。

## 二、酷我音乐盒的使用

### 1. 设置酷我音乐盒

(1) 换肤

**操作步骤：**

❶双击桌面上的“酷我音乐盒”快捷图标，弹出如图 8—9 所示的“酷我音乐”窗口。

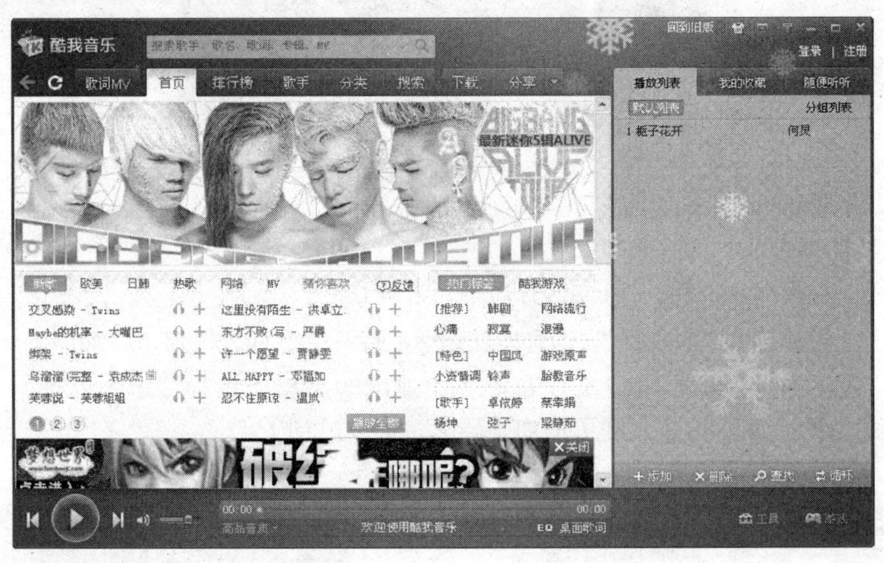


图 8—9　“酷我音乐”窗口

❷单击窗口右上角的“更换皮肤”按钮，弹出如图 8—10 所示的“更换皮肤”对话框。在列表框中单击选择所喜欢的图片，主界面皮肤则立即更换。

**提示**

透明方案用来设置主界面、播放列表和歌词窗口的透明度。

❸选择“我的皮肤”选项卡，如图 8—11 所示。单击图中的按钮 ，弹出“打开”对话框，如图 8—12 所示。选择一张作为皮肤的图片，单击“打开”按钮，将所选图片添加到列表中作为皮肤，主界面也同时更换。

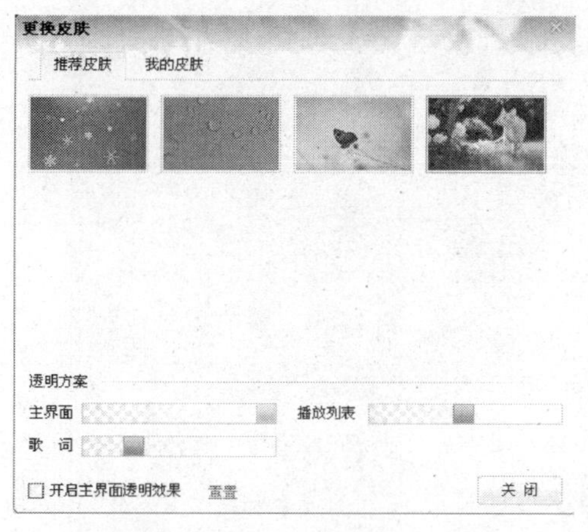


图 8—10 “更换皮肤”对话框

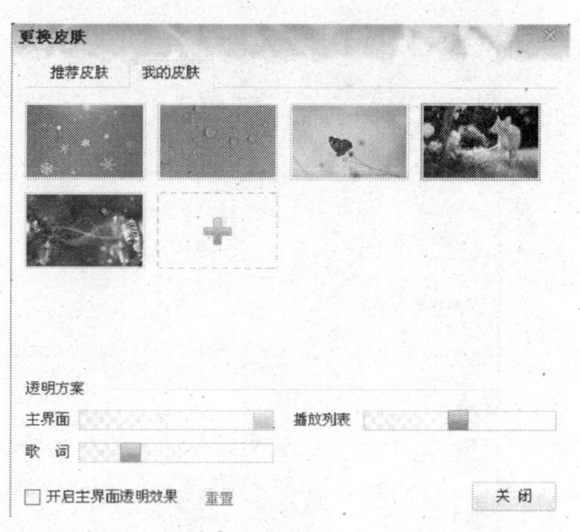


图 8—11 “我的皮肤”选项卡

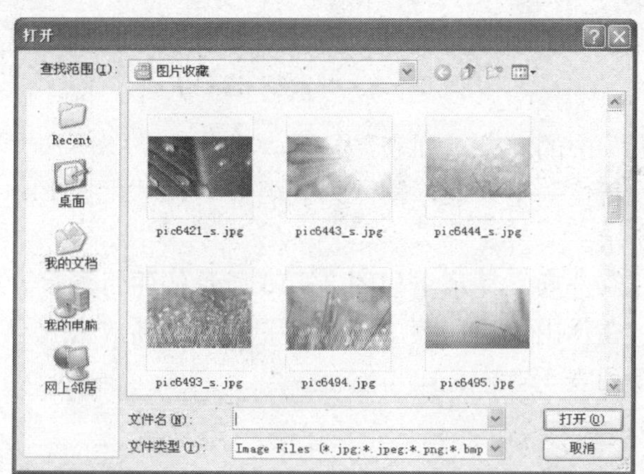


图 8—12 “打开”对话框

(2) 迷你模式

操作步骤：单击主界面窗口中的“迷你模式”按钮 ，将整个窗口折叠成一个长方形，如图 8—13 所示。将光标指向迷你模式窗口，弹出播放操作按钮和窗口操作按钮，如图 8—14 所示。单击窗口中的“完整模式”按钮 ，重新切换到完整模式。

图 8—13 迷你模式窗口

图 8—14 播放操作按钮和窗口操作按钮

**2. 创建播放列表**

播放列表用于组织用户喜爱的歌曲与 MV 等，通过添加歌曲到播放列表可以收藏喜欢的歌曲。

**操作步骤：**

❶选择主界面中的“分享”选项卡，在显示的曲目中单击所喜欢的歌曲，将所选中的歌曲添加到右侧的播放列表中，如图 8—15 所示。

图 8—15 “分享”选项卡

❷单击“播放列表”中的“分组列表”按钮，弹出如图 8—16 所示的“分组列表”，单击“创建列表”按钮，新建一个列表，输入列表名如“123”，按 Enter 键确认，新列表即创建完成，如图 8—17 所示。

❸单击“最近播放”选项，显示出如图 8—16 所示的曲目列表，在要添加到新列表中的歌曲上单击鼠标右键，在弹出的快捷菜单中选择“添加到播放列表/123”，如图 8—18 所示，所选曲目即被添加到新列表 123 中。

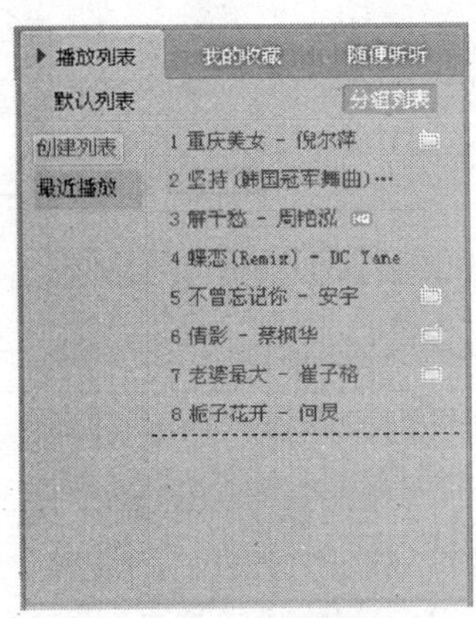


图 8—16 分组列表

图 8—17 新创建的列表

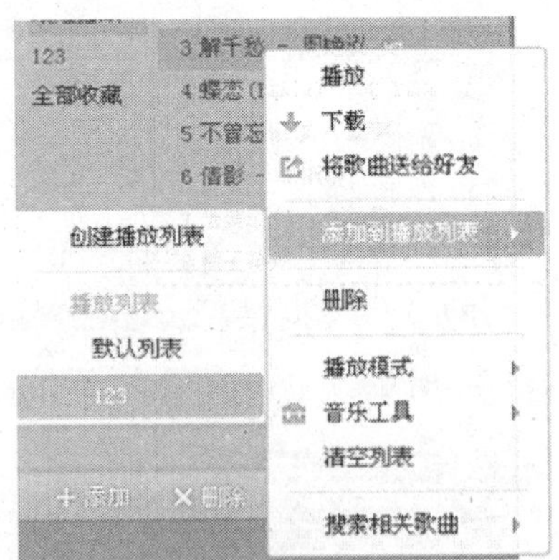


图 8—18 选择“添加到播放列表”

### 3. 搜索歌词

正常情况下，音乐盒会自动地从服务器下载正在播放歌曲的歌词并且显示给用户。

**操作步骤：**

❶在正播放的曲目上单击鼠标右键，在弹出的快捷菜单中选择“搜索并关联歌词”选项，弹出如图 8—19 所示的“搜索并关联歌词”对话框。

❷单击“搜索”按钮，会把符合条件的全部歌词文件列出，如图 8—20 所示，单击选择歌词文件，再单击“确认”按钮即可。

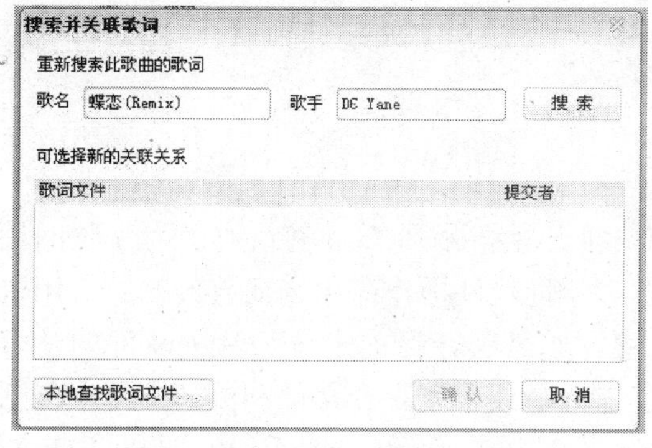


图 8—19 “搜索并关联歌词”对话框

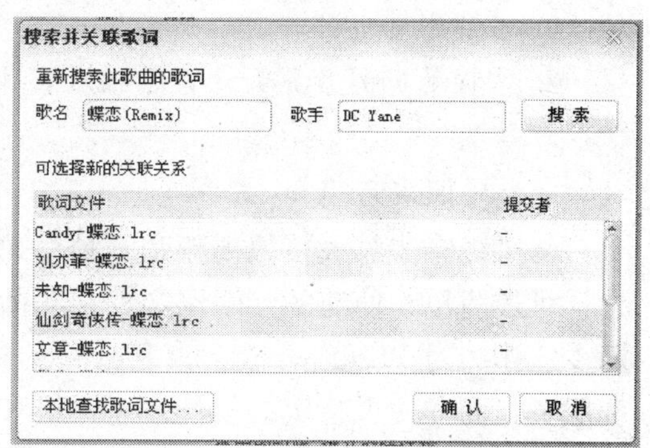


图 8—20 搜索到的歌词文件

### 4. 播放 MV

MV（Music Video）的称呼是近几年提出的，人们感觉“MTV”范畴有些狭隘，因为“音乐电视”并非只是局限在电视上，还可以单独发行影碟或者通过手机、网络的方式发布。所以，就采用 MV 来表示这一概念。

**操作步骤：**

❶单击“搜索”窗口中的按钮，在弹出的选项中选择“MV”单选按钮，如图 8—21 所示，单击“搜索”按钮，系统开始搜索。

图 8—21 搜索 MV

❷搜索完毕后即可在主窗口中显示满足搜索条件的曲目，单击选择喜欢的歌曲（灰色显示），如图 8—22 所示。

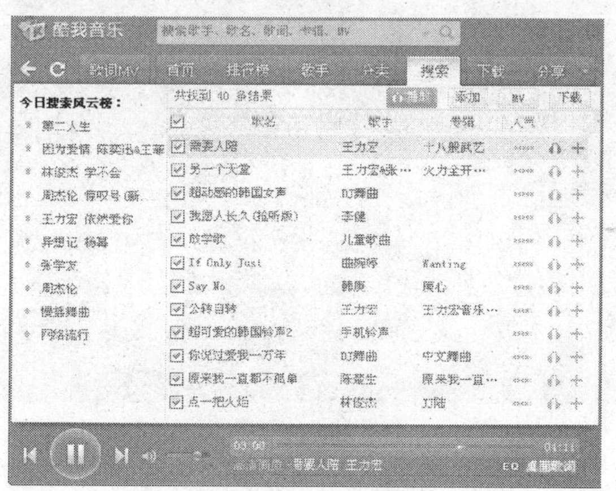

图 8—22 选中歌曲

❸单击窗口右上角的“MV”按钮 MV ，系统更新后，即开始播放。

# 课题38　万能视频播放器——暴风影音

**学习目标：**

1. 掌握暴风影音的功能。
2. 了解影音文件、流媒体的格式。
3. 掌握暴风影音界面元素、播放媒体文件的方法。

## 一、暴风影音简介

暴风影音兼容大多数视频和音频格式。从2003年开始，暴风影音就致力于为互联网用户提供最简单、便捷的互联网音、视频播放解决方案。且软件操作简单、播放流畅、占用资源少。作为对 Windows Media Player 的补充和完善，暴风影音目前定位为一种软件的整合和服务，而非一个特定的软件。它提供和升级了系统对绝大多数影音文件和流的支持，包括 Real Media、Quick Time、MPEG-4（DivX、XviD、3ivx、MP4、FFVFW、H264...）、MPEG-2（含 TS、TP 等流格式）、HDTV、VP3/6/7、XVD、Indeo、Theora、AC3/DTS/LPCM、Matroska、OGG/OGM、AAC、APE、FLAC、TTA、MPC、FLC、TTL2、3GP/AMR、Voxware、字幕等。配合 Windows Media Player 最新版本无须其他任何专用软件即可完成当前大多数流行影音文件、流媒体、影碟等的播放。

## 二、播放媒体文件

### 1. 暴风影音主界面

操作步骤：双击桌面上的“暴风影音”快捷图标，弹出如图8—23所示的“暴风影音”窗口。其主要组件见表8—1。

图8—23　“暴风影音”窗口

表 8—1　　　　　　　　　　　　“暴风影音”主要组件功能

| 图标 | 名称 | 功能 |
|---|---|---|
|  | 皮肤管理 | 超酷电影皮肤，整个界面就是一幅使人有置身其中之感的电影大海报，还可以选择喜欢的颜色 |
|  | 左眼键 | 高清效果，能显著提升画质 |
|  | 播放列表 | 播放文件的历史记录 |
|  | 暴风盒子 | 视频网站的链接，包括电影、电视剧、动漫、综艺、左眼高清 |

**2. 播放媒体文件**

**操作步骤：**

❶单击“暴风影音”窗口左上角的按钮▾，弹出如图 8—24 所示的菜单，选择“打开文件夹”选项，弹出“浏览文件夹”对话框，如图 8—25 所示。

**注意**

1. “打开文件夹”选项指将文件夹中的视频文件全部添加到播放列表中。

2. “打开 URL”选项指输入互联网媒体文件地址或局域网媒体文件地址，目前支持 mms、rtsp、http 三种协议。

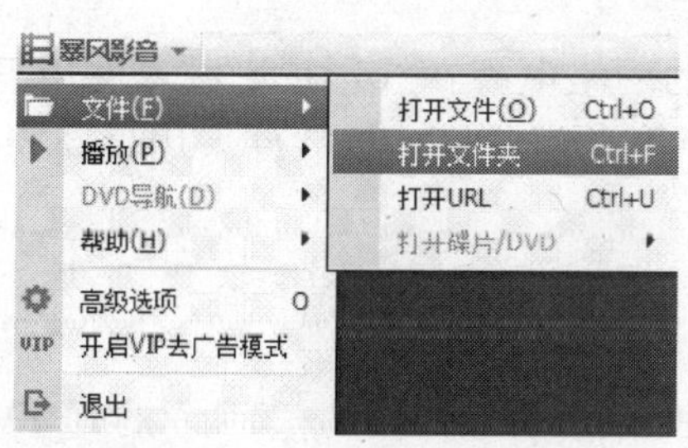


图 8—24　打开文件菜单

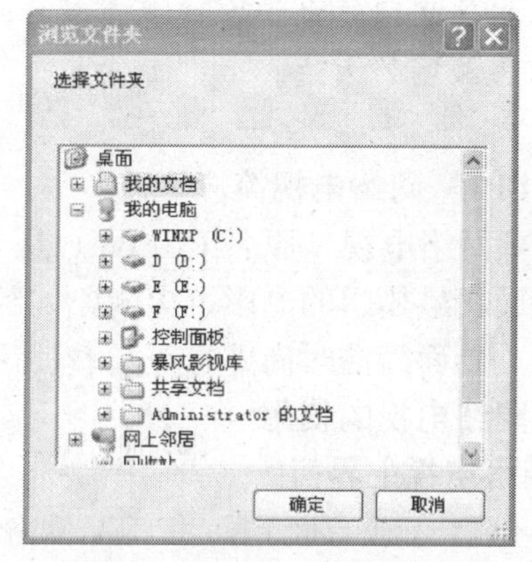


图 8—25　“浏览文件夹”对话框

❷选择视频文件所在的文件夹，单击“确定”按钮，将该文件夹中的全部视频文件添加到播放列表中。

**提示**

安装暴风影音软件时，绝大多数视频、音频文件的打开方式已经被默认关联到暴风影音软件上，只需要直接双击文件即可在暴风影音播放器中播放。

**3. 修改媒体文件与暴风影音的关联**

操作步骤：单击“主菜单/高级选项”，选择“常规设置”选项卡，单击“文件关联”选项，设置如图 8—26 所示。

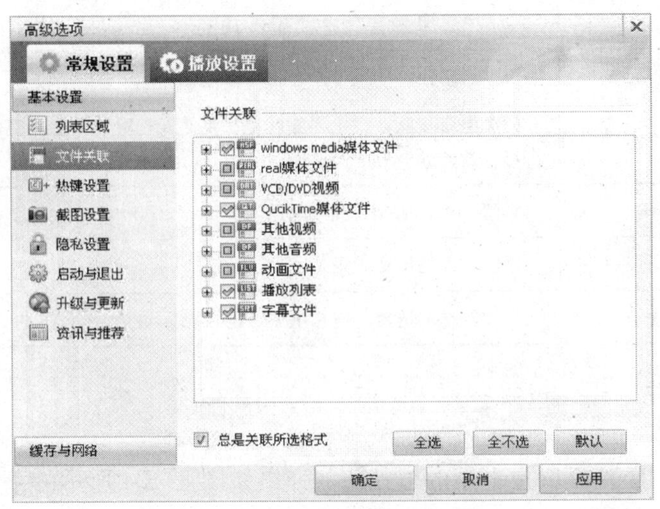


图 8—26　文件关联设置

# 课题 39　网络电视——PPTV

**学习目标:**

1. 掌握使用网络电视在线观看节目的操作方法。
2. 掌握截图的方法。

## 一、PPTV 网络电视简介

PPTV 网络电视（原名 PPLive）是全球最大的网络电视在线影视影院，使用 PPTV 可下载观看最新最热门的电影、电视剧、综艺、体育等视频节目。该软件采用最新视频编码，操作便捷，界面简洁时尚并且可免费使用。

## 二、网络电视的使用

### 1. 网络电视主界面

操作步骤：双击桌面上的“PPTV 网络电视”快捷图标，弹出如图 8—27 所示的 PPTV 主界面。

图 8—27　PPTV 主界面

 **提示**

PPTV提供了酷炫黑色和蓝色经典两种皮肤，用户可自由更换。PPTV启动后自动把最新的电影及频道列出。

**2. 在线观看节目**

(1) 节目搜索

操作步骤：单击搜索窗口，输入想看的节目名称（如“深宫谍影”），再单击“搜索”按钮，系统随即启动PPTV播放引擎进行搜索，把满足条件的全部结果显示出来，如图8—28所示。单击“马上观看”按钮开始播放影片，在播放窗口的右边还会显示出电视剧的分集，如图8—29所示。

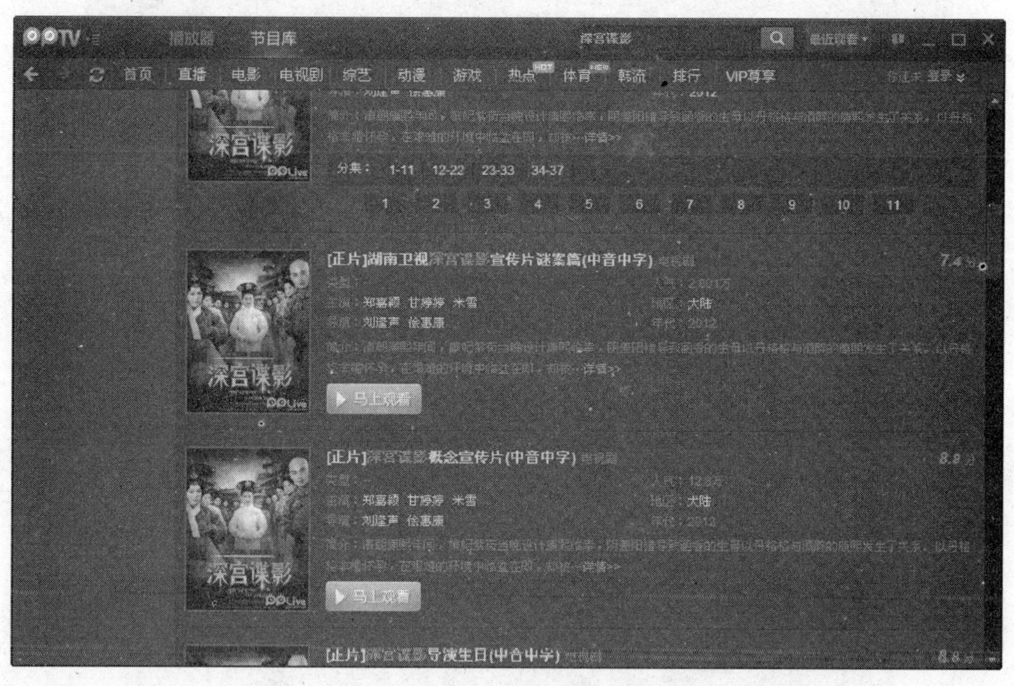


图8—28　搜索结果

 **提示**

单击窗口右下角的按钮可切换到全屏模式，单击按钮可打开/关闭观看列表。播放窗口上方的 1× 2× 各按钮功能分别是窗口1倍大小、2倍大小、标准模式、迷你模式、置顶。如果没有显示这几个按钮，将光标指向播放窗口即可显示。

(2) 边看边选

**操作步骤：**

❶在播放视频时，单击窗口上方的“节目库”按钮，切换到PPTV节目库页面，如图8—30所示。同时，正在播放的视频片会自动缩小并放到PPTV界面右下角的位置上继续播放。

图 8—29　播放窗口

图 8—30　节目库页面

❷单击窗口上方的按钮，如图 8—31 所示，即可进行各类影片的查阅、搜索及切换等操作。

图 8—31　窗口上方的按钮

（3）电视直播

PPTV 不仅支持影视节目点播，还提供了 50 个以上的电视直播频道，囊括了国内多家地方卫视频道和知名电视频道，如第一财经频道、凤凰卫视中文台、东方卫视高清频道、湖南卫视高清频道、CCTV 频道等。

**操作步骤：**

❶在“节目库”窗口中，单击“直播”按钮，弹出如图 8—32 所示的直播列表。在窗口中列出了电视台的名称、正在播放的节目及即将播放的节目。

图 8—32　直播列表

❷单击电视台或正在播放的节目，如“湖南卫视”，PPTV 播放引擎开始搜索并播放。

**3. 视频截图**

视频截图是把正在播放视频的某一个画面保存下来。

**操作步骤：**

❶把光标移到播放窗口上，显示出播放窗口控制菜单。

❷单击菜单中的“视频截图”按钮，即可把单击鼠标时的那一帧画面保存下来，保存成功后可以从弹出的提示文字中看到文件保存的位置。

**提示**

如果是第一次操作，系统会提示设置保存截图文件的位置。

**4. 下载**

**操作步骤：**

❶单击菜单列表中视频文件的文件名，弹出如图 8—33 所示的下载设置对话框。

❷单击“浏览”按钮设置下载后保存文件的位置。

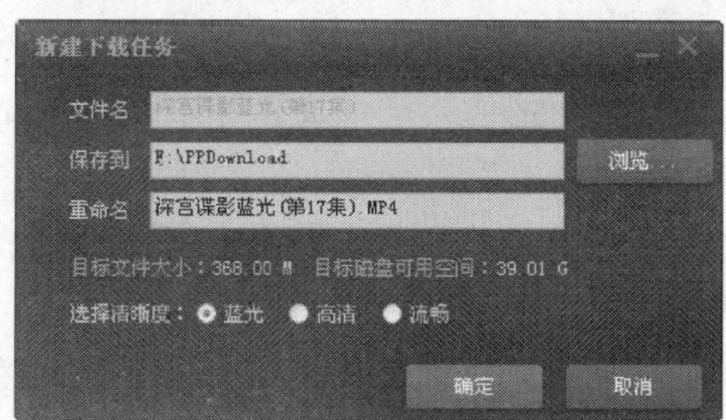


图 8—33　下载设置对话框

❸单击“重命名”文本框可改变要保存的文件名，设置完成后单击“确定”按钮。

**提示**

有些视频文件需注册成会员才能下载。

**5. PPTV 网络电视设置**

（1）截图设置

操作步骤：单击主菜单选择“设置”选项，弹出“PPTV 设置”对话框，如图 8—34 所示。在此对话框中可以进行一些相关设置，如设置截图保存位置、保存类型和截图快捷键等。

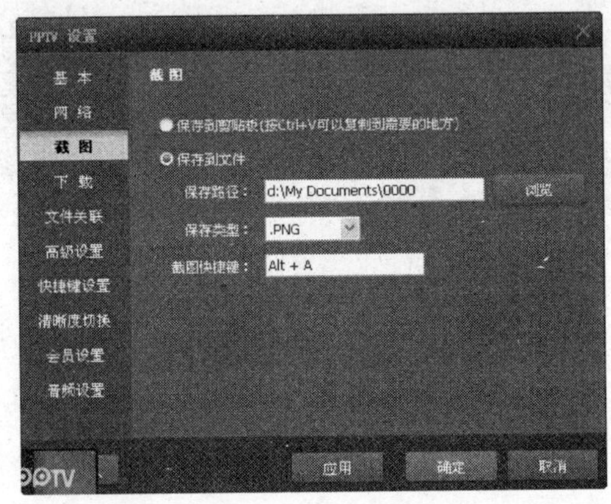


图 8—34 “PPTV 设置”对话框

（2）播放媒体文件设置

操作步骤：在“PPTV 设置”对话框中，选择“文件关联”选项，在播放媒体文件格式前单击，选取或取消媒体格式，即可对播放媒体文件格式进行设置。

## 练　　习

**一、截图题**

用截图的方式回答以下问题。要求图片均为 JPEG 格式，其命名以题号为序进行，如第 2 题中的第 3 小题，则命名为“2－3. JPEG”。将这些图片均存入以“学号”＋“姓名”命名的文件夹中，将该文件夹压缩存入作业 U 盘或发送至教师指定的信箱中。

1. 在千千静听中从网络上下载自己喜欢的歌曲，并添加到播放列表中。
2. 设置歌词搜索方式为“自动搜索”。
3. 在酷我音乐盒中把自己喜欢的图片作为主界面皮肤。
4. 把“迷你模式”窗口截图。
5. 把自己喜欢的歌曲放在以歌曲名为分组名的列表中。
6. 搜索 MV，并把搜索到的窗口截图。
7. 设置暴风影音文件关联项为任意五项，并把设置效果截图。
8. 使用 PPTV 搜索自己喜欢的节目，把搜索到的窗口截图。

9. 打开一个视频文件并截图。

## 二、简答题

将以下简答题答案以Word文档形式（该文档命名为“学号”＋“姓名”）存入作业U盘或发送至教师指定的信箱中。

1. 概括多媒体技术的定义。
2. 概括多媒体的分类。
3. 描述多媒体技术的应用领域。
4. 简述多媒体的基本要素。
5. 千千静听支持的音频格式有哪些？
6. 如何打开、关闭歌词窗口？
7. 如何使用暴风影音在线搜索要观看的电影？

# 单元 9　多媒体制作与处理工具

## 课题 40　多媒体制作概述

**学习目标：**

理解并掌握数字音频、视频文件的概念。

### 一、数字音频文件

**1. 简介**

数字音频是一种利用数字化手段对声音进行录制、存放、编辑、压缩或播放的技术，它是随着数字信号处理技术、计算机技术、多媒体技术的发展而形成的一种全新的声音处理手段。

计算机数据是以 0、1 的形式存取的，那么数字音频要首先将音频文件转换成电平信号，然后再将这些电平信号转换成二进制数据保存，播放时再把这些数据转换为模拟的电平信号送到喇叭播出。数字音频和磁带、广播、电视中的声音就存储播放方式而言有着本质区别，相比而言，它具有存储方便、存储成本低廉、存储和传输的过程中没有声音的失真、编辑和处理非常方便等特点。

**2. 基本知识**

下面介绍几个关于数字音频的基本知识。

(1) 采样率。采样率简单地说就是通过波形采样的方法记录 1 s 长度的音频，需要的数据个数。44 kHz 采样率的音频就是要花费 44 000 个数据来描述 1 s 的声音波形。原则上采样率越高，声音的质量越好。

(2) 压缩率。压缩率通常指音频文件压缩前后大小的比值，用来简单描述数字声音的压缩效率。

(3) 比特率。比特率是另一种数字音频压缩效率的参考性指标，表示记录音频数据每秒钟所需要的平均比特值（比特是计算机中最小的数据单位，指一个 0 或者 1 的数），通常使用 kbps（即每秒钟 1 024 bit）作为单位。CD 中的数字音乐比特率为 1 411.2 kbps（也就是记录 1 s 的 CD 音乐，需要 1 411.2×1 024 bit 的数据），接近 CD 音质的 MP3 数字音频需要的比特率是 112～128 kbps。

(4) 量化级。量化级是指描述声音波形的二进制数据的位数，通常用 bit 做单位，如 16 bit量化级记录声音的数据采用 16 位的二进制数，因此，量化级也是数字声音质量的重要指标。通常用量化级加采样率的方式来衡量数字声音的质量，比如标准 CD 音乐的质量就是 16 bit、44.1 kHz 采样。

### 3. 常见数字音频文件的存储格式

数字音频文件可以以不同的格式存储在计算机中，常见的音频文件的格式有以下几种：

(1) WAVE 波形文件。它是 Windows 使用的标准数字音频文件，是对模拟音频信号进行数字化后所得到的原始数字音频文件。波形文件需要的存储空间很大，故在实际应用中需要对其进行压缩处理。其波形文件的扩展名是“. wav”。

(2) MIDI 文件。乐器数字化接口（Musical Instrument Digital Interface，MIDI）是由主要电子乐器制造厂商建立起来的一个通信标准，以规定计算机音乐程序电子合成器和其他电子设备之间交换信息与控制信号的方法。MIDI 文件中包含多达 16 个通道的乐器定义、定时、键号、按键持续时间、按键力度以及音量等乐曲符号的描述信息。由于 MIDI 信息记录的不是波形数据而是一系列描述指令，因此，对同一段音频的记录，MIDI 文件要比 WAVE 文件小得多，如 1 min 的立体声音乐，其 MIDI 文件的大小仅为 7 kB 左右。MIDI 文件是目前最成熟的音乐格式之一，除交响乐 CD、Unplug CD 外，其他 CD 都是利用 MIDI 制作的，在众多 MIDI 标准中，General MIDI 是较常见的通用标准。MIDI 文件的扩展名是“. mid”。

(3) MPEG Layer3 文件。它是目前最流行的音频文件格式，是经过压缩的音频文件。MP3 格式压缩文件的典型比例有 10∶1、17∶1，甚至 70∶1。也就是说，一首几十 MB 的波形文件压缩后的大小只有几 MB。文件的扩展名为“. mp3”。

(4) Windows Media Audio 文件。微软 Windows Media Audio 7 是另一种压缩的音频文件。相对于 MP3 它的主要优点是在较低的采样频率下音质较好。这种文件以 5 kbps、8 kHz到 192 kbps、44 MHz 的采样频率录制，文件的扩展名为“. wma”。

(5) CD Audio 文件。CD Audio 是唱片采用的格式，是以 16 位数字化、44. 1 kHz 采样频率、立体声存储的音频文件，可完全再现原始声音。一般地，每张 CD 唱片可保存歌曲 14 首左右，播放时间 70 min。缺点是无法编辑，文件体积太大。文件的扩展名为“. cda”。

(6) Real Audio 文件。这种文件可谓是网络音乐的灵魂，强大的压缩量和极小的失真使其在众多音频文件格式中脱颖而出。和 MP3 文件相同，它也是为了解决网络传输带宽资源问题而设计的，因此主要特点是较高压缩比和较好的容错性，其次才是音质。有 RA (Real Audio)、RM (Real Media，Real Audio G2)、RMX (Real Audio Secured) 等。

(7) AIFF 文件。该格式苹果公司的 AIFF (Audio Interchangc Filc Format) 以及原来为 UNIX 开发的 AU 格式，它和 WAV 非常相像，虽然这几种文件相互之间不能通用，但还是有很多播放器支持它们。文件的扩展名为“. aif”。

## 二、数字视频文件

### 1. 简介

数字视频不同于模拟视频，它是以数字形式记录的视频。数字视频有着不同的产生方式、存储方式和播放方式。比如通过数字摄像机直接产生数字视频信号，存储在数字带、P2 卡、蓝光盘或者磁盘上，从而得到不同格式的数字视频。然后通过计算机或特定的播放器等播放出来。

为了存储视觉信息，模拟视频信号波形的波峰和波谷必须通过模拟/数字 (A/D) 转换器转变为数字的“0”或“1”。这个转变过程就是所谓的视频捕捉（或采集）过程。如果要在电视机上观看数字视频，则需要一个从数字到模拟的转换器将二进制信息解码成模拟信号，才能进行播放。

模拟视频的数字化包含着较多技术问题。如电视信号具有不同的制式而且采用复合的YUV信号方式，而计算机工作在RGB空间；电视机采用隔行扫描，计算机显示器大多采用逐行扫描；电视图像的分辨率与显示器的分辨率也不尽相同等。因此，模拟视频的数字化主要包括色彩空间的转换、光栅扫描的转换以及分辨率的统一。

模拟视频一般采用分量数字化方式，先把复合视频信号中的亮度和色度分离，得到YUV或YIQ分量，然后用三个模/数转换器对三个分量分别进行数字化，最后再转换成适用于RGB空间的信号。

**2. 数字视频信息的处理**

数字视频技术主要涉及视频信息的获取、压缩和播放等几个方面，其主要技术指标有帧速度、数据量、压缩比、图像质量等。

视频信号有模拟信号和数字信号两种。NTSC、PAL、SECAM制式的电视信号均为模拟视频信号；HDTV制式的电视信号以及用数字摄像机摄制的视频信号则是数字视频信号。

将模拟视频信号以一定的频率进行采样，再进行A/D转换和色彩空间转换等处理，就可以转换成相应的数字视频信号。转换后的数字视频信号的数据量相当庞大，还要经过压缩才能有效保存。常用的压缩方法有无损压缩（又称冗余压缩）和有损压缩（又称熵压缩）。视频信号的压缩通常采用MPEG标准，压缩比可达到100∶1甚至更高。对视频信号的处理根据需求的不同需要配置不同的视频卡。

视频采集卡又称视频捕捉卡，它可以从模拟视频信号中实时或非实时地捕捉静态或动态画面，并将捕捉到的信息转换成数字图像或数字视频存储到计算机中。

**3. 常见数字视频文件的存储格式**

（1）AVI文件。它是一种视频与音频交错记录的文件格式（Audio Video Interleaved），是微软采用的标准视频格式。AVI文件使用的压缩方法有多种，主要使用有损方法，压缩比较高，与FLC和MOV相比，画面质量一般。AVI在多媒体中应用较广，一般视频设备直接采集的素材便为AVI格式。

（2）MOV文件。MOV原是苹果公司开发的视频文件格式，也采用有损压缩算法，在相同版本的压缩算法下，MOV格式的画面质量要好于AVI格式文件。

（3）MPG文件。它是使用MPEG方法进行压缩的全运动视频图像。它的压缩方法是将视频信号进行分段取样（每隔若干幅画面取下一幅“关键帧”），然后对相邻各帧未变化的画面忽略不计，仅仅记录变化了的内容，因此压缩比很大。MPG还有两个变种：MPV和MPA。MPV只有视频不含音频，MPA则是不包含视频的音频。MPA是属于MPEG1级别的压缩格式（较之MP3稍差一等）。在有些多媒体软件中需要引入MP2文件，此时只需将MPA简单改名为MP2就可以应用了。

（4）DAT文件。它是VCD影碟使用的视频文件格式，也是采用MPEG方法压缩而成。

（5）RM文件。RM是REALPLAY公司制定的多媒体格式，它在网络上提供实时观看，压缩比大，文件小，属于网络上较新的多媒体格式，但其声音和视频效果都有些粗糙。

（6）MPEG4文件。MPEG4格式是一种非常先进的多媒体文件格式，能够在不损失画质的前提下大大缩小文件的尺寸。将DVD格式压缩为MPEG4以后，体积缩小到只有原来的四分之一，但是对画质没有任何损害。

**4. 常见的视频处理软件**

(1) Movica (The Movie Editor) 是一款使用方便的视频编辑器，支持编辑 FLV、WMV、MPG、RM 等视频格式，并提供简单的视频分割、视频合并、视频剪辑等操作。

(2) Real Producer Plus 是由 Real 公司推出的 Real 格式文件制作工具，它可将 WAV、MOV、AVI、AU、MPEG 文件压制成 Real 影音文件 (RA、RM、RAM 等)，以利于网络传送与播放。程序中包含一个制作精灵组件，使用时只需按步骤提示即可轻易制作 Real 文件，相当方便。

(3) Ulead Media Studio Pro 是美国 Ulead 公司开发的一款业余的数字视频处理软件，界面简洁，操作简单。

(4) Premiere 是美国 Adobe System 公司开发的一款专业级数字视频软件，可以配合硬件进行视频信号的捕捉、编辑和输出。

## 课题 41　音频编辑工具——GoldWave

**学习目标：**

1. 认识 GoldWave 的界面。
2. 掌握自定义显示颜色的操作方法。
3. 掌握截取手机 MP3 铃声及测试播放的操作方法。

GoldWave 是一款优秀的数码录音及编辑软件，除了附带有许多的效果处理功能外，它还能将编辑好的文件以 WAV、AU、SND、RAW、AFC 等格式保存，而且若用户的 CD ROM 是 SCSI 形式，它可以不经由声卡直接抽取其中的音频进行编辑。

安装英文版时直接运行 GoldWave. exe 文件即可。使用中文版时将文件解压到某一个目录下，直接运行 GoldWave. exe 文件即可。

### 一、认识 GoldWave 的界面

GoldWave 的主界面如图 9—1 所示。刚启动 GoldWave 界面时，窗口是空白的，大多数按钮、菜单也不能使用，在用前需要先建立一个新的声音文件或者打开一个声音文件。GoldWave 窗口右下方的小窗口是设备控制器窗口。设备控制器窗口的作用是播放及录制声音。

在打开一个音乐文件之后可以看到，GoldWave 窗口中显示出了文件的波形。如果是立体声，GoldWave 会分别显示两个声道的波形，绿色部分代表左声道，红色部分代表右声道。而此时设备控制面板上的按钮也可以使用了 (即由黑白变为彩色)。单击设备控制面板上的播放按钮，GoldWave 即可播放该声音文件。

播放声音文件时，在 GoldWave 窗口中可以看到一条白色的指示线，指示线的位置表示正在播放的波形。与此同时，在设备控制面板上可以看到音量显示以及各个频率段声音的音量大小，如图 9—2 所示。

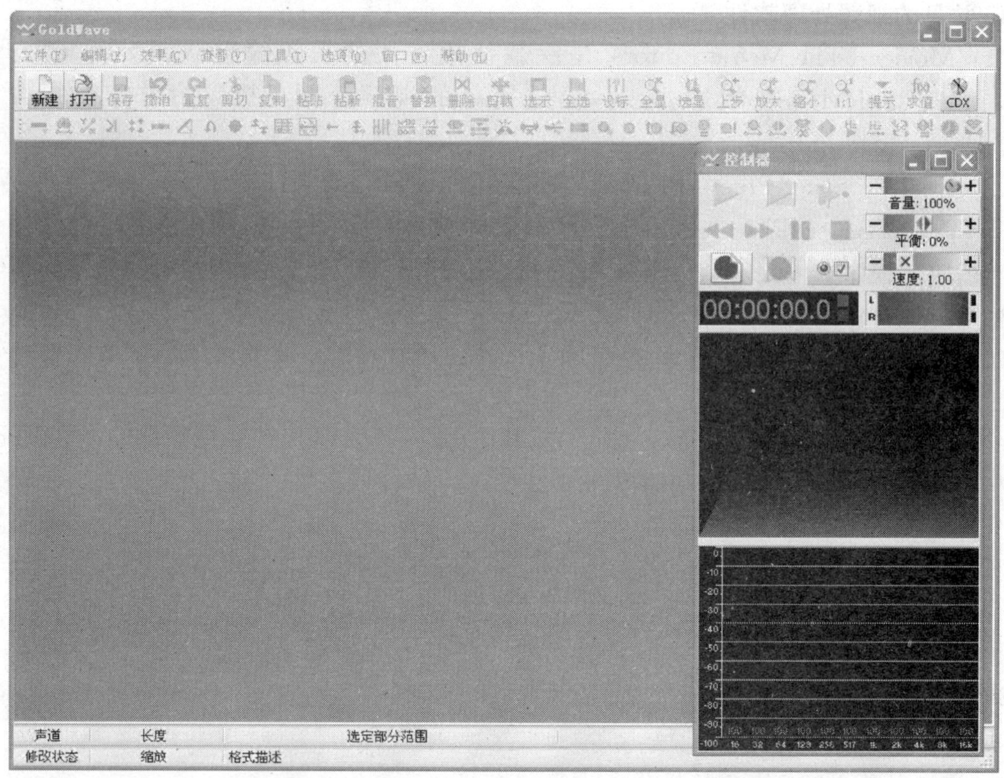


图 9—1　GoldWave 窗口及设备控制器窗口

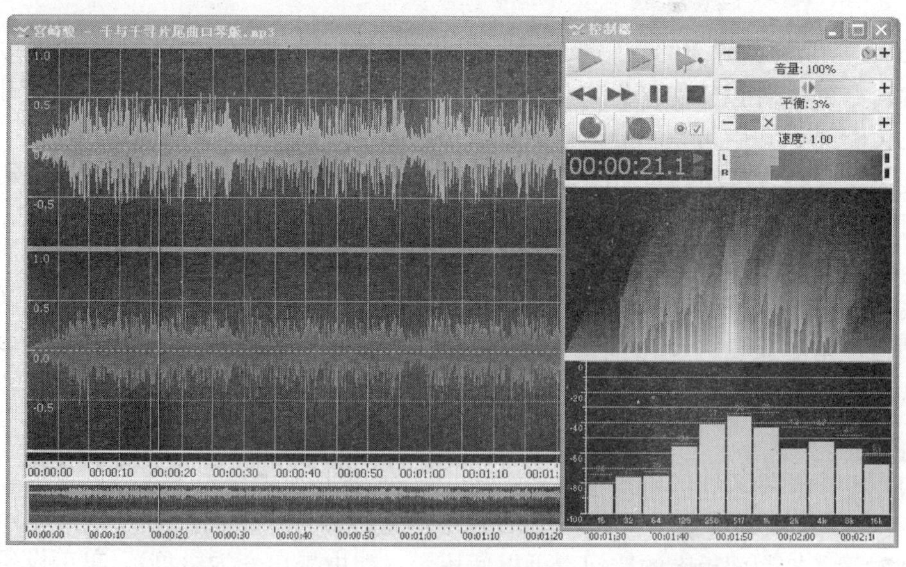


图 9—2　播放波形文件

 **注意**

设备控制面板上的播放按钮和自定义播放按钮是有区别的。

## 二、自定义显示颜色

**操作步骤：**

❶双击运行 GoldWave.exe 文件，即可进入 GoldWave 主界面。

❷选择"选项/颜色"命令，在弹出的"颜色选项"对话框中，单击"项目"的下拉按钮，从弹出的下拉列表中选择"选定部分背景色"选项，单击"颜色"按钮，如图 9—3 所示，选择颜色为深蓝色，并单击"确定"按钮。

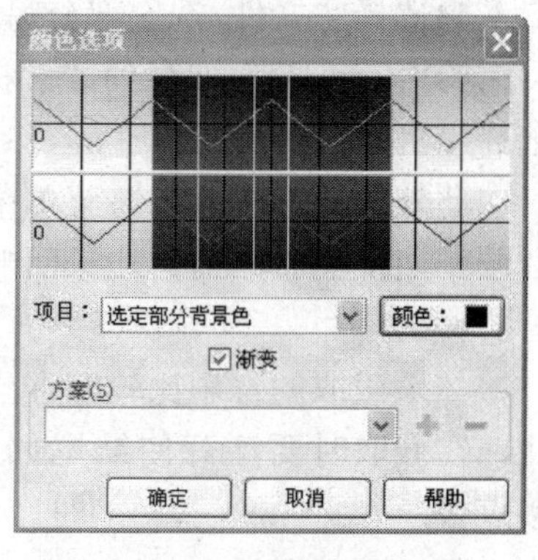


图 9—3 "颜色选项"对话框

注意

自定义颜色后，选中的波形以较亮的颜色并配以深蓝底色显示，未选中的波形以较淡的颜色并配以黑底色显示。这样方便用户对这段波形进行处理。

## 三、截取手机 MP3 铃声

**操作步骤：**

❶选择"文件/打开"命令，在"素材"文件夹中找到预先准备好的音乐"宫崎骏-千与千寻片尾曲口琴版.mp3"。经过试听，决定截取 0 分 06 秒～1 分 01 秒时间段的音频。

❷确定选取的时间段后，单击中间的波形图，出现一条白色的竖线，这是截取的起点，单击它，待出现双竖线时可以进行微调。再在拟截取的终点附近单击右键，选择"设置结束标记"命令，也可以进行微调。选择后，中间一段波形变色，如图 9—4 所示。

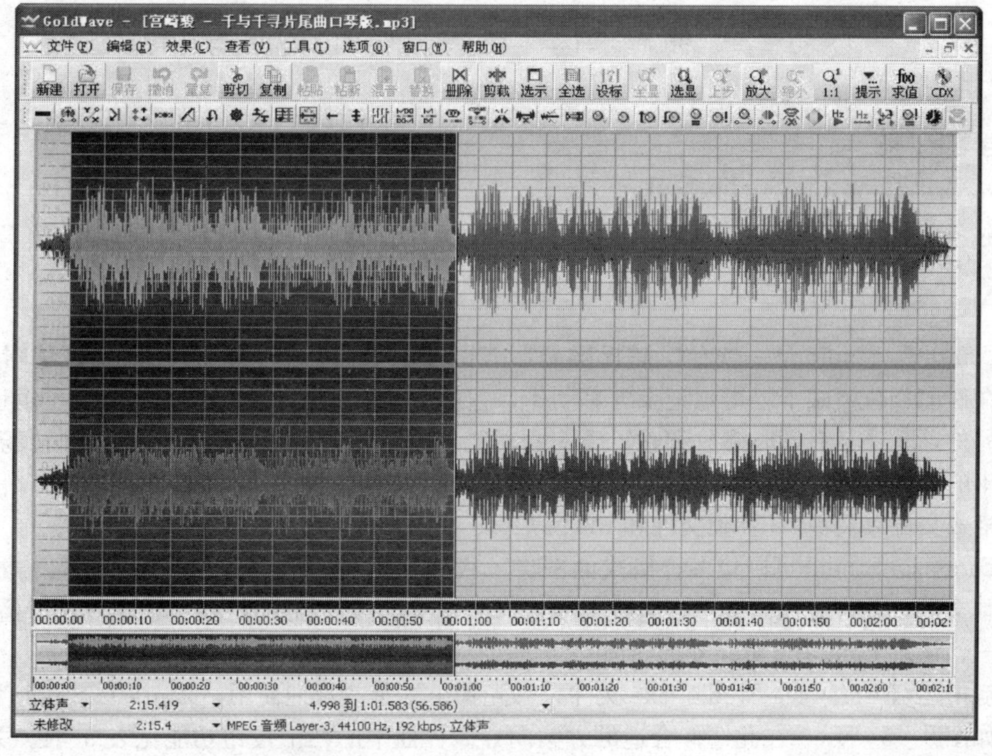


图 9—4 选中的变色波形图

❸选择“文件/选定部分另存为”命令，将选定的部分保存为一个新文件，命名为“截取的铃声.mp3”，保存到“素材”文件夹中。保存文件时总共有十几种格式可供选择，要选择手机支持的格式。这样，一个简单的铃声就制作完成了。

此外，通过“效果”菜单中的一些功能，还可对这段音乐进行改变播放速度、提高降低音调、切换左右声道、加深回响、调整音量、去除人声等操作，使铃声的效果更适合自己的需要。

如果截取的音乐比较短，当手机来电而较长时间没有接听时，手机会进行循环播放。因此，在截取时要注意使结尾的音乐与开始的音乐协调，以保证循环播放时听不出音乐的接点。

**四、测试播放**

**操作步骤：**

❶选择“文件/打开”命令，打开“素材”文件夹中“截取的铃声.mp3”文件。

❷在“控制器”窗口中，单击“使用按钮1设置播放”按钮 ，即可试听。

**提示**

1. “使用按钮1设置播放”按钮 播放全部波形。
2. “使用按钮2设置播放”按钮 播放选中的波形。
3. “使用按钮3设置播放”按钮 播放当前波形到结尾处。

## 课题42　屏幕录像工具——Camtasia Studio

**学习目标：**

1. 认识 Camtasia Studio 界面。
2. 掌握录制屏幕的操作方法。
3. 掌握匹配声音的操作方法。

Camtasia Studio 是一款专门捕捉屏幕影音的工具软件，同时也是一款视频编辑软件，它能在任何颜色模式下轻松地记录屏幕动作，包括影像、音效、光标移动的轨迹、解说声音等。另外，它还具有即时播放和编辑压缩的功能，可对视频片段进行剪辑、添加转场效果。它输出的文件格式很多，常见的有 AVI、SWF、WMV 格式，还可输出 FLV、MOV、RM、GIF 格式文件以及 MP3 音频文件和 M4V（Ipad 视频文件）等格式。

Camtasia Studio 可以将多种格式的图像、视频剪辑连接成电影，输出成多种格式的视频动画文件，并可将视频文件打包成 EXE 文件，在没有播放器的机器上也可以进行播放。

**一、认识 Camtasia Studio 的界面**

双击运行 Camtasia Studio. exe 文件，首先弹出的是“欢迎使用- Camtasia Studio”对话框，如图 9—5 所示，在此选择合适的方案向导。界面中的几个按钮功能见表 9—1。关闭此对话框，该软件进入到主程序界面，如图 9—6 所示。

表 9—1　　　　**Camtasia Studio 的界面按钮功能**

| 按钮名称 | 功能 |
| --- | --- |
| “录制屏幕”按钮 | 弹出 Camtasia Recorder（录像器）组件窗口进行屏幕捕捉 |
| “录制配音”按钮 | 跳转到“语音旁白”页面以录制声音文件 |
| “录制 Powerpoint”按钮 | 启动 Powerpoint 软件，将 PPT 的演示、讲解过程录制成一个视频教程 |
| “导入媒体”按钮 | 可导入现有的媒体文件（包括视频、音频、图片等）进行编辑 |

图 9—5 “欢迎使用- Camtasia Studio”对话框

图 9—6 Camtasia Studio 主程序界面

## 二、录制屏幕的操作方法

Camtasia Recorder 可无损地捕获计算机屏幕上的任何图像、动作等。

**操作步骤：**

❶单击主程序“任务列表”栏中的“录制屏幕”按钮，弹出“Camtasia Recorder”窗口，如图 9—7 所示。

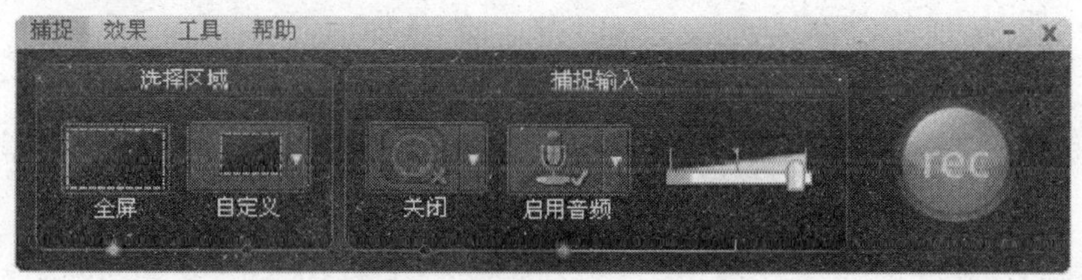


图 9—7 Camtasia Recorder 窗口

❷在“选择区域”中可以选择录制区域（“全屏”按钮可选择录制区域为全屏，“自定义”按钮可选择某一具体区域），“自定义”按钮旁边的下拉列表按钮有详细区域选择，单击“选择区域捕捉”命令并用光标框选出录制区域，拖曳区域中心的移动图标和边框控制点调整选区的位置和大小，如图 9—8 所示。

❸在当前的“Camtasia Recorder”窗口中，默认设置为关闭录制摄像头和启用录制音频。单击“捕捉输入”中的“关闭”按钮，使其变为“启用”按钮，即可启用录制摄像头，单击“启用音频”按钮，使其变为“关闭音频”，则可关闭音频录制。这里可采用默认设置。

❹根据需要选择“效果/注释/添加系统标志”命令，选择“注释/添加字幕”“启用鼠标点击声”等效果。

❺选择“效果/选项”命令，弹出“效果选项”对话框，在其中的“注释”“声音”“光标”等选项卡中可以设置相应效果的参数，如图 9—9 所示。设置完成后，单击“OK”按钮关闭对话框。

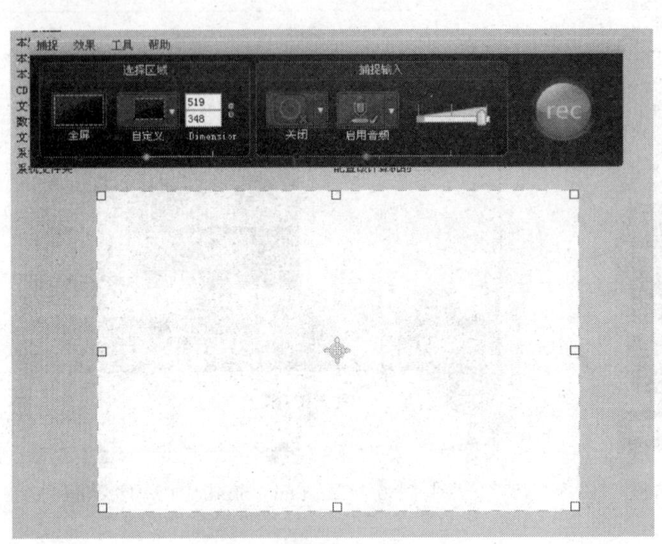


图 9—8　选择录制区域

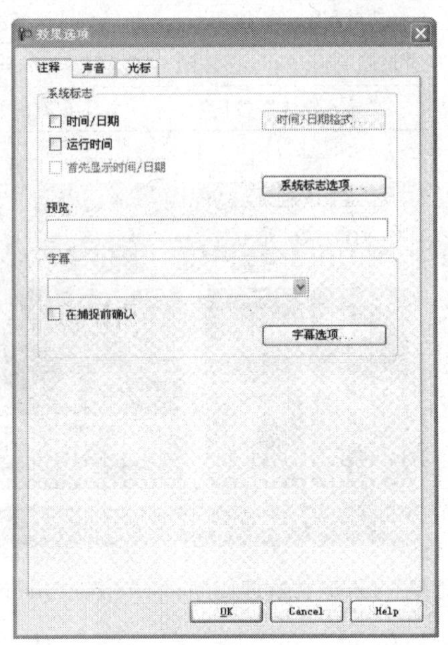


图 9—9　“效果选项”对话框-“注释”选项卡

❻单击 Camtasia Recorder 窗口中红色的“录制”按钮或按录制快捷键 F9 开始录制视频。四个闪烁的直角标志提示录制区域范围，录制区域下方是一个录制控制条，可随时暂停或停止操作，如图 9—10 所示。

图 9—10　屏幕录制控制条

❼单击“停止”按钮结束录制，将弹出“Preview”窗口，播放刚才录制的视频。单击“保存并编辑”按钮，在弹出的“Camtasia Recorder”对话框中选择文件保存的路径及文件名，单击“保存”按钮关闭对话框，开始保存录制内容。

❽处理完成后弹出“Camtasia Studio”主程序界面，可以对视频进行下一步的编辑，也可以直接关闭。

**提示**

如果录制的内容是正在播放的视频，需要在 Camtasia Recorder 组件中选择“工具/选项”命令，在弹出的对话框中选择“在捕捉时禁用显示加速”选项。

### 三、匹配声音的操作方法

Camtasia Studio 可以进行视频的编辑制作，为视频添加标题和背景音乐。

**操作步骤：**

❶双击运行 Camtasia Studio. exe 文件，进入到主程序界面，在任务列表中单击“导入媒体”命令，从“素材”文件夹中把事先准备好的视频文件和音频文件导入到“媒体库”中。

❷在主界面中单击“标题”按钮，再单击“添加标题剪辑”按钮，即可编辑标题剪辑，在视频时间轴上显示标题剪辑，如图 9—11 所示。右键单击标题剪辑可弹出“标题时间段”窗口，用以设置标题剪辑播放时间。

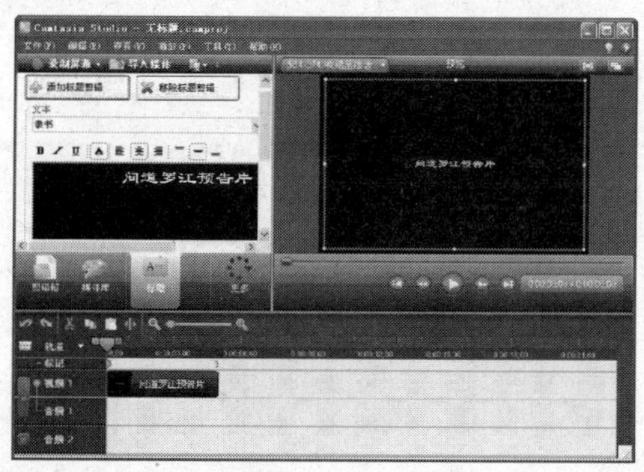

图 9—11　添加编辑标题剪辑界面

❸标题制作完成后返回到媒体库，直接把视频文件拖曳至视频轨道上。然后单击“更多”按钮，选择“转场”选项。如图 9—12 所示，选中一个转场效果拖曳至标题剪辑和视频之间，在预览窗口中可预览转场效果。

图 9—12　添加转场效果

❹再回到媒体库把音频文件拖曳至音频轨道上，音频即会在轨道上显示出频谱。这时音频比视频文件稍长一些，在音频的前段或者后端将光标停留，当光标指针变为左右缩进时，对音频进行剪除操作即可。

❺选择“文件/生成共享…”命令，弹出“生成向导”对话框，可选择生成视频文件格式，如图 9—13 所示，单击“下一步”按钮，对视频的标题及导出目录进行选择，如图 9—14所示。确认信息无误后，单击“完成”按钮即可开始渲染视频。

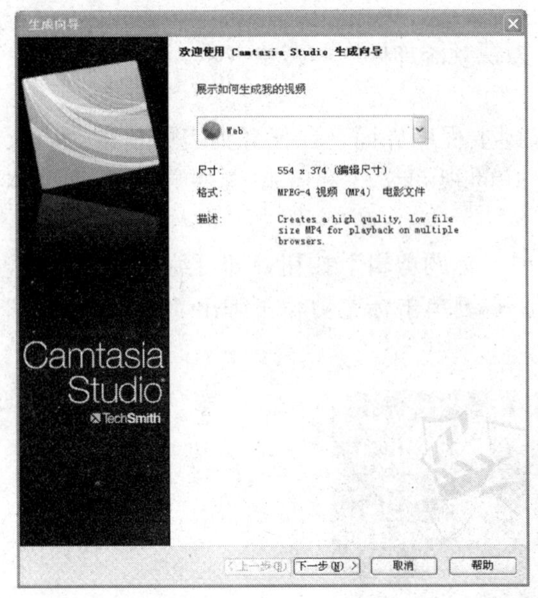


图 9—13　选择生成格式

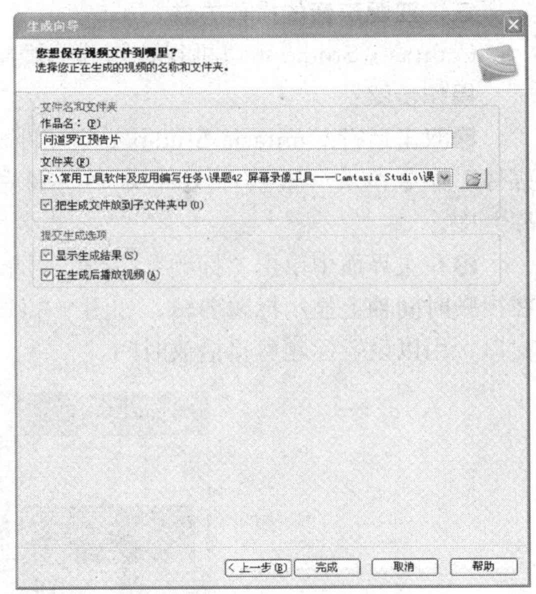


图 9—14　文件标题及保存位置

**提示**

声音旁白一般用于为已有的视频文件配制旁白，可以在编辑时边播放视频边录制。

## 课题 43　视频编辑工具——Movica

**学习目标：**

1. 认识汉化版 Movica 界面。
2. 掌握分割视频的操作方法。
3. 掌握合并视频的操作方法。

Movica（The Movie Editor）是一款方便的视频编辑器，支持编辑 FLV、WMV、MPG、RM 等视频格式，提供简单的视频分割、视频合并、视频剪辑等操作。

AVI 文件的编辑可通过 VirtualDub 或 SolveigMM AVI Trimmer 很方便地实现，但 WMV、FLV、RM、MPG 等文件的编辑工具就相对较少，比较好的是一些命令行工具，包括 AsfBin、MpgTx、FLVTool，而 Movica 就是这几个优秀命令行程序的图形用户界面，并重点对键盘快捷键做了优化，以使视频编辑更加简便。通过 Movica 可以实现常见视频格式，特别是 FLV 文件的分割、合并、剪辑等操作。

### 一、汉化版 Movica 的界面

Movica 是一款绿色的开源软件，初次使用 Movica 需要在“Advanced/Language”选项中切换为简体中文界面。

**操作步骤：**

❶双击运行 Movica. exe 文件，进入到 Movica 英文界面，如图 9—15 所示。

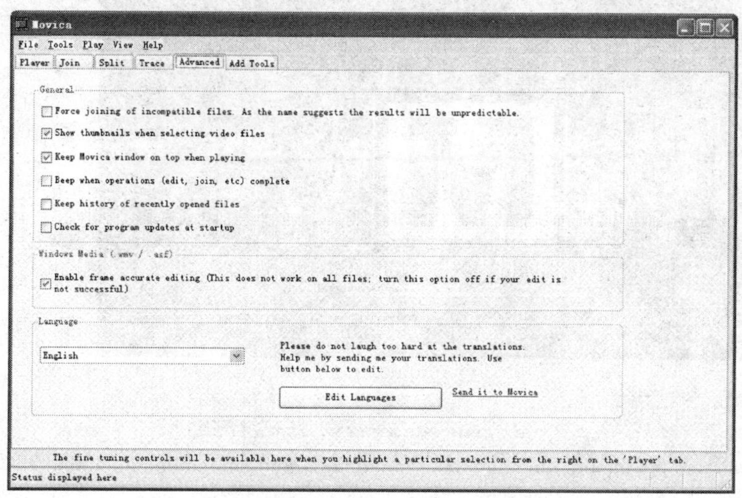


图 9—15 英文界面

❷单击“Advanced（进阶）”选项卡，单击“Language（语系）”下拉列表按钮，选中“Chinese”命令，即可切换为中文界面，如图 9—16 所示。

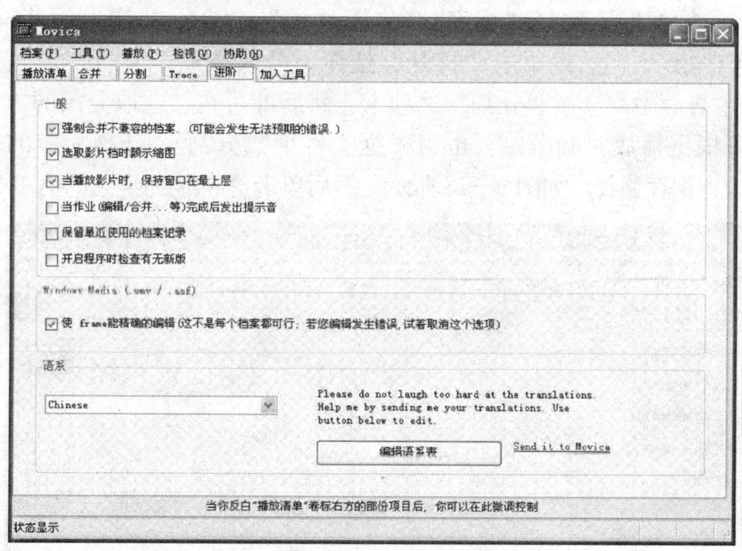


图 9—16 中文界面

## 二、认识 Movica 的界面

Movica 的主界面如图 9—17 所示，主要包括标题栏、菜单栏、选项卡栏、播放器栏、剪辑工具栏、标记选取窗格和状态栏等部分。

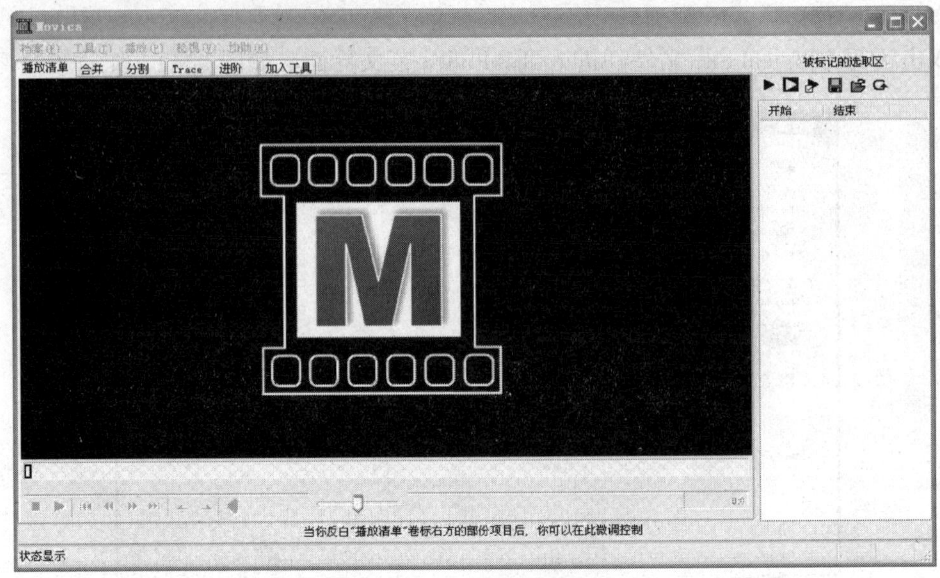


图 9—17　Movica 主界面

## 三、分割视频

使用 Movica 可以很方便地将一个完整的视频分割为多个视频片段，同时可以保证每一个视频片段都能正常播放。

**操作步骤：**

❶运行 Movica 软件后，选择“档案/开启影片档”命令，在弹出的“Select video file”对话框中选择相应的影片，然后单击“打开”按钮，载入影片。

❷在 Movica 主界面中，选择“分割”选项卡，然后即可在“选取分割的方式”栏中选择分割影片的方式（可根据播放时间分割，也可根据文件个数分割），选择相应的分割方式后，在“命名分割档”中设置保存路径，如图 9—18 所示。然后单击“分割档案”按钮，对视频进行分割。

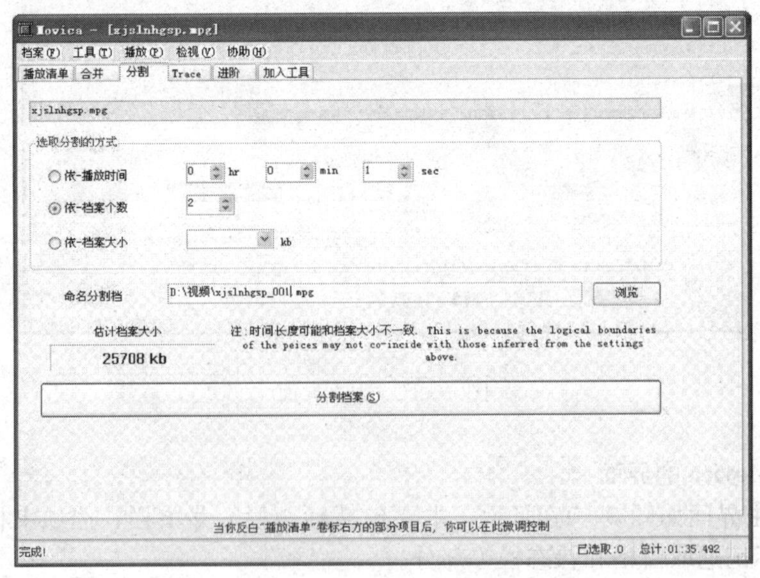


图 9—18　分割视频界面

**四、合并视频**

Movica 除了可以分割视频外，还可以对视频进行合并操作。

**操作步骤：**

❶启动 Movica，可在选项卡栏中选择“合并”选项卡。

❷单击“选取档案”按钮，在弹出的“Select video file”对话框中选择需要导入的视频文件，将其导入到列表中。

❸将文件导入列表后，单击“排序清单”按钮，根据列表中文件的名称将文件排序。如果需要调整个别文件的顺序，也可单击“上移反白的项目”按钮或“下移反白的项目”按钮等进行调整，如图 9—19 所示。

❹排序完成后，单击“合并清单中的档案”按钮，在弹出的“Select output file”对话框中选择输出文档的路径和文件名，并单击“保存”按钮，把合并后的视频保存起来。

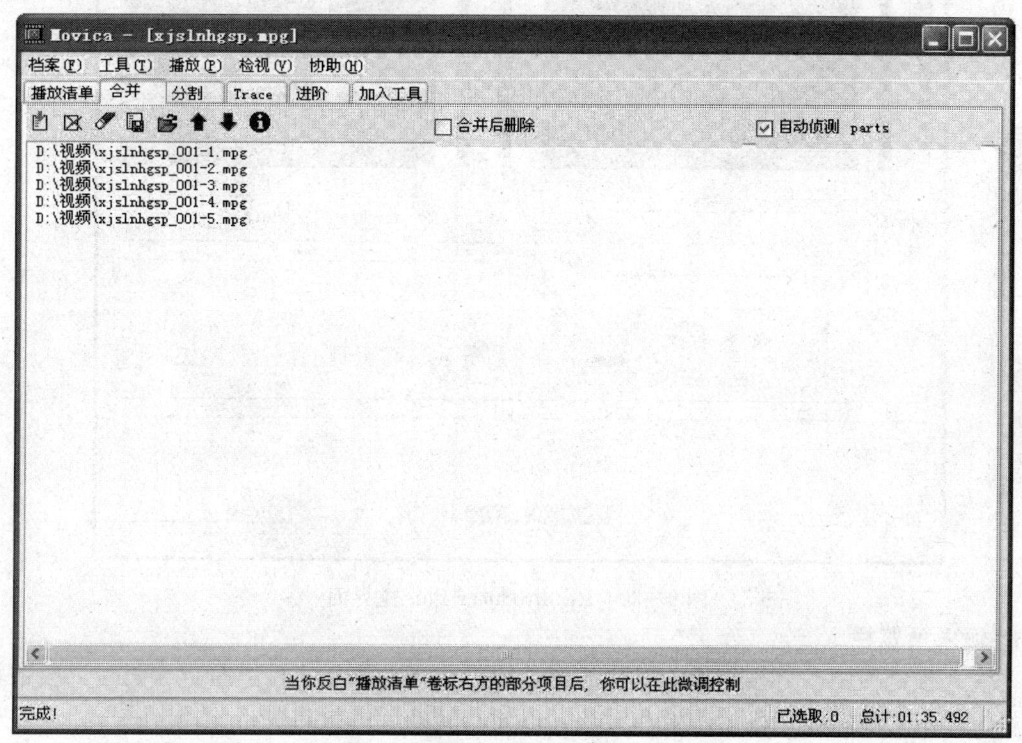


图 9—19　合并视频界面

## 课题 44　视频编码剪辑工具——RealProducer Plus

**学习目标：**

了解 RealProducer Plus 和 RealMedia Editor 软件。

RealProducer Plus 是由 RealNetworks 公司开发的专门用于 Real 格式视频编码转换的工具。它可以将 WAV、MOV、AVI、AU、MPEG 等格式的文件压缩和重编码，制作成 Real 格式的音频文件或视频文件，供流媒体播放器播放或进行网络传输。

## 一、RealProducer Plus 简介

Real Producer Plus 的主界面主要分为五个部分，即标题栏、菜单栏、输入信息窗格、输出信息窗格以及队列窗格。其中，输入信息窗格可分为输入预览栏和输入设置栏，输出信息窗格也可分为输出预览栏和输出设置栏。在如图 9—20 所示的 RealProducer Plus 界面中，各常用的组成部分作用如下：

图 9—20　RealProducer Plus 主界面

### 1. 输入预览栏

在输入预览栏中，将显示导入影片的预览图像，当对影片文件进行重编码时，会在输入预览栏中显示当前转换片段的图像和效果，以便与转换后的效果进行比较。

### 2. 输入设置栏

输入设置栏的作用是为编码导入原始的影片文档，以及为用户提供原始编码的各种基本编码信息。

### 3. 输出预览栏

在对影片重编码时，输出预览栏可显示输出后的 Real 格式编码影片的效果，以便与转换前的效果进行比较。

### 4. 输出设置栏

在输出设置栏中，可设置和显示输出的 Real 格式影片的接收方式和剪辑信息，同时可为输出的 Real 格式编码影片添加各种滤镜效果。

除此之外，输出设置栏中还可显示各种影片剪辑的 RV 设置文件，帮助用户编辑、保存和导入已经制作完成的设置文件。

**5. 队列信息窗格**

队列信息窗格可显示目前待编码、正在编码和已编码的视频文件属性，以及当前编码文件的编码进度。

## 二、RealMedia Editor 简介

RealMedia Editor 的作用是将各种编码的音频或视频文件转换为 Real 编码格式并对Real编码格式的音频或视频进行编辑。

RealMedia Editor 的功能十分强大，不仅可以合并和分割 Real 编码格式的音频视频文件，还可以更改编码后音频和视频的各种基本信息，如影片的主题、关键词、作者、描述和版权等。RealMedia Editor 主界面十分简洁，如图 9—21 所示。

图 9—21 RealMedia Editor 界面

在 RealMedia Editor 主界面中，主要包括标题栏、菜单栏、预览栏、播放控制栏和剪辑信息栏五个部分。其中常用的部分功能如下：

**1. 预览栏**

预览栏是 RealMedia Editor 内置的一个 Real 文件播放器，可以根据用户设置的当前播放时间浏览 Real 格式视频的内容，同时允许用户拖曳播放进度条中的时间线，方便地对影片进行播放。

在预览栏中还提供了“放大时间轴”按钮 + 和“缩小时间轴”按钮 - ，允许用户放大和缩小播放时间轴中的刻度，从而更加精确地控制影片的播放进度，方便用户进行剪辑。

**2. 播放控制栏**

播放控制栏的作用是为当前的播放进程提供控制项目，同时为影片剪辑提供开始剪辑的时间点和结束剪辑的时间点设置。在播放控制栏中，主要包括的组件见表 9—2。

**表 9—2　　播放控制栏组件**

| 组件名 | 作用 |
| --- | --- |
| 播放(P) | 从当前时间线位置开始播放 |
| 停止(S) | 停止当前进行的播放 |
| < | 切换到上一个编辑点 |

续表

| 组件名 | 作用 |
| --- | --- |
| > | 切换到下一个编辑点 |
| << | 跳转到上一个关键帧 |
| >> | 跳转到下一个关键帧 |
| 开始(I) | 将当前时间线位置设置为剪辑开始点 |
| 结束(U) | 将当前时间线位置设置为剪辑结束点 |
| 播放选择(L) | 从剪辑的开始点开始播放 |

用户可以在播放控制栏中的“当前时间”文本框中设置时间线的位置，以精确地控制时间线。

**3. 剪辑信息栏**

剪辑信息栏的作用是为用户提供查看影片基本元数据的各种选项，包括影片的主题、关键词、作者、描述和版权信息等。

**提示**

元数据是描述数据的数据，主要用来描述数据的属性信息，例如存储位置、历史资料、索引、记录等。元数据可以为各种数据文件提供基本属性的描述，有助于各种应用程序的检索和查找。在数字音频和视频文件中，同样包括元数据，其作用是为互联网中的各种数字音频和视频更快地被更多用户通过搜索引擎查找到提供方便。

在剪辑信息栏中，用户还可以通过单击“剪辑信息”按钮，在弹出的“编辑剪辑信息”对话框中对剪辑的影片进行分级；或单击“流信息”按钮，在弹出的“流信息”对话框中查看影片的“录制信息”等。

## 练　习

**一、截图题**

用截图的方式回答以下问题。要求图片均为JPEG格式，其命名以题号为序进行，如第2题中的第3小题，则命名为“2－3. JPEG”。将这些图片均存入以“学号”＋“姓名”命名的文件夹中，将该文件夹压缩存入作业U盘或发送至教师指定的信箱中。

1. 设置自定义显示颜色。设置成功后将窗口截图。
2. 选取一首MP3音乐，制作自己的手机铃声。
3. 使用GoldWave“效果”菜单的功能设置个性铃声。将设置窗口截图。
4. 如何在录制视频时启用音频？将设置界面截图。

5. 如何在录制视频时启用鼠标点击声？将设置窗口截图。

6. 在互联网上搜索视频在线播放，录制一段视频（不含声音及光标动作）。将此视频文件以作业的形式上交。

7. 为第 6 题中录制的视频添加标题及背景音乐。

8. 设置 Movica 软件中英文界面切换。将设置的窗口截图。

9. 打开一个视频文件，切割视频。

10. 准备几个视频文件，合并视频。

11. 查看影片基本元数据的各种选项。将窗口截图。

**二、简答题**

将以下简答题答案以 Word 文档形式（该文档命名为“学号”＋“姓名”）存入作业 U 盘或发送至教师指定的信箱中。

1. 简述数字音频文件的概念。

2. 简述数字音频的基本知识。

3. 简述数字音频文件的常见存储格式。

4. 简述数字视频文件的概念。

5. 简述数字视频文件的常见存储格式。

6. 常见视频处理软件有哪些？

7. 简述 Camtasia Studio 主界面四个按钮的功能。

8. RealProducer Plus 可以将哪些格式的视频文件进行压缩和重编码？

9. RealMedia Editor 的作用是什么？

10. 简述元数据的概念。

# 单元 10　图形图像软件

## 课题 45　图形图像概述

**学习目标：**

1. 掌握图形图像的分类。
2. 掌握图形图像文件的常见格式。

### 一、图形图像的分类

数字图像分为两类：位图（Bitmap，也称为栅格图像）和矢量图（Vector Graphics）。位图图像是用物理方法，将“像素”按点阵的方式排列而成的图像；矢量图像是用数学方法，将点、线、多边形等“图元”进行组合而得到的图像。通常把位图称为图像（Images Graphics），把矢量图称为图形（Graphics）。

位图的颜色取决于每个像素所具有的颜色；位图的分辨率取决于图像所含像素的多少，放大或缩小图像的尺寸都可能使原图发生变形。位图可以从传统的相片、幻灯片上制作出来或使用数码相机得到，也可以利用 Windows 的画笔（Painbrush）用颜色点填充网格单元来创建。位图又可以分为四种类型：线画稿（Line Art）、灰度图像（Gray Scale）、索引颜色图像（Index Color）和真彩色图像（True Color）。

矢量图的颜色单独保存在每一个矢量对象之中，可以单独着色；矢量图与系统的分辨率无关，因此放大或缩小图像的尺寸不会使原图变形。但是，矢量图有一个明显的缺点，就是不易制作色调丰富的图像，而且绘制出来的图像不是很逼真，同时也不易在不同的软件中使用。

### 二、图像文件的常见格式

因为不同领域对图像的需求不尽相同，开发与加工图像的软件众多，所以图像文件的格式也有很多种。这里仅介绍当前较为常见的一些图像格式。

**1. BMP 格式**

BMP 是英文 Bitmap（位图）的简写，它是 Windows 操作系统中的标准图像文件格式，能够被很多 Windows 应用程序所支持。随着 Windows 操作系统的流行与应用程序的开发，BMP 位图格式被广泛应用。这种格式的特点是包含的图像信息非常丰富，但文件几乎不进行压缩，由此导致了它占用磁盘空间过大的缺点。

**2. GIF 格式**

GIF（Graphics Interchange Format）的原意是“图像互换格式”，是 CompuServe 公司在 1987 年开发的图像文件格式。GIF 文件的数据是一种基于 LZW 算法的连续色调的无损压缩格式。其压缩率一般在50%左右。它不属于任何应用程序，目前几乎所有相关软件都支持该格式，大量的软件都使用GIF图像文件。GIF图像文件的数据采用可变长度等压缩算法进行压缩。GIF格式的另一个特点是在一个GIF文件中可以存储多幅彩色图像，如果把存储于一个文件中的多幅图像数据逐幅读出并显示到屏幕上，就可构成一种最简单的动画。

GIF分为静态GIF和动画GIF两种，扩展名均为.gif，是一种压缩位图格式，支持透明背景图像，适用于多种操作系统，"体形"很小。这是一种在网络上非常流行的图形文件格式，网上很多小动画都采用GIF格式。但GIF只能显示256色。

**3. JPEG格式**

JPEG也是一种常见的图像格式，它由联合照片专家组（Joint Photographic Experts Group）开发并命名为"ISO 10918-1"，俗称JPEG。JPEG文件的扩展名为.jpg或.jpeg，其压缩技术十分先进，它采用有损压缩方式去除冗余的图像和彩色数据，在获取极高的压缩率的同时能展现丰富生动的图像。即可以用最少的磁盘空间得到最好的图像质量。同时JPEG还是一种很灵活的格式，具有调节图像质量的功能，允许用户采用不同的压缩比例对这种文件进行压缩，比如最高可以把1.37 MB的BMP位图文件压缩至20.3 kB。

由于JPEG优异的品质和杰出的表现，它的应用也非常广泛，特别是在网络和光盘读物上。目前各类浏览器均支持JPEG这种图像格式，因为JPEG格式的文件尺寸较小，下载速度较快，使得Web页有可能以较短的下载时间提供大量美观的图像，JPEG也就顺理成章地成为网络上最受欢迎的图像格式。

**4. JPEG2000格式**

JPEG2000同样是由JPEG组织负责制定的，正式名称叫做"ISO 15444"，与JPEG相比，它是具备更高压缩率以及更多新功能的新一代静态影像压缩技术。JPEG2000作为JPEG的升级版，其压缩率比JPEG高30%左右。与JPEG不同的是，JPEG2000同时支持有损和无损压缩，而JPEG只能支持有损压缩。无损压缩对于保存一些重要图片是十分有用的。JPEG2000的一个极其重要的特征在于它能实现渐进传输，这一点与GIF的"渐显"有异曲同工之处，即先传输图像的轮廓，然后逐步传输数据，不断提高图像质量，让图像由朦胧到清晰逐渐显示，而不必像JPEG一样，由上到下逐行显示。此外，JPEG2000还具备"感兴趣区域"特性，用户可以任意指定自己感兴趣的影像区域的压缩质量，还可以指定先解压缩的部分。

**5. TIFF格式**

TIFF（Tag Image File Format）是苹果Mac系统中广泛使用的图像格式，它由Aldus和微软联合开发，最初是为满足跨平台存储扫描图像的需要而设计的。它的特点是图像格式复杂、存储信息多。正因为它存储的图像细微层次的信息非常多，图像的质量也得以提高，故而非常有利于原稿的复制。该格式有压缩和非压缩两种形式，其中压缩格式可采用LZW无损压缩方案存储。目前在Mac系统和Windows系统上移植TIFF文件也十分便捷，因而现在TIFF也是计算机上使用最广泛的图像文件格式之一。

**6. PSD格式**

PSD（Photoshop Document）是著名的Adobe公司的图像处理软件Photoshop的专用格式，它其实是Photoshop进行平面设计的一张"草稿图"，里面包含有图层、通道、遮罩等多种设计的样稿，以便于下次打开文件时可以修改上一次的设计。在Photoshop所支持的各种图像格式中，PSD的存取速度比其他格式快很多，功能也很强大。由于Photoshop越来越广泛地被应用，这种格式也逐渐流行起来。

**7. PNG格式**

PNG（Portable Network Graphics）是一种新兴的网络图像格式。PNG用来存储灰度图像时，灰度图像的深度可多达16位，存储彩色图像时，彩色图像的深度可多达48位，并且还可存储多达16位的α通道数据。PNG使用从LZ77派生的无损数据压缩算法，一般应用于JAVA程序、网页或S60程序中，因为它压缩比高，生成文件体积小。该格式文件特点如下：

（1）PNG是目前最不失真的图像压缩格式，它汲取了GIF和JPEG二者的优点，存储形式丰富，兼有GIF和JPEG的色彩模式。

（2）PNG格式能把图像文件压缩到极小以利于网络传输，但又能保留所有与图像品质有关的信息，因为PNG是采用无损压缩方式来减少文件的大小，这一点与牺牲图像品质以换取高压缩率的JPEG有所不同。

（3）PNG文件显示速度很快，只须下载1/64的图像信息就可以显示出低分辨率的预览图像。

（4）PNG同样支持透明图像的制作。透明图像在制作网页图像的时候很有用，可以把图像背景设为透明，用网页本身的颜色信息来代替设为透明的色彩，这样可以使图像和网页背景很和谐地融合在一起。其缺点是不支持动画效果。

**8. SVG格式**

SVG的英文全称为Scalable Vector Graphics，意为“可缩放的矢量图形”。它是由World Wide Web Consortium（W3C）联盟基于XML（Extensible Markup Language）开发的。严格来说它应该是一种开放标准的矢量图形语言，可设计出高分辨率的Web图形页面。用户可以直接使用代码来描绘图像，也可以采用任何文字处理工具打开SVG图像，通过改变部分代码来使图像具有互交功能，并可以随时插入到HTML中通过浏览器来观看。

它具有目前流行于网络的GIF和JPEG格式不具备的优势：可以任意放大图形显示，但绝不会牺牲图像质量；可在SVG图像中保留可编辑和可搜寻的状态；一般来讲，SVG文件比JPEG和GIF格式的文件要小很多，因而下载速度也很快。

**9. PCX格式**

PCX格式是ZSOFT公司在开发图像处理软件Paintbrush时开发的一种格式，这是一种经过压缩的格式，占用磁盘空间较少。由于该格式出现的时间较长，并且具有压缩及全彩色的能力，所以现在仍比较流行。

**10. DXF格式**

DXF（Drawing Interchange Format或者Drawing Exchange Format）是Auto CAD绘图交换文件。DXF是Autodesk公司开发的用于AutoCAD与其他软件之间进行CAD数据交换的文件格式，在表现图形的大小方面十分精确。DXF是一种开放的矢量数据格式，可以分为两类：ASCII格式和二进制格式；ASCII格式可读性好，但占用空间较大；二进制格式占有空间小、读取速度快。由于AutoCAD是现在最流行的CAD系统，因此 DXF 也被广泛使用，成为事实上的格式标准。绝大多数 CAD 系统都能读入或输出 DXF 文件。

**11. WMF 格式**

WMF（Windows Metafile Format）是 Windows 中常见的一种图元文件格式，属于矢量文件格式。它具有文件小、图案造型化的特点，整个图形常由各个独立的组成部分拼接而成，其图形比较粗糙。

**12. EMF 格式**

EMF（Enhanced MetaFile）是微软公司为了弥补 WMF 的不足而开发的一种 Windows 32 位扩展图元文件格式，它属于矢量文件格式，其目的是使图元文件更加容易接受。

**13. EPS 格式**

EPS（Encapsulated PostScript）是计算机中较少见的一种格式，主要用于苹果 Mac 机。它是用 PostScript 语言描述的一种 ASCII 码文件格式，主要用于排版、打印等输出工作。

**14. TAG 格式**

TAG（Tagged Graphics）是美国 Truevision 公司为其显示卡开发的一种图像文件格式。TAG 的结构比较简单，属于一种图形、图像数据的通用格式，在多媒体领域有着很大影响，是计算机生成图像向电视转换的首选格式。

## 课题 46　图像浏览器——iSee 图片专家

**学习目标：**

1. 掌握浏览图片的操作方法。
2. 掌握批量命名、处理图片的操作方法。

最新版本的 iSee 图片专家是一款功能全面的数字图像浏览处理工具。它不但具有强大的图片浏览和管理功能，还增强了后期数码处理功能，如修改图片、照片排版、制作个性化日历等。

### 一、浏览图片

利用 iSee 图片专家可以快速浏览图片文件。它内置浏览速度最快、支持格式最多的图像浏览器，能够实现高质量的图片输出，同时支持各种图像的获取方式，如从移动硬盘中自动寻找图片或者从扫描仪和摄像头获取图像。

**1. 切换查看方式**

启动 iSee 图片专家软件，进入主界面，如图 10—1 所示，该界面由菜单栏、常用功能工具栏、图片管理工具栏、文件夹窗口、预览窗口和浏览窗口组成。

默认情况下，iSee 将以缩略图的形式显示所选文件夹中的所有图片，也可以选择其他方式查看图片。单击图片菜单栏中的“查看/查看方式”子菜单，在其子菜单命令中选择要使用的查看方式即可。

图 10—1　iSee 主界面

**提示**

在系统提供的三种查看方式中，“缩略图”方式显示图片名称、图片大小和图片存储时间等详细信息；而“简单缩略图”方式仅显示图片的名称。也可以单击“查看”菜单，在“查看方式”级联菜单中选择所需选项。

**2. 调整缩略图大小**

若要调整文件缩略图在浏览窗口中的显示大小，只需拖曳图片管理工具栏右侧的“缩略图”滑块，如图 10—2 所示。

## 二、批量命名

在新版本的 iSee 图片专家软件中，增加了各种强大的批量处理功能。其中，批量命名作为一个常用的批处理操作，iSee 为其提供了简易的操作模式，还提供了强大的自定义模式。

### 1. 简易方案

**操作步骤：**

❶在文件浏览窗口中选择要进行重命名操作的所有图片，单击常用功能工具栏中的“更名”按钮，弹出“批量更名”对话框，如图 10—3 所示。

图 10—2　调整缩略图大小

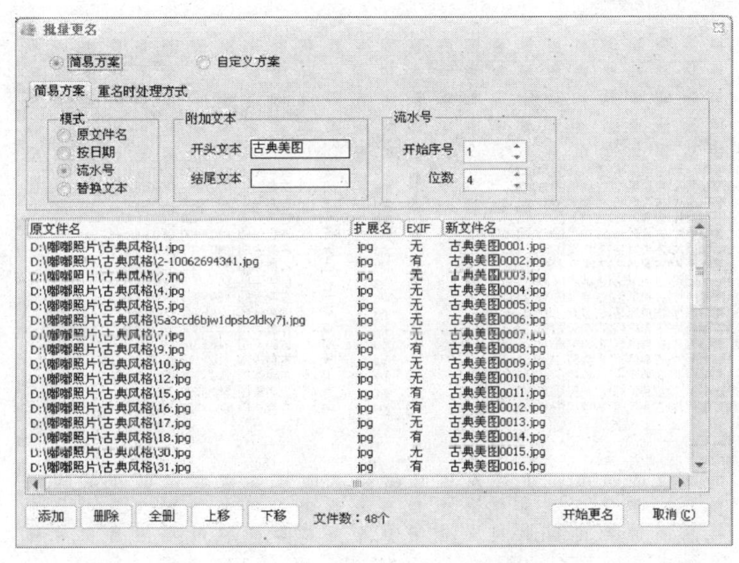


图 10—3　“批量更名”对话框

❷单击选中“流水号”单选按钮，在“附加文本”栏的“开头文本”文本框中输入图片名称的开头文字“古典美图”。在“流水号”栏中分别设置开始序号和位数，此时即可在其下方窗格的文件列表中预览到新的文件名。

❸单击“开始更名”按钮 开始更名 ，即可开始对所选文件进行重命名操作。

**提示**

在“简易方案”选项卡的“模式”栏中，若选择“原文件名”单选按钮，将在原文件名的基础上添加开头和结尾文字；若选择“按日期”单选按钮，将根据指定的日期来命名文件；若选择“流水号”单选按钮，将按照图片顺序定义的序号作为文件名；若选择“替换文本”单选按钮，则将对文件名中的指定文本进行替换。

**2. 自定义方案**

**操作步骤：**

❶在“批量更名”对话框中，选择“自定义方案”单选按钮。

❷在“自定义方案”栏中自定义图片名称为“古典美图 _〈图像：宽度〉×〈图像：高度〉_〈序号〉”，并设置“开始序号”和“位数”分别为 1 和 2，即可在文件列表中显示新的名称，如图 10—4 所示。

❸单击“开始更名”按钮 开始更名 ，即可开始对所选文件进行重命名操作。

**提示**

在进行重命名操作时，也可以选择“重名时处理方式”选项卡，在该选项卡中可设置当文件出现相同名称时的处理方式。

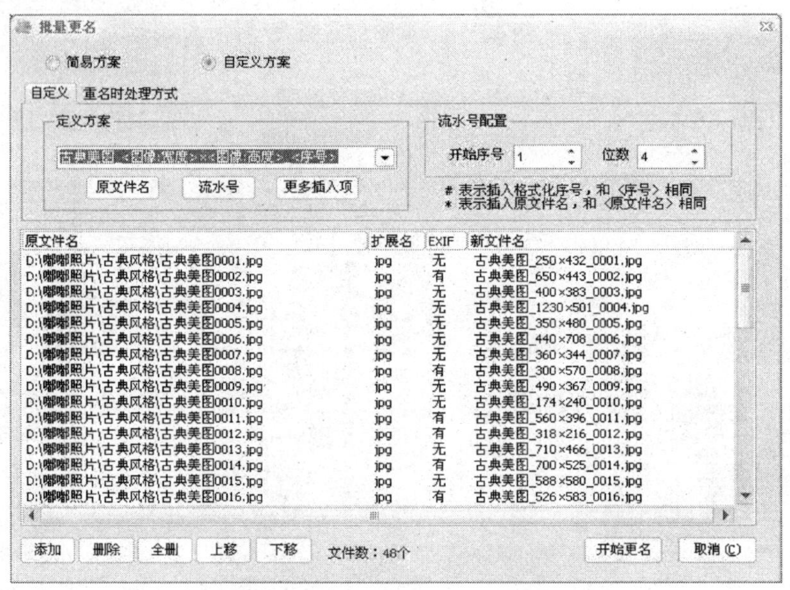


图 10—4 “批量更名” - “自定义方案”

**三、处理图片**

利用 iSee 图片专家除了可以对图片进行浏览和管理之外，还可以为图片添加各种丰富的效果。

**操作步骤：**

❶在 iSee 主界面中双击要进行处理的图片的编辑窗口，如图 10—5 所示。

❷在该窗口中，单击左侧的导航按钮，或者在右侧的效果列表中选择要应用的选项，即

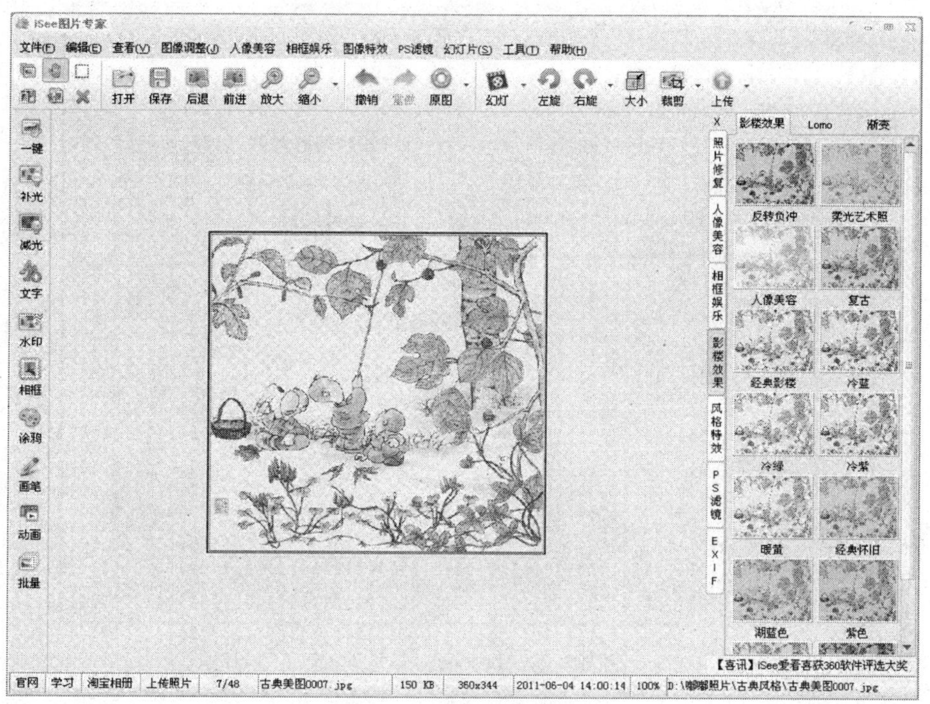


图 10—5　图片编辑窗口

可在所选图片上应用相应的效果。

**提示**

在对图片的编辑过程中，可以通过编辑窗口上方的工具栏进行撤销、旋转等其他操作。

# 课题 47　屏幕捕捉工具——HyperSnap

**学习目标：**

1. 了解 HyperSnap 软件。
2. 掌握设置捕捉热键和分辨率的操作方法。
3. 掌握设置光标指针和图像保存方式的操作方法。

屏幕捕捉是从显示屏幕上截取全部或者部分区域作为图像或者文字的过程。

## 一、HyperSnap 简介

HyperSnap 是一款非常优秀的屏幕截图工具。它不仅能够抓取标准“桌面”，还可以抓取 DirectX、3Dfx Glide 游戏视频或 DVD 屏幕图；可以使用快捷键或自动定时器从屏幕上抓图，同时还能够以 20 多种图形格式保存并读取图片。

启动 HyperSnap 软件，可以看到该软件界面主要由菜单栏、工具栏、工具箱和图片显示区域组成，如图 10—6 所示。

图 10—6　HyperSnap 主界面

其中，工具箱主要功能是对捕捉的图片进行简单的处理，而图片显示区域主要用于显示捕捉到的图片。

## 二、设置捕捉热键和分辨率

在利用 HyperSnap 捕捉屏幕时，为了使捕捉操作更加简单、方便，用户可以设置快捷键；而为了使捕捉到的图像获得最佳的效果，则可以设置相应的图像分辨率。

### 1. 设置捕捉热键

HyperSnap 中的捕捉热键包括屏幕捕捉热键和文本捕捉热键两种。

(1) 设置屏幕捕捉热键

**操作步骤：**

❶设置屏幕捕捉热键，只须单击“设置/热键”命令 热键，即可弹出“屏幕捕捉快捷键”对话框。

❷在该对话框中，将光标置于要设置快捷键的文本框中，并按要使用的快捷键。然后勾选“启用快捷键”复选框，并单击“关闭”按钮即可。例如，将光标置于“捕捉全屏（F)”文本框中，并按 F5 功能键，即可利用该功能键进行全屏捕捉，如图 10—7 所示。

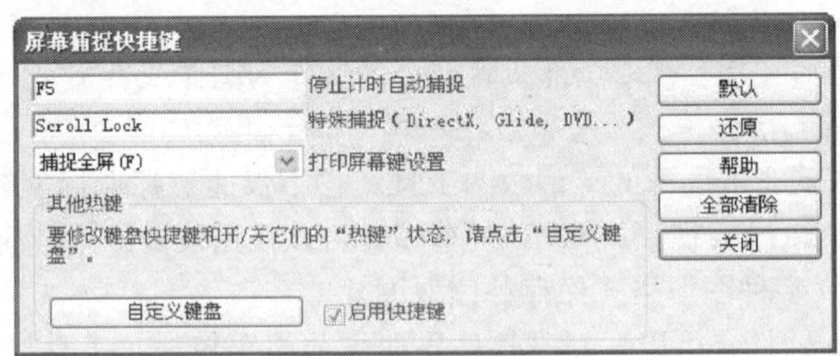


图 10—7　“屏幕捕捉快捷键”对话框

（2）设置文本捕捉热键

操作步骤：设置文本捕捉热键，则需单击“文本捕捉/文本捕捉快捷键”命令。在弹出的对话框中设置相应的快捷键，如图 10—8 所示，并勾选“启用快捷键”复选框，再单击“关闭”按钮即可。

**2. 设置图像分辨率**

**操作步骤：**

❶单击“图像/图像分辨率”命令，弹出“图像分辨率”对话框，如图 10—9 所示。

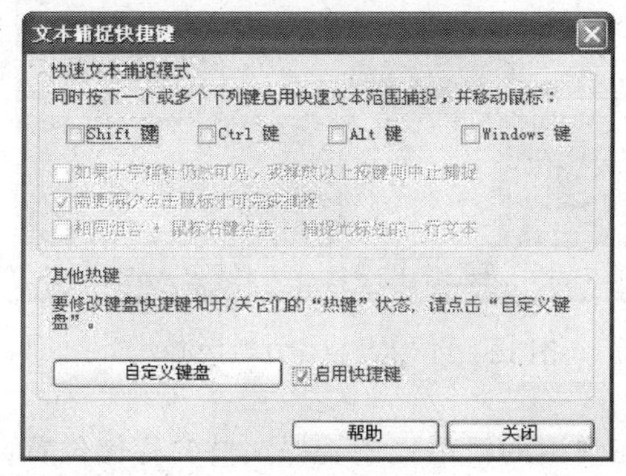


图 10—8 “文本捕捉快捷键”对话框

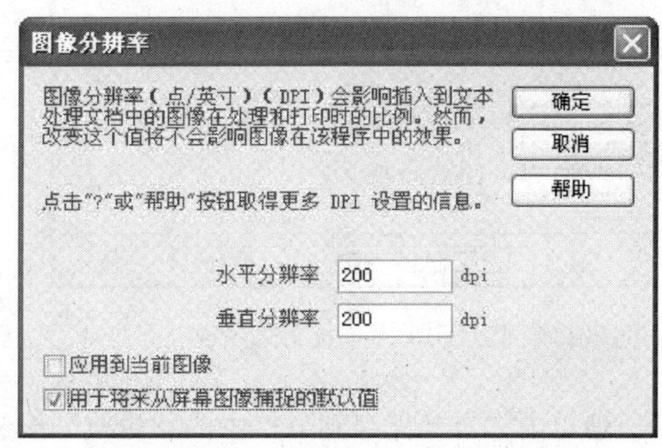


图 10—9 “图像分辨率”对话框

❷在该对话框中的“水平分辨率”和“垂直分辨率”文本框中分别输入具体数值，单击“确定”按钮即可。

**提示**

在“图像分辨率”对话框中，若勾选“应用到当前图像”复选框，则设置的分辨率仅应用到当前捕捉的图像中；若勾选“用于将来从屏幕图像捕捉的默认值”复选框，则会将分辨率应用到所有图像上。

**三、设置光标指针和图像保存方式**

通过设置光标指针，可以在捕捉图像时选择是否要捕捉光标指针。而对图像的保存方式进行设置，则可以使捕捉的图像按照指定的规则保存到计算机磁盘中。

**操作步骤：**

❶在 HyperSnap 窗口中，单击“文本捕捉/更多设置”命令，弹出“捕捉设置”对话框。

❷在该对话框中选择“捕捉”选项卡，取消勾选“包括光标指针”复选框，如图10—10 所示，即可使捕捉到的图像中不包括光标指针；若勾选该复选框，则连同光标指针一起捕捉。

**提示**

在“捕捉”选项卡中，可以通过其他选项对捕捉操作进行具体设置，如设置捕捉前的延迟时间、设置捕捉声音等。

❸若要设置图像保存方式，需在“捕捉设置”对话框中选择“快速保存”选项卡，勾选“自动保存每次捕捉到文件”复选框，如图 10—11 所示。

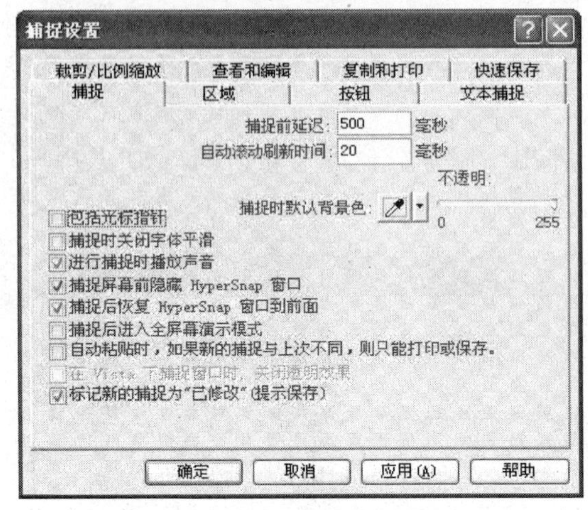


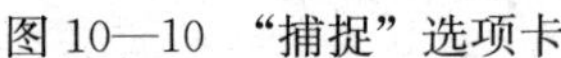
图 10—10 “捕捉”选项卡

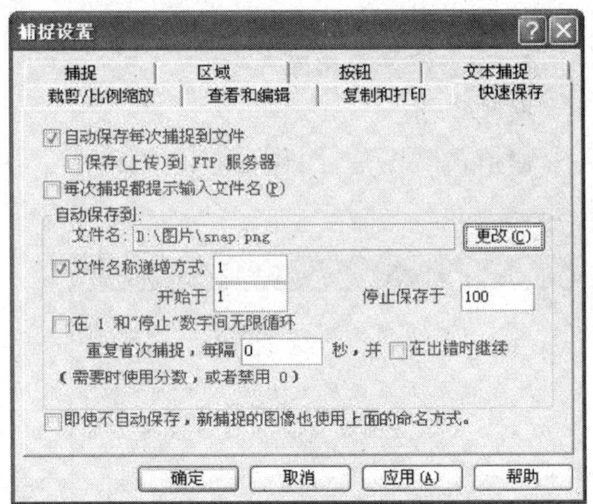


图 10—11 “快速保存”选项卡

❹单击“自动保存到”栏中的“更改”按钮，在弹出的对话框中选择文件的存储位置，最后单击“确定”按钮即可。

**提示**

在“快速保存”选项卡中，可以通过其他选项设置捕捉到的文件名称等内容，或者选择上传到网络中。

## 课题 48 图像处理工具——光影魔术手

**学习目标：**

1. 掌握人像美化的操作方法。
2. 掌握装点修饰的操作方法。

光影魔术手（nEO iMAGING）是一个对数码照片画质进行改善和效果处理的软件，具有操作简单、方便易用等特点。无须专业的图像技术，便可以制作具有专业效果的图片，因此，它是摄影作品后期处理、图片快速美化、数码照片冲印整理时必备的图像处理软件。

### 一、人像美化

安装光影魔术手工具软件之后，启动该软件，即可进入光影魔术手“向导中心”选项卡，如图 10—12 所示。在该选项卡中，提供了多种常用的图像处理方法供用户选择。

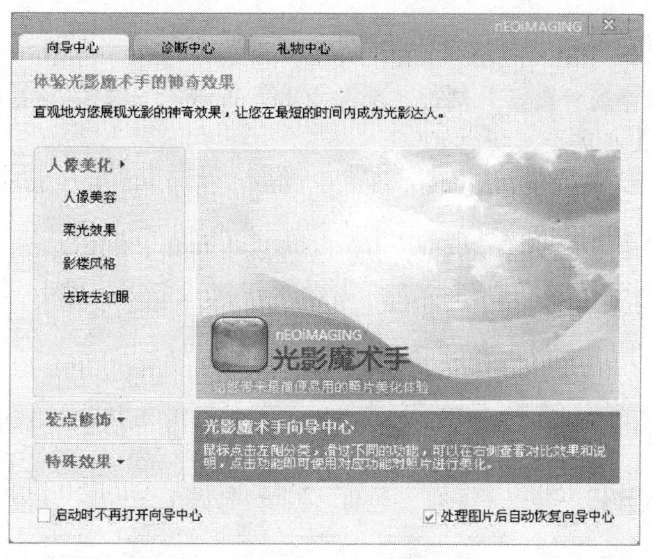


图 10—12　“向导中心”选项卡

在“人像美化”选项中，又包含了四种美化人像的处理方法，可以根据需要进行相应的选择。

**1. 人像美容**

**操作步骤：**

❶单击“人像美容”按钮，根据向导提示选择要处理的图片，即可进入“人像美容”窗口，在该窗口中可分别设置磨皮力度、亮白和范围等参数。

❷如设置“磨皮力度”为 35%；“亮白”为 80%，“范围”为 40%，如图 10—13 所示，单击“确定”按钮，即可得到修复后的图像效果。

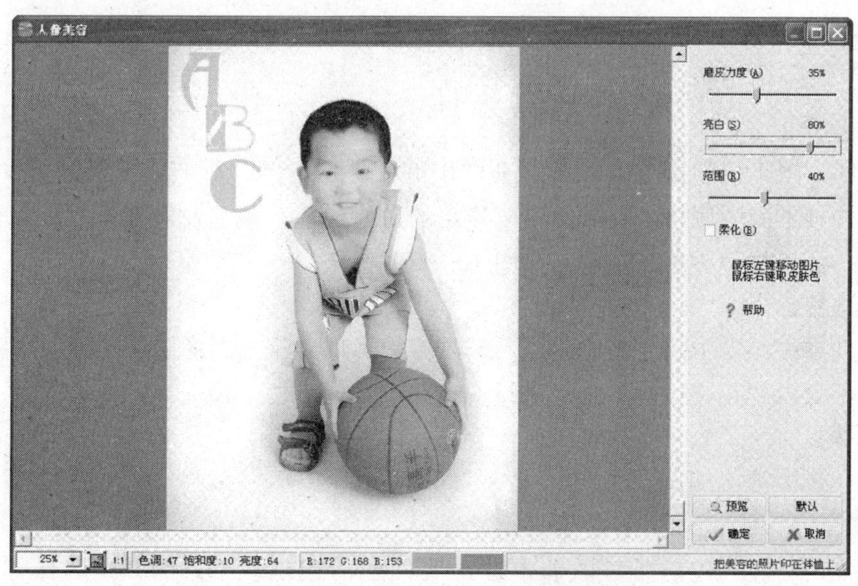


图 10—13　“人像美容”窗口

**提示**

在启动光影魔术手软件之后，跳过“向导中心”选项卡后直接单击工具栏中的“美容”按钮，也可以对人像进行美化修复。

**2. 柔光效果**

操作步骤：选择要进行柔光处理的图片，单击“柔光镜”按钮，在弹出的“柔光镜”对话框中，通过预览效果分别适当调整柔化程度和高光柔化，单击“确定”按钮，如图10—14所示。

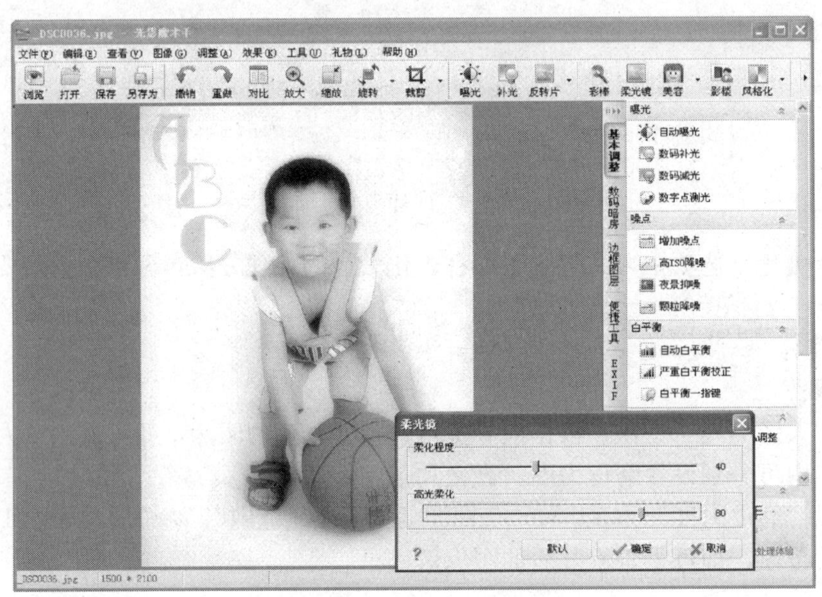


图10—14 “柔光镜”对话框

**3. 影楼风格**

操作步骤：单击“影楼”按钮，在弹出的“影楼人像”对话框中提供了冷蓝、冷绿、暖黄和复古四种不同的风格。只需选择要使用的风格，通过预览及拖曳“力量”滑块进行适当调整即可，如选择“冷蓝”选项，如图10—15所示。

**二、装点修饰**

利用“向导中心”中的“装点修饰”选项卡，可以为所选图像添加边框、水印和涂鸦等装饰效果。下面以“花样边框”为例进行说明。

**操作步骤：**

❶打开一张图片，如图10—16所示，单击“边框图层”选项卡，再单击“花样边框”按钮 花样边框，打开“花样边框”对话框。

❷在弹出的“花样边框”对话框中选择要使用的边框效果，例如，选择“可爱蛋蛋-1”，如图10—16所示，然后单击“确定”按钮。

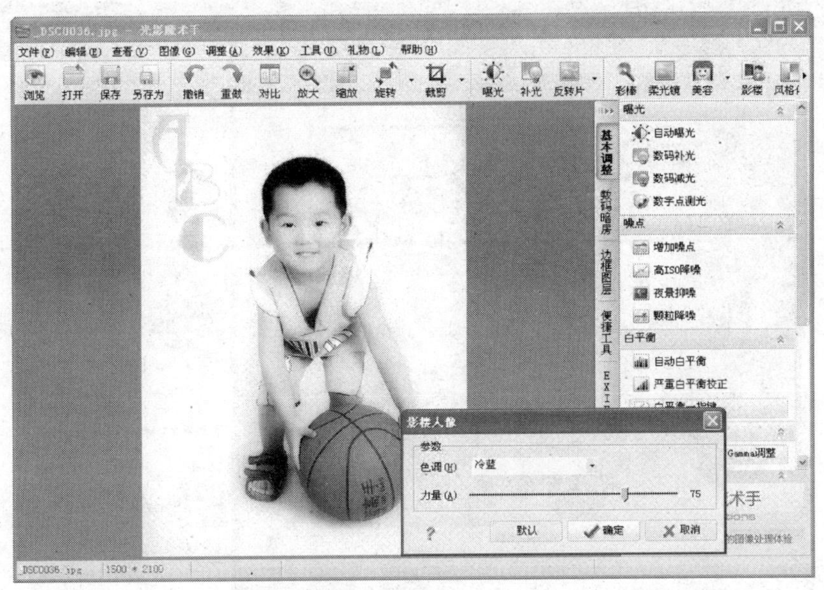


图 10—15 “影楼人像”对话框

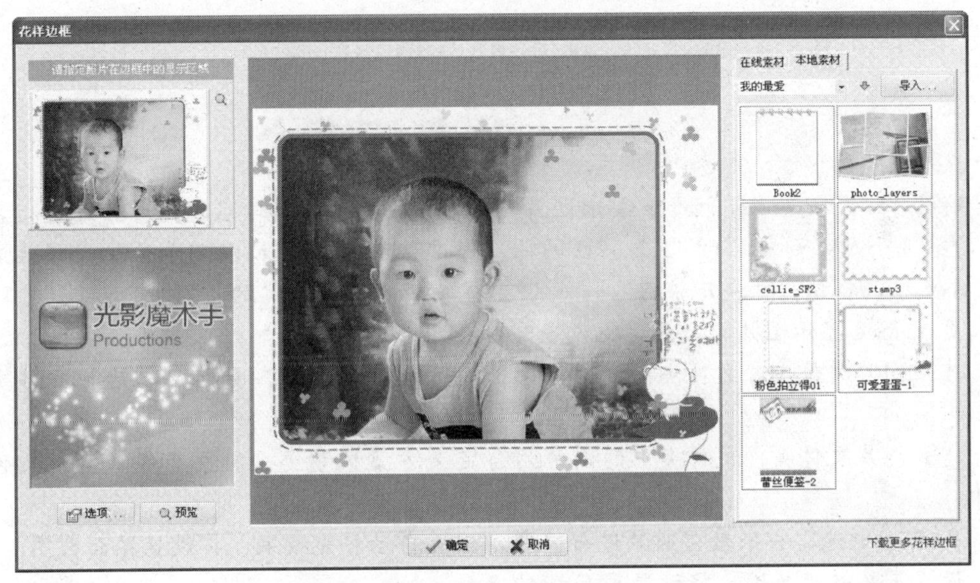


图 10—16 “花样边框”对话框

❸在“边框图层”选项卡下单击“趣味涂鸦”按钮 趣味涂鸦 ，打开“趣味涂鸦”对话框，可以在弹出的对话框中单击“分类”下拉按钮，选择涂鸦的类型，并在其列表中选择要使用的图形，将其添加在图像中的合适位置，如图 10—17 所示。

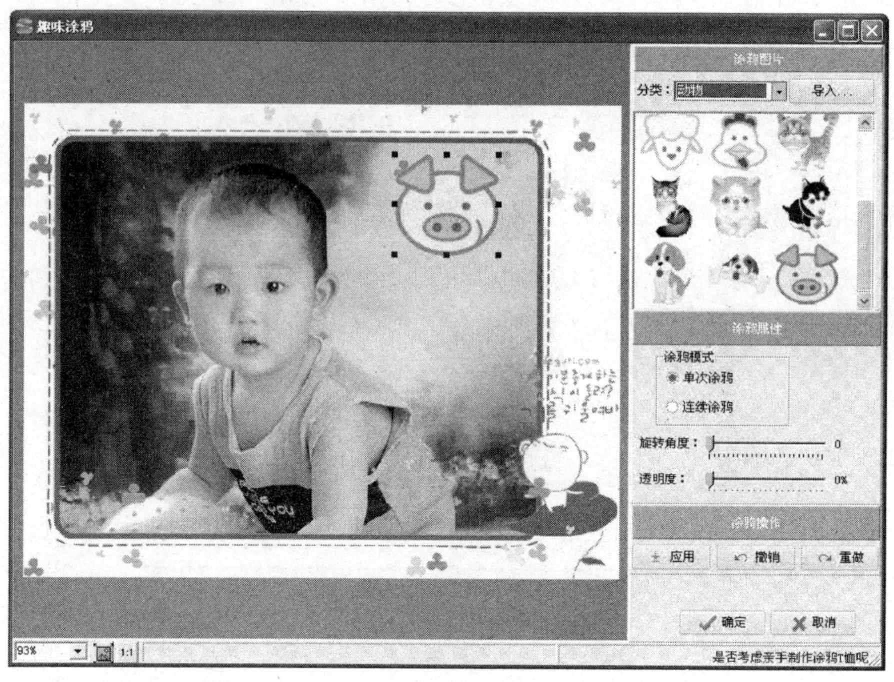


图 10—17 “趣味涂鸦”对话框

## 练　　习

### 一、截图题

用截图的方式回答以下问题。要求图片均为 JPEG 格式，其命名以题号为序进行，如第 2 题中的第 3 小题，则命名为“2－3. JPEG”。将这些图片均存入以“学号”＋“姓名”命名的文件夹中，将该文件夹压缩存入作业 U 盘或发送至教师指定的信箱中。

1. 更改 iSee 显示图片的方式，把设置窗口截图。
2. 建立图片文件夹，文件夹中的图片用简易方案批量更名。更名成功后把文件夹窗口截图。
3. 建立图片文件夹，文件夹中的图片用自定义方案批量更名。更名成功后把文件夹窗口截图。
4. 在 iSee 中选取一张数码照片进行修复，设置自动补光效果。将设置界面截图。
5. 设置屏幕捕捉热键。将设置界面截图。
6. 设置图像分辨率。将设置界面截图。
7. 设置捕捉图像时捕捉光标。将设置界面截图。
8. 设置捕捉图像时保存图像地址。将设置界面截图。
9. 使用 HyperSnap 捕捉一个活动窗口图片，包括光标指针。
10. 使用 HyperSnap 捕捉一个命令按钮图片。
11. 打开一张人像数码照片，进行人像美容。
12. 打开一张数码照片，进行柔光处理。

13. 打开一张人像数码照片，设置复古影楼风格。

14. 打开一张数码照片，给照片添加边框。

15. 打开一张数码照片，给照片添加趣味涂鸦效果。

16. 打开一张数码照片，给照片添加水印。

## 二、简答题

将以下简答题答案以 Word 文档形式（该文档命名为“学号”＋“姓名”）存入作业 U 盘或发送至教师指定的信箱中。

1. 简述图形图像的分类及概念。

2. 简述位图与矢量图的区别。

3. 简述图像文件的常见格式。

# 单元 11　动画及三维制作工具

## 课题 49　动画及三维制作工具概述

**学习目标：**

1. 理解动画的概念。
2. 掌握常见的动画文件格式。

### 一、动画概述

动画（Animation）的产生最早可以上溯到 17 世纪，是指走马灯、皮影戏、幻灯机等用机械创造出来的活动影像，直到 20 世纪，它才被用来形容使用线条描绘并拍摄成的电影。

我国电影界把动画片界定为“以绘画形式来表现人物与环境的技法”，同剪纸片、木偶片、折纸片等类影片一样属于美术片，“动画”也常被称为“卡通”（Cartoon）。现代动画理论对于“动画”的界定是“利用逐格拍摄或制作并连续放映而成的影片或视觉艺术”。

**1. 计算机动画**

计算机动画（Computer Animation）是利用人眼视觉暂留的生理特性，采用计算机的图形和图像数字处理技术，借助动画编程软件直接生成或对一系列人工图形进行一种动态处理后生成的可以实时播放的画面序列。

运动是动画的要素，计算机动画采用连续显示静态图形或图像的方法产生景物运动效果。当画面的刷新频率在每秒 24～50 帧时，就能使人感到运动的效果。电影画面的放映与电视的画面有所不同，电影放映过程中每两帧画面之间有一次遮挡，每秒 24 帧加上每秒 24 次遮挡，电影画面的刷新率实际上是每秒 48 次。而电视画面的切换不需要遮挡，刷新率实际上是每秒 50 次左右。刷新频率过低，画面就有停顿或闪烁现象；刷新频率过高，会使人感觉图像重叠。在计算机动画实际制作过程中，为了减少存储空间的占用和所运算的数据量，画面的刷新频率通常设置在每秒 15～30 帧。

计算机动画的另一个显著特点是画面的相关性，只有在任意相邻两帧画面的内容差别很小时（或者说是画面只有局部的微小改变），才能产生连续的视觉效果。反之，如果图形或图像序列的画面之间没有任何相关性，那么即使达到了理想的画面刷新速度，也不能形成真正意义上的动画。

**2. 动画与视频的区别**

根据每一帧画面的产生形式，动态图形与图像序列又分为两种不同的类型。当每一帧画面是人工或计算机生成的画面时，称为动画；当每一帧画面为实时获得的自然景物时，称为动态影像视频，简称视频，视频一般由摄像机摄制的画面组成。也就是说动画与视频是从画面产生的形式上来区分的。动画着重研究怎样将数据和几何模型变成可视的动态图形，这种动态图形可能是自然界根本不存在的、人工创造的动态画面。视频侧重于研究如何将客观世界中存在的实物影像处理成数字化动态影像，以及如何压缩数据、还原数据。

**3. 动画的分类**

根据研究角度的不同，计算机动画可以有多种分类方法。

按照画面景物的透视效果和真实感程度，计算机动画分为二维动画和三维动画两种。

按照计算机处理动画的方式不同，计算机动画分为造型动画（Cast－based Animation）、帧动画（Frame Animation）和算法动画（Algorithmic Animation）三种。

按照动画的表现效果，计算机动画又可分为路径动画（Path Animation）、调色板动画（Palette Animation）和变形动画（Distortion Animation）三种。

另外，根据不同的计算机动画制作软件本身所具有的动画制作和表现功能，又将计算机动画分为更加具体的种类，如渐变动画、遮罩动画、逐帧动画和关键帧动画等。

**二、常见的动画文件格式**

**1. GIF 动画**

GIF 图像由于采用了无损数据压缩方法中压缩率较高的 LZW 算法，文件较小，因此被广泛采用。GIF 动画格式可以同时存储若干幅静止图像进而形成连续的动画，目前 Internet 上大量采用的彩色动画文件多为这种格式的文件。

**2. FLIC（FLI/FLC）格式**

FLC 是 Autodesk 公司在其出品的 Autodesk Animator/Animator Pro/3D Studio 等 2D/3D 动画制作软件中采用的彩色动画文件格式，FLIC 是 FLC 和 FLI 的统称。其中，FLI 是最初的基于 320×200 像素的动画文件格式，而 FLC 则是 FLI 的扩展格式，采用了更高效的数据压缩技术，其分辨率也不再局限于 320×200 像素。FLIC 文件被广泛用于动画图形中的动画序列、计算机辅助设计和计算机游戏应用程序中。

**3. SWF 格式**

SWF 是 Micromedia 公司的产品 Flash 的矢量动画格式。它采用曲线方程描述其内容，而不是由点阵组成内容，因此这种格式的动画在缩放时不会失真，非常适合描述由几何图形组成的动画，如教学演示等。由于这种格式的动画可以与 HTML 文件充分结合，并能添加 MP3 音乐，因此被广泛地应用于互联网上，成为一种“准”流式媒体文件。

**4. MMM 格式**

MMM 是 MacroMind 公司的多媒体写作软件 Director 生成文件的格式，一般集成在完整的应用程序中，单独出现的文件很少。

动画与视频使用的文件格式区分并不十分严格，二者都可以生成 AVI、MOV、GIF、MPG 等格式的动画片文件。随着计算机技术的发展，采用真实感图形绘制技术可以将一些三维动画图形数据直接转变成动态影像视频，从而可以以视频格式存储与播放。现在的视频也越来越多地利用数字合成技术将一些三维特效文字和三维动画叠加在视频画面上，增强了效果，拓宽了视频表现手法，成为一种动画视频混合形式。从发展的趋势看，动画与视频的界限将会越来越模糊。

## 课题 50　黑白动画制作工具——EasyToon

**学习目标：**

1. 了解 EasyToon 软件的功能。
2. 掌握使用 EasyToon 制作黑白动画的方法。

EasyToon 是一款来自日本的简便的黑白 GIF 动画制作工具。它具有丰富的 GIF 动画绘制工具，并特别为鼠标绘制优化了算法，所绘制的每一笔画都是线段而非点的集合，这样即可最大限度地保证笔触的完整性。

### 一、EasyToon 软件介绍

利用 EasyToon 虽然不能制作彩色的 GIF 动画，但它提供了丰富的网点填充功能，可以快速获得多种网点填充效果。

启动该软件，在弹出的“新建动画”对话框中可设置动画背景的尺寸（见图 11—1），单击“确定”按钮，即可进入该软件的主界面。

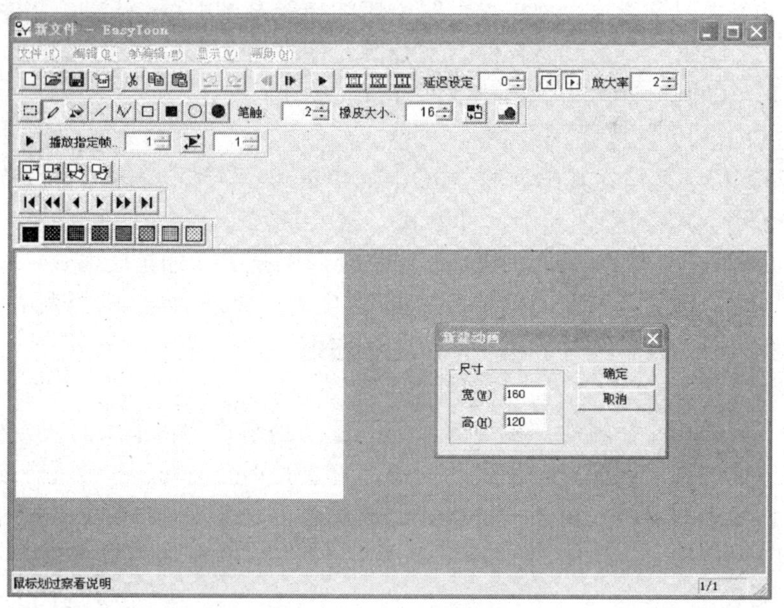


图 11—1　EasyToon 工作界面

EasyToon 的工作界面主要由菜单栏、各种工具栏和 GIF 动画舞台组成。为了便于绘制动画，该软件将所有的工具栏全部放置在 EasyToon 的窗口中，这样只需单击工具栏内的各个按钮，便可以轻松实现所需功能。

**1. "文件相关"工具栏**

该工具栏内列出了"新建""保存"等常用功能选项，以及在绘制动画时常用的"插入新帧""删除此帧"和"延迟设定"等选项。

**2. "绘图"工具栏**

该工具栏包含了 EasyToon 内的所有绘图工具。其中各按钮的功能与作用见表 11—1。

**表 11—1　　"绘图"工具栏按钮及功能**

| 按钮 | 名称 | 功能作用 |
| --- | --- | --- |
|  | 选择范围 | 可通过框选一个矩形区域，并配合变换工具完成进一步的操作 |
|  | 铅笔 | 通过鼠标左键以前景色在当前帧绘制图像，前景色默认为黑色；鼠标右键为橡皮功能，以背景色在当前帧擦除图像，默认为白色 |
|  | 填充 | 通过网点样式工具栏选择网点样式填充封闭区域或选区 |
|  | 直线 | 通过指定起始点和终止点用画笔或橡皮功能绘制直线 |
|  | 连续直线 | 通过指定端点绘制连续直线，双击鼠标可以结束画线 |
|  | 矩形 | 绘制空心矩形 |
|  | 填充矩形 | 在绘制空心矩形后，自动使用所选网点样式填充该矩形 |
|  | 圆 | 绘制空心圆形 |
|  | 填充圆形 | 在绘制空心圆形后，自动使用所选网点样式填充该圆形 |
| 笔触 2 | 笔触 | 调整线条的粗细 |
| 橡皮大小.. 16 | 橡皮大小 | 调整橡皮的尺寸 |
|  | 黑白颜色对换 | 调换笔触与橡皮的颜色 |
|  | Mask 合成 | 使用蒙版 |

**3. "播放"工具栏**

在该工具栏内的两个文本框内输入关键帧编号后，单击"播放"按钮即可在弹出的对话框内查看播放的效果。

**4. “变形”工具栏**

在该工具栏中，提供了自由缩放、等比缩放、旋转和扭曲四种变形方式。在 EasyToon 中，变形工具必须与“绘图”工具栏内的“选择范围”工具配合使用。

**5. “快速定位”工具栏**

在绘制 GIF 动画的过程中，可以使用该工具栏内的按钮在多个关键帧之间进行切换。

**6. “网点样式”工具栏**

EasyToon 提供了七种网点填充样式和一个纯色填充样式。单击“绘图”工具栏内的“填充”按钮，即可为封闭图形填充所选网点样式。

## 二、使用 EasyToon 制作黑白动画

利用 EasyToon 制作 GIF 动画，需要先进行简单的绘制。下面就以人物走路为例来制作一个简单的 GIF 动画。

**操作步骤：**

❶启动 EasyToon 软件，创建一个尺寸为 280×150 的文档。

❷绘制人物行走的第一帧动画，并利用“铅笔”和“黑白颜色对换”工具进行修饰。

❸单击“文件相关”工具栏中的“后一帧”按钮，并绘制人物行走的第二帧动画。此时，第一帧动画的轮廓线将以浅蓝色显示，如图 11—2 所示。

图 11—2　第二帧动画

❹使用相同的方法，分别绘制第三帧和第四帧动画。

❺所有关键帧绘制完成后，执行“显示/默认每帧延迟时间”命令，并在弹出的对话框内输入数字 50，如图 11—3 所示。单击“文件相关”工具栏内的“播放”按钮，即可在“播放”对话框中预览动画的播放效果。

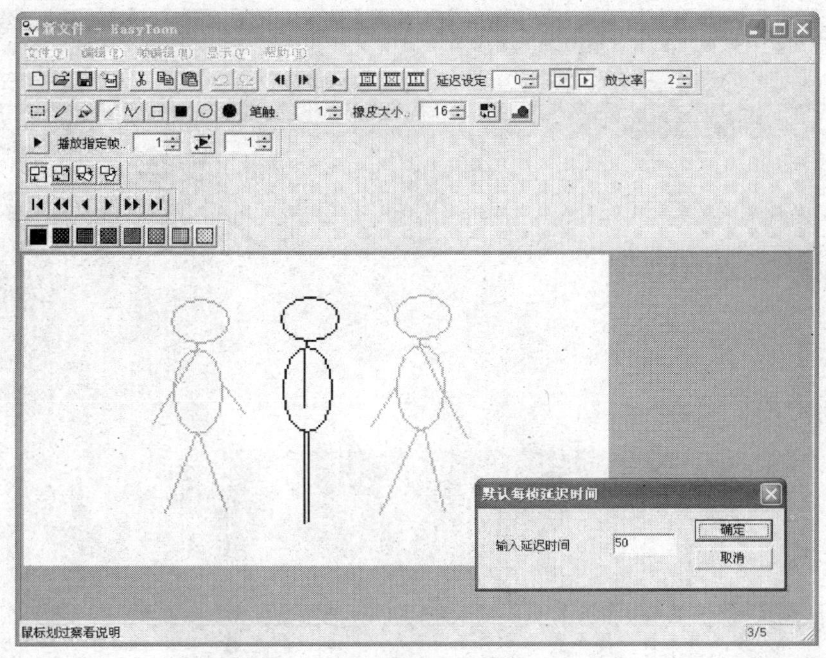


图 11—3 “默认每帧延迟时间”对话框

# 课题 51　Flash 动画制作软件——KoolMoves

**学习目标:**

1. 了解 KoolMoves 软件的基本组成。
2. 掌握利用向导制作 Flash 动画的方法。

KoolMoves 是一款能够制作 Flash 影片的动画制作软件，除简单的 Flash 动画之外，该软件还可以制作 GIF 动画和文字特效、导入矢量剪贴画、附加 WAV 音频文件、为文字按钮和帧增加动作等。

## 一、KoolMoves 简介

KoolMoves 的工作界面主要由菜单栏、工具箱、分数和时间线、舞台和 SWF 控制栏组成，如图 11—4 所示。除此之外，还可以手动打开场景、形状属性等窗口。

根据用户所具备的操作水平，KoolMoves 将用户划分为初级、中级和高级三个级别，并分别提供了四种不同的用户界面。

### 1. “效果/幻灯片显示的向导”界面

该界面是最简单的一种界面，主要针对没有任何动画设计及制作基础的初级用户。在该界面内不包含任何工具，用户只需要通过操作向导即可创建出各种漂亮的 Flash 动画。

### 2. “基本技能水平”界面

在该界面中，包含一个制作简单动画效果的工具箱，利用该工具箱，用户可以快速找到

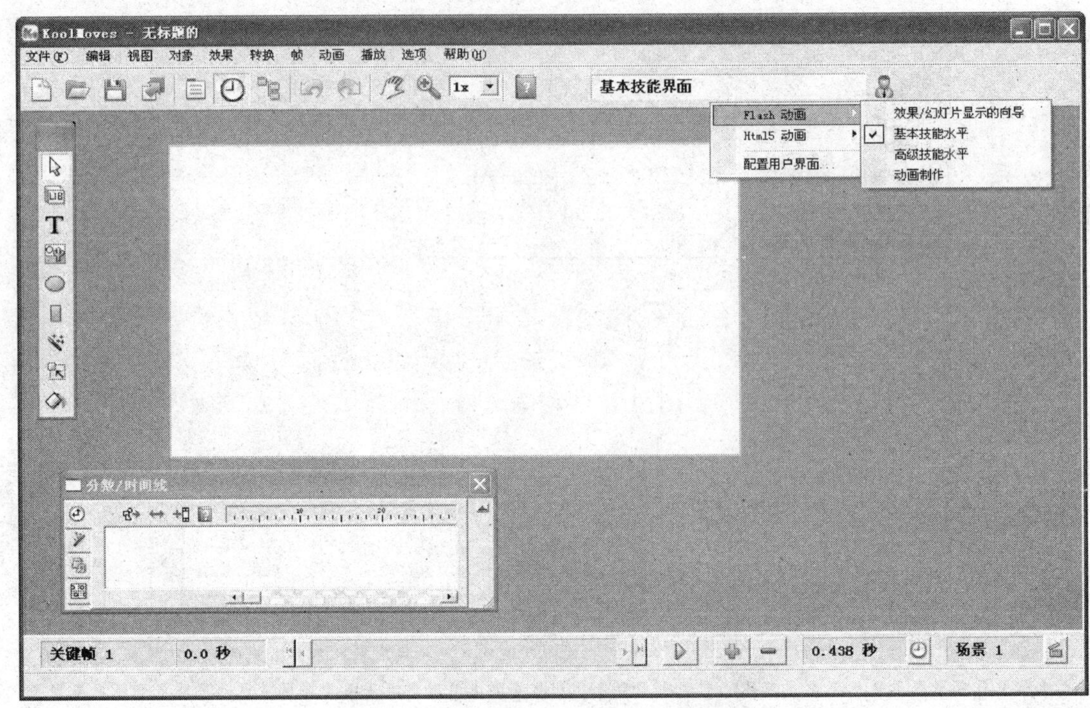


图 11—4 KoolMoves 界面

需要的工具，以便绘制各种形状。

**3. “高级技能水平”界面**

在该界面中，KoolMoves 提供了所有的动画制作工具，配合各种菜单命令，用户可以随心所欲地创造个性化的动画效果。

**4. “动画制作”界面**

“动画制作”在高级界面基础上，对 KoolMoves 的部分配置进行了更改，使其更加符合 Flash 动画制作的要求。

## 二、利用向导制作 Flash 动画

对于初级用户来说，利用 KoolMoves 的动画生成向导功能，可以快速制作出漂亮的 Flash 动画。

**操作步骤：**

❶在向导界面中，单击工具栏中的选择向导下拉按钮，在其列表中选择要使用的向导程序，如选择“新建幻灯片放映”选项。

❷在弹出的“步骤 1：选择幻灯片图像的文件夹”对话框中单击选择路径按钮，选择存储图像的文件夹，如图 11—5 所示，并单击“下一步”按钮。

❸在弹出的“第 2 步：排列幻灯片图像”对话框中，利用“上移”和“下移”按钮，调整图片的播放顺序，如图 11—6 所示，并单击“下一步”按钮。在弹出的“第 3 步：时间”对话框中，设置图片在演示时停留的时间，以及图片间的过渡效果，如图 11—7 所示。

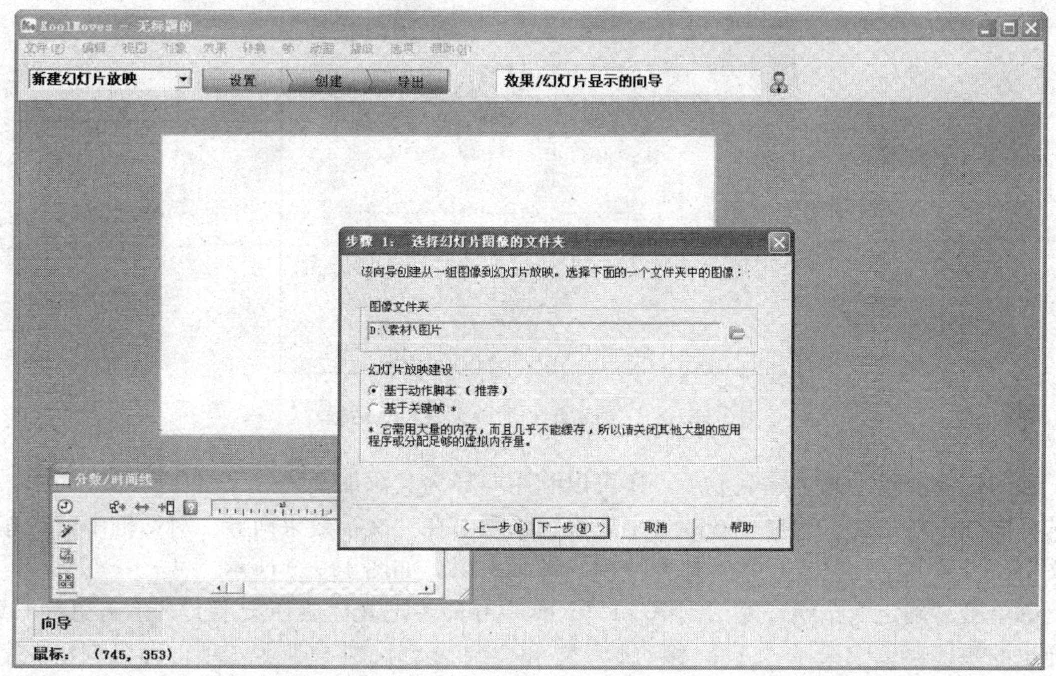


图 11—5 “步骤 1：选择幻灯片图像的文件夹”对话框

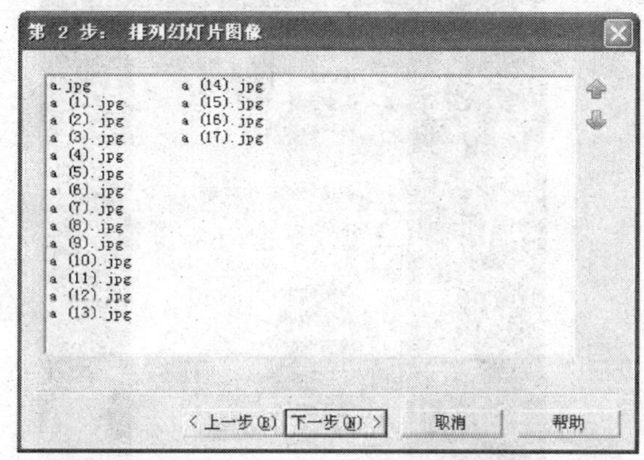


图 11—6 “第 2 步：排列幻灯片图像”对话框

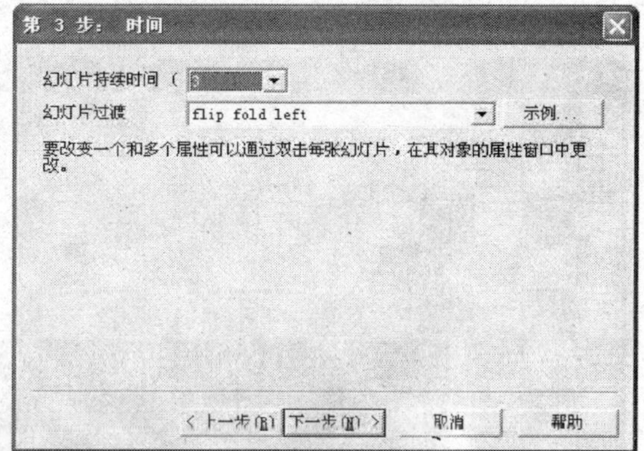


图 11—7 “第 3 步：时间”对话框

 **提示**

在“第 3 步：时间”对话框中，单击“幻灯片过渡”栏后的“示例”按钮，即可在弹出的“播放”对话框中预览过渡效果。

❹在弹出的“第 4 步：动画设置”对话框中，选择“用户定义”单选按钮，设置“宽度”为 650，“高度”为 480，并在“背景颜色”栏中设置其背景颜色为“蓝色”，如图11—8 所示。

❺单击“下一步”按钮之后，在弹出的对话框中单击“完成”按钮，即可完成幻灯片演示动画的创建。

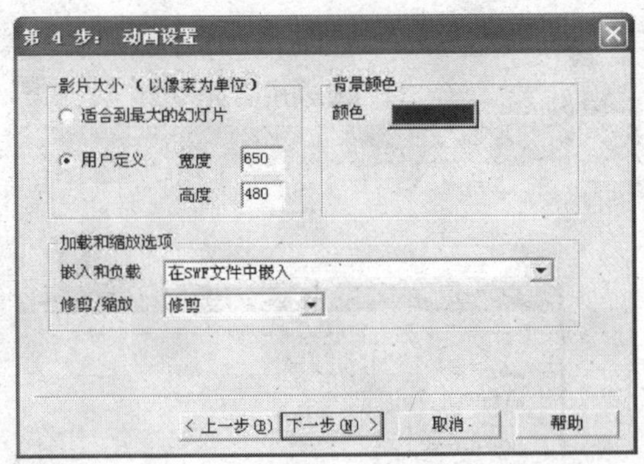

图 11—8 “第 4 步：动画设置”对话框

❻幻灯片演示动画创建完成后，还可以利用向导为其添加文字效果。在向导界面中，单击选择向导下拉按钮，选择“新建文字效果”选项。在“文字效果向导”对话框中输入相应的文字，设置其字体格式，并选择要使用的动画效果，如图 11—9 所示。

❼单击“确定”按钮，返回到 KoolMoves 主界面，把光标放在文字上，单击鼠标右键，在弹出的快捷菜单中选择“选择/移动形状”和“调整大小/缩放”等选项，即可调整文字的位置和大小，如图 11—10 所示。单击“播放影片”按钮，即可预览动画效果。

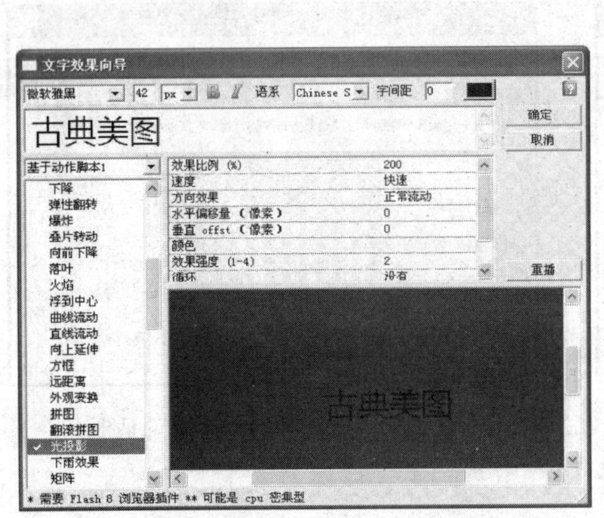

图 11—9 “文字效果向导”对话框

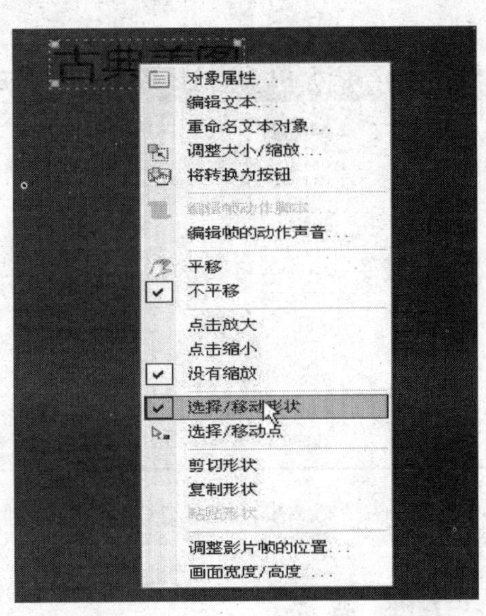

图 11—10 文字快捷菜单

## 课题 52 三维文字动画制作软件——BluffTitler

**学习目标：**

1. 了解 BluffTitler 的功能。

2. 掌握制作文字动画效果的操作方法。

BluffTitler 是一款制作 3D 文本标题字幕动画的工具，它具有体积小、特效丰富、图层丰富和渲染快等特点。另外，其制作效果可以在该软件的播放器中实时播放，或者输出为视频文件和 TGA 文件，供其他软件使用。

## 一、BluffTitler 简介

启动 BluffTitler 软件，可以看到整个 BluffTitler 软件的工作界面由主窗口和工作面板组成。其中，主窗口也称为视频窗口，主要用于查看整个动画的播放效果，如图 11—11 所示。而工作面板是用户制作三维动画的主要工作平台，由工具栏、文本控制区域、图层与时间区域三部分组成，如图 11—12 所示。

图 11—11　BluffTitler 主窗口

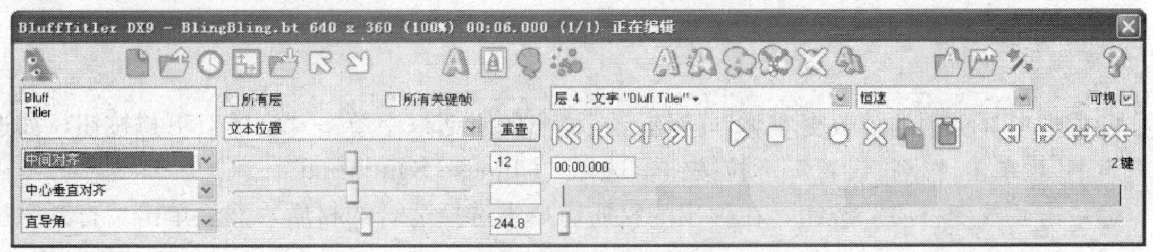


图 11—12　BluffTitler 工作面板

 **提示**

BluffTitler 默认使用的是英文界面，启动 BluffTitler 之后，执行“Settings/General option...(Language)”命令。然后，在弹出的“Language”对话框中选择“Chinese.txt”选项，并单击“确定”按钮，即可将BluffTitler的界面切换为简体中文。

**1. 工具栏**

在工作面板的工具栏中，包含BluffTitler中常用的工具按钮，它们分别与视频窗口中各菜单栏中的命令相对应。

**2. 文本控制区域**

利用该区域左半部分的各个选项，可以输入文本内容、设置文本对齐方式，以及应用文本样式等。利用该区域的右半部分的各个选项，可以设置文本的各种属性。

**3. 图层与时间线区域**

在该区域中，用户可以选择指定的图层，并利用各工具按钮对其进行编辑。同时，还可以在时间线区域预览制作好的效果。

**二、制作文字动画效果**

BluffTitler提供了大量展示模板供用户使用，用户可以通过修改模板制作文字动画效果。另外，还可以根据需要创建展示的效果。

**操作步骤：**

❶单击“文件”菜单下的“打开展示”命令，弹出“模板库”对话框，在模板库里提供了多种效果，相当丰富。任意选择一个打开，然后单击“播放”，可查看动画效果。

❷根据喜好和需要选择模板，把里面的字改成所需要的文字。在下面操作部分的左侧输入文字，如图11—13所示，并设置其字体格式。利用“文本位置”下的各个滑块调整文本在视频窗口中的位置。

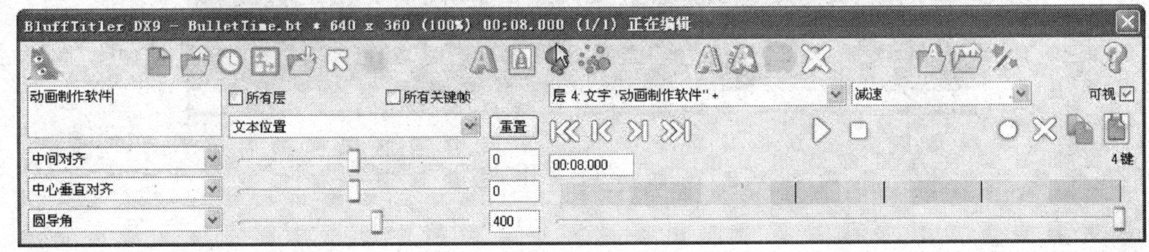


图11—13 输入修改文字

❸单击工具栏中的“改变字体”按钮，在弹出的对话框中单击“字体”下拉按钮，如选择“隶书”，单击“字符设置”下拉按钮，选择“Chinese Simplified”。

❹单击“改变材质”按钮，在弹出的材质窗口中选择适合的材质，然后单击“打开”按钮即可。

❺文字动画制作完成后，可以将其输出为影片。单击“文件”菜单，执行“输出为影片”命令，在弹出的“BluffTitler DX9 输出影片”对话框中单击“确定”按钮，如图11—14所示，并选择影片存储位置即可开始进行影片输出。

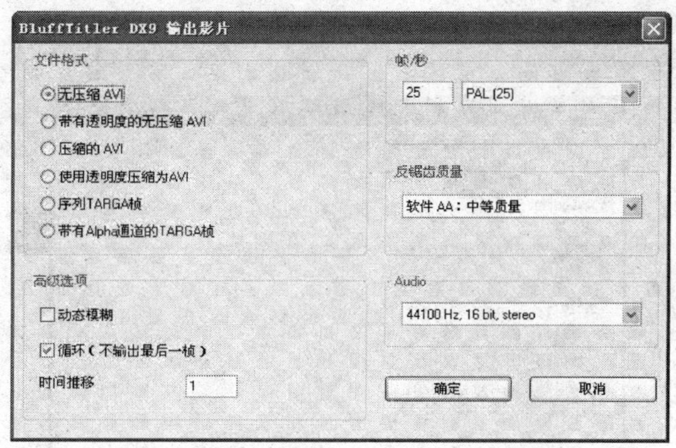


图 11—14 “BluffTitler DX9 输出影片”对话框

## 课题 53 将照片转换为 GIF 动画

**学习目标：**

1. 掌握添加图像的操作方法。
2. 掌握添加帧的操作方法。
3. 掌握添加文字的操作方法。
4. 掌握设置画面帧属性的操作方法。

目前有很多软件都可以将照片、视频、文件等制作成 GIF 格式的动画。下面以 Ulead GIF Animator 为例，学习使用该工具将照片制作成 GIF 动画的方法，说明“添加图像”“添加帧”“添加文字”和“设置画面帧属性”的操作方法。

**操作步骤：**

❶启动 Ulead GIF Animator，单击“文件”菜单，执行“添加图像”命令。如图 11—15所示。

❷在弹出的“添加图像”对话框中，分别选择图片 1 和图片 2，并单击“打开”按钮，然后单击“编辑”菜单，执行“修整画布”命令。

❸在右侧的“对象管理器面板”中，用右键单击“空白对象”选项，执行“删除对象”命令，将其删除。然后，单击“帧”菜单，执行“相同帧”命令，创建第二帧。

❹在“帧面板”中，选择第一帧，单击 obj-3 图片层中的“显示/隐藏对象”按钮，隐藏 obj-3 层。然后，选择第二帧，单击 obj-2 图片层中的“显示/隐藏对象”按钮，隐藏 obj-2 层。

❺再次选择第一帧，并单击“相同帧”按钮，创建第三帧。然后，在“工具面板”中单击“文本工具”按钮，单击编辑区，在弹出的“文本条目框”对话框中输入“可爱的”文字，如图 11—16 所示，并在设置字体格式后，单击“确定”按钮。

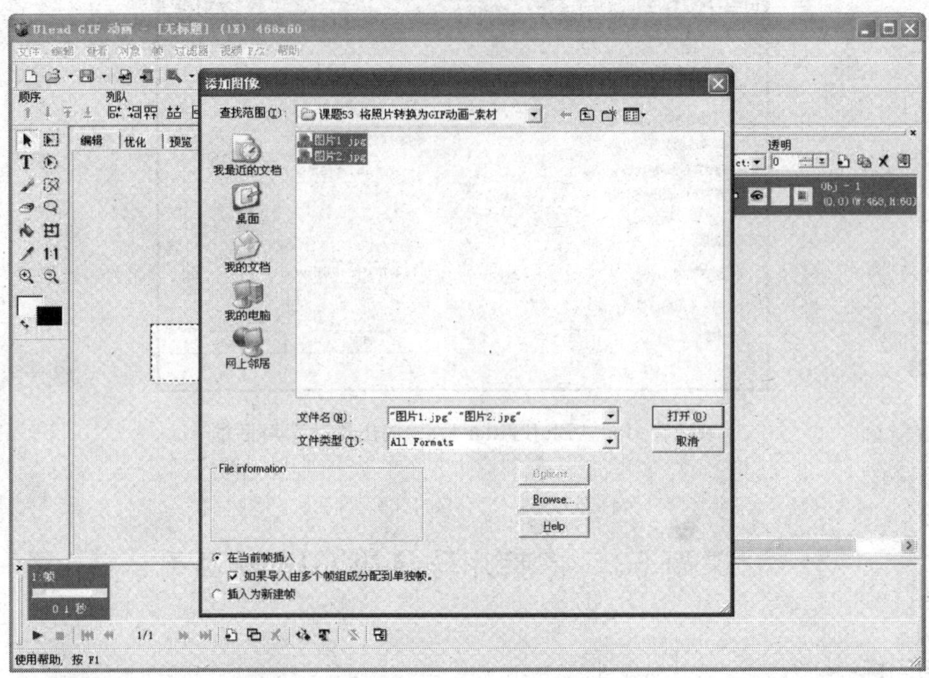


图 11—15 添加图像

图 11—16 “文本条目框”对话框

❻返回编辑区，用鼠标右键单击文字，在弹出的快捷菜单中执行“霓虹”命令。在弹出的“霓虹设置”对话框中勾选其中的“霓虹”复选框，如图 11—17 所示设置。然后选择第二帧，用相同的方法输入“俊介君”文字，并设置其字体格式，单击“确定”按钮。

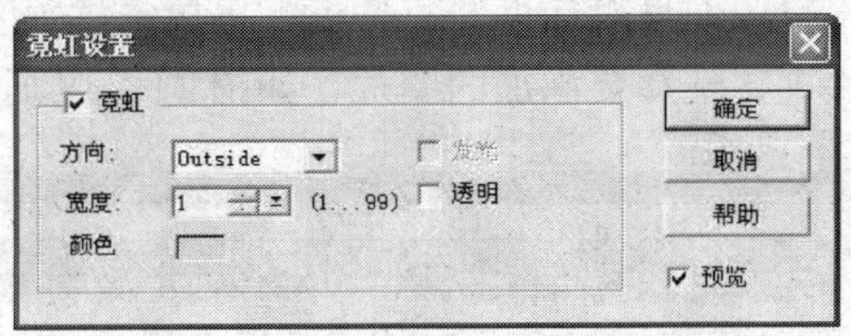


图 11—17 “霓虹设置”对话框

❼选择第三帧，输入“可爱的俊介君”文字，并设置字体格式，然后，在“帧面板”中双击第一帧，在弹出的“画面帧属性”对话框中进行如图 11—18 所示的设置。

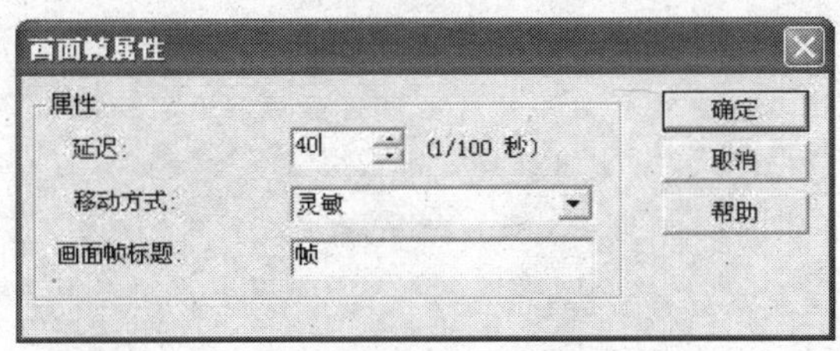


图 11—18 “画面帧属性”对话框

❽双击第二帧，在弹出的“画面帧属性”对话框中设置帧的“延迟”为 40，“移动方式”为“灵敏”，并单击“确定”按钮。

❾选择“文件”菜单，执行“另存为/GIF 文件”命令。在弹出的“另存为”对话框中选择文件保存的位置、输入文件名，单击“保存”按钮即可保存为 GIF 格式文件。

 **提示**

在“画面帧属性”对话框中，“移动方式”有“灵敏”“不移除”“到背景”“到上一个状态”和“Web 浏览器判定”五个选项。

## 课题 54 制作 Flash 相册

**学习目标：**

1. 了解 Flash Slideshow Maker 工具。
2. 掌握添加图片及过渡效果的操作方法。
3. 掌握添加音乐及相框的操作方法。

Flash Slideshow Maker 是一款专业的 Flash 动态相册制作工具。它可以将数码照片制作成动态的 Flash 相册，并以 SWF 格式输出文件，该工具支持图片编辑与背景音乐的添加。

## 一、添加图片

操作步骤：启动 Flash Slideshow Maker 软件，在“欢迎使用 Flash Slideshow Maker”对话框中勾选“下次启动不显示向导对话框”复选框，再单击“关闭”按钮。然后，在窗口左侧选择需要的文档或文件夹，选择要添加的图片，如图 11—19 所示。

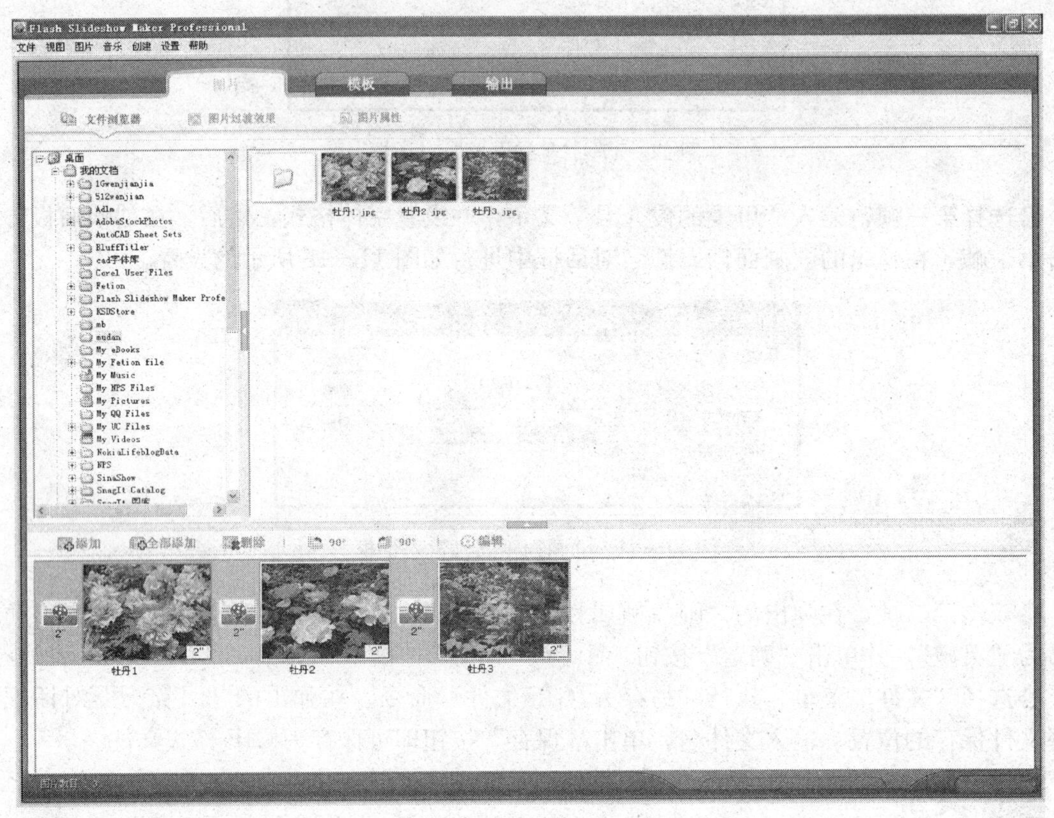


图 11—19 添加图片

## 二、添加过渡效果

**操作步骤：**

❶用鼠标右键单击如图 11—19 所示的“牡丹 1”图片，在弹出的快捷菜单中，选择“编辑图片”命令。然后，在弹出的“编辑图片”对话框中，设置“图片过渡效果”为“随机”，“图片过渡时间”为“5 秒”，“图片显示时间”为“5 秒”，如图 11—20 所示。

❷单击“牡丹 2”图片，设置“牡丹 2”图片的“图片过渡效果”为“多个圆形擦除”，“图片过渡时间”和“图片显示时间”均为“5 秒”。然后，单击“下一页”按钮，设置“牡丹 3”图片的“图片过渡效果”为“垂直百叶窗”，“图片过渡时间”和“图片显示时间”均为“5 秒”。

图 11—20 “编辑图片”对话框

## 三、添加相框

操作步骤：选择“模板”选项卡，单击“简单”按钮，在“Flash 选项”选区中取消勾选“影片结束时自动重复”“允许图片的网址链接”和“点击图片后自动播放”复选框。然后，在“模板”窗口中，设置“图片装饰”为“不装饰”，并选择要使用的相框，如图 11—21 所示。

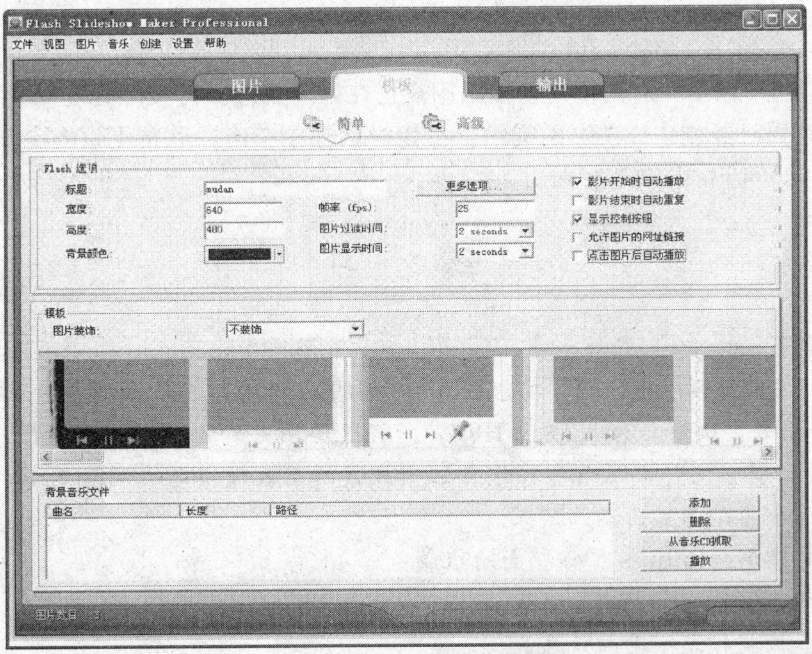

图 11—21 “模板”选项卡

## 四、添加音乐

**操作步骤：**

❶在“模板”选项卡中，单击“背景音乐文件”列表中的“添加”按钮，在弹出的“打开”对话框中选择要添加的音乐，并单击“打开”按钮，然后，选择“输出”选项卡，选择“仅创建 FLASH 文件”单选按钮，分别设置“输出目录”和“Flash 文件名”，如图 11—22 所示。单击“制作输出”按钮。

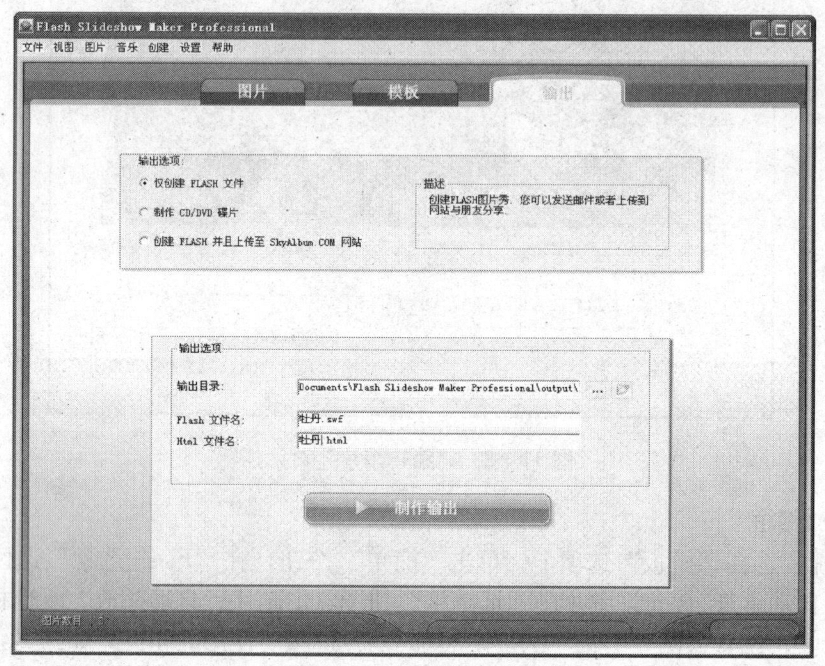


图 11—22 “输出”选项卡

❷在弹出的“输出”对话框中，提示用户正在处理文件。待文件处理完毕之后，会弹出“FLASH 图片秀已经创建成功”的提示。在该对话框中单击“欣赏 FLASH 图片秀”按钮，即可欣赏制作好的 Flash 动态相册。

# 练　习

## 一、截图题

用截图的方式回答以下问题。要求图片均为 JPEG 格式，其命名以题号为序进行，如第 2 题中的第 3 小题，则命名为“2 - 3. JPEG”。将这些图片均存入以“学号”＋“姓名”命名的文件夹中，将该文件夹压缩存入作业 U 盘或发送至教师指定的信箱中。

1. 制作一个简单的黑白动画。
2. 简要介绍 KoolMoves 工作界面的组成。
3. 利用向导制作一个 Flash 动画。
4. 利用模板制作文字动画效果。
5. 练习将照片转换为 GIF 动画。

6. 将本单元练习中的全部图片制作成 Flash 相册。

## 二、简答题

将以下简答题答案以 Word 文档形式（该文档命名为“学号”＋“姓名”）存入作业 U 盘或发送至教师指定的信箱中。

1. 简述计算机动画的概念。
2. 简述动画与视频的区别。
3. 简述动画的分类。
4. 简述常见的动画格式。
5. 简述 EasyToon 动画的特点。
6. KoolMoves 的几个工作界面各有什么作用？
7. 简述 BluffTitler 工作界面的组成。
8. 如何切换 BluffTitler 中英文界面？
9. 什么是 GIF 动画？
10. 简单介绍一下 Flash Slideshow Maker 工具。

# 单元 12　光盘制作与应用软件

在计算机技术的发展过程中，陆续出现了磁性存储、电子存储和光存储等多种存储技术。其中光存储技术的代表产品便是光盘。与磁性存储介质（硬盘）和电子存储介质（U盘、存储卡等）相比，光盘对播放设备的兼容性要优于前两者。例如用户既可通过计算机来观看影碟，也可使用影碟播放机（如 VCD 播放机、DVD 播放机等）来观看影碟。而且，光盘的使用方法和其他类型存储介质相比简便了许多。这使得光盘一经推出便迅速成为一种重要的存储介质。

然而由于存储技术的特殊性，在向光盘内记录数据时必须借助第三方工具软件。为此，本单元将对光盘文件制作方法及所要用到的相应软件进行简单介绍，以便用户能够根据需求制作出符合标准的光盘文件。

## 课题 55　光盘知识概述

**学习目标：**

1. 了解光盘类型。
2. 了解光盘结构及其原理。

光存储技术的研究是从 20 世纪 70 年代开始的，此后 Philips 公司向新闻界展示了一套可长时间播放电视节目的 LV(Laser Vision) 光盘系统（又称激光视盘系统），从此拉开了利用激光记录信息的序幕。在此后的几十年间，随着光存储技术的不断发展，作为光存储介质的光盘也在不断发生着变化，在此简单介绍光盘的基础知识。

### 一、光盘类型

一直以来，光盘都在向着拥有更大存储容量的方向发展。在发展过程中，陆续出现了多种类型的光盘。

#### 1. CD（Compact Disc）光盘

CD 光盘采用波长为 780 nm 的激光束进行读取，其标准容量为 700 MB（直径 12 cm 的标准 CD 光盘）。CD 光盘还分为可记录光盘（CD-R/RW）和不可记录光盘两种类型，前者可由用户自行向其中记录数据，而后者在出厂时便携带有指定数据，用户不可对其进行更改。

#### 2. DVD 光盘

DVD 光盘采用 650 nm 波长的激光束进行读取。其单层标称容量为 4.7 GB，实际最大容量为 4.38 GB 左右；双层 DVD 光盘标称容量为 8.5 GB，实际最大容量为 8.2 GB 左右。

**提示**

DVD 光盘按照 1 GB=1 000 MB 进行计算，而实际换算比率是 1 GB=1 024 MB。由于单位换算比例的不同，便造成了标称容量与实际容量不符的问题。

**3. BD(Blu - ray Disc) 光盘**

BD 是近些年才出现的光盘类型，属于 DVD 光盘的替代品。使用时，可利用 405 nm 波长的激光束读取 BD 光盘中的内容，其单层容量在 25 GB 左右，目前已成功研制出最多可达四层、容量为 100 GB 的 BD 光盘。

几种光盘外形如图 12—1 所示。

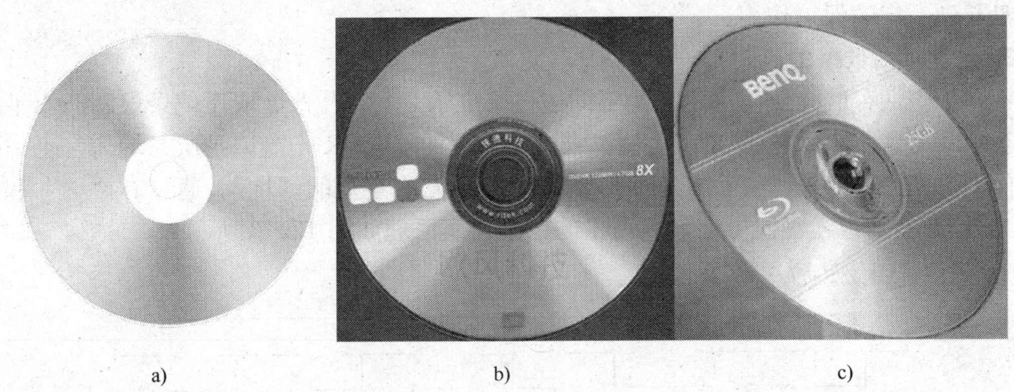


a) b) c)

图 12—1 CD、DVD 及 BD 光盘外形
a) CD 光盘 b) DVD 光盘 c) BD 光盘

**提示**

在 BD 光盘还未成为下一代光盘技术标准时，还有一种采用相同波长激光束进行数据读取的 HD DVD 光盘与其竞争。竞争的结果是 HD DVD 光盘最终失败。原因之一便是 HD DVD 光盘的容量较小，其单层存储能力只有 15 GB 左右。

**二、光盘结构及原理**

CD、DVD、BD 等光盘的类型虽然不同，但无论是构造还是原理都非常的相似。下面便对其进行简单的介绍。

**1. 光盘的内部构造**

不同种类光盘的结构虽然有所差别，但其构造原理却基本一致。以常见的 CD 光盘为例，其盘片由基板（塑料衬盘）、记录层、反射层、保护层和印刷层（标签层）五部分所构成。另外，在记录层上下两面各有一层绝缘层，即上绝缘层和下绝缘层，以便更好地保护记录层。图 12—2 所示为光盘局部的剖面图。

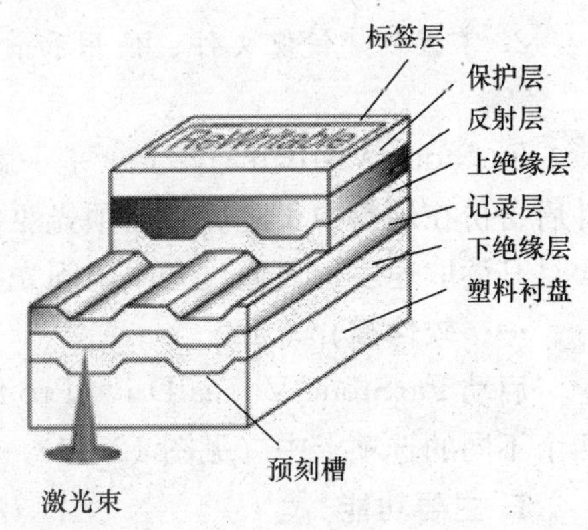


图 12—2 光盘的内部构造

(1) 基板。它是光盘的外形体现，材料为聚碳酸酯，特点是冲击韧性极好、适用温度范围大、尺

寸稳定性好，耐候性、无毒性较好。光盘之所以能够随意取放，主要取决于基板的硬度。

(2) 记录层（涂料层）。它是光盘记录数据信号的地方，普通光盘的记录层由一种稳定物质构成，而 CD－R 光盘的记录层则由有机涂料组成。当用户向 CD－R 光盘内写入数据时，有机涂料会在激光烧灼下发生变化，从而完成记录数据的任务。

(3) 反射层。它是光盘的第三层，制造材料为高纯度的纯银金属，作用则是反射激光束，以便光盘驱动器（简称光驱）借反射的激光束读取光盘内容。

(4) 保护层。它的功能是防止反射层及记录层被破坏，制造材料多为光固化丙烯酸类物质。

(5) 印刷层。它是光盘表面用于印刷客户标志、光盘容量等相关信息的地方，此外还可对光盘起到一定的保护作用。

**2. 光盘存储数据的原理**

不同于磁性存储介质使用物质的不同磁极来表示 0 与 1，光盘依靠记录层凹凸不平的表面来表示 0 与 1。以 CD－R 光盘为例，未记录数据的 CD－R 光盘记录层是均匀、平坦的状态，而刻录光盘的操作则会在其表面形成众多肉眼无法察觉的“坑”。通过有“坑”和没有“坑”的状态差别，光盘便可记录 0 与 1 的信号。其原理如图 12—3 所示。

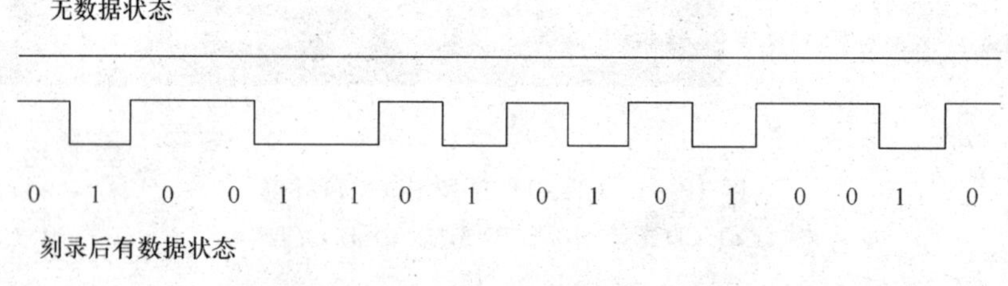


图 12—3　光盘刻录前后存储数据原理

## 课题 56　光盘备份与管理工具——FarStone VirtualDrive Pro

**学习目标：**

1. 了解 FarStone VirtualDrive Pro 软件的功能。
2. 掌握创建镜像文件、使用和管理光盘镜像文件的方法。

FarStone VirtualDrive Pro 是一款多功能虚拟光驱软件，能够将光盘文件转换为镜像文件后备份在硬盘中。此后，无须光驱便可获取光盘中的内容，不仅使用效果与原光盘无异，而且其读取速度也比通过光驱访问光盘快得多。

### 一、软件简介

启动 FarStone VirtualDrive Pro 后，在功能列表中可看到软件所有功能分门别类后归入四个不同的选项卡中（见图 12—4），各选项卡的主要功能如下：

**1. 主要功能**

在此选项卡中包括以下几个选项功能。

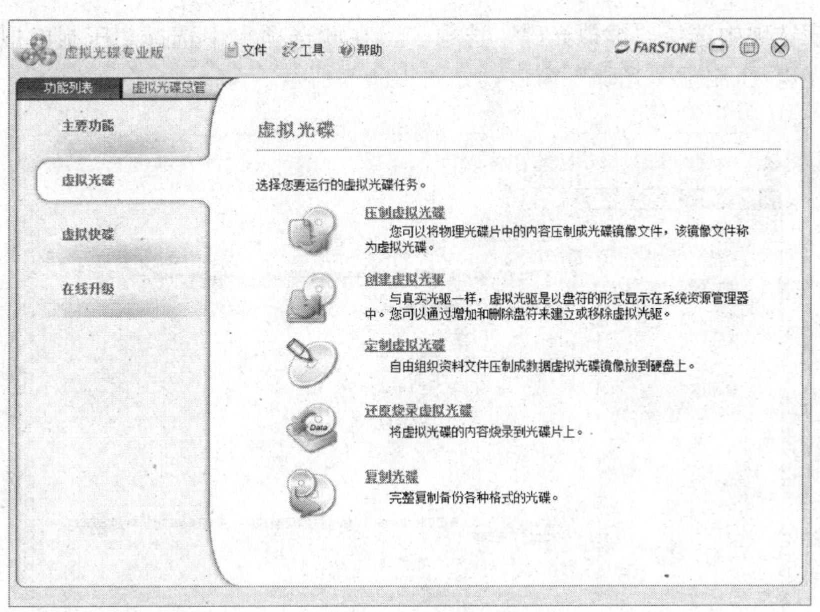


图 12—4 “虚拟光碟专业版”-“功能列表”窗口

(1) 快速导航

1) 压制虚拟光碟。可以使用此功能来创建虚拟光驱，能够模拟真实的 CD/DVD 光驱的特性。将压制的虚拟光盘镜像文件放入其中使用，其操作效果就像在真实的 CD/DVD 光驱中使用物理光盘一样。

2) 创建虚拟硬碟。该功能用于使用系统中的部分内存来创建虚拟硬碟，它的功能类似于系统中的硬盘。虚拟硬碟与真实硬盘相比，极大地提升了操作系统读写数据的速率。

(2) 设置。在设置选项卡中包括“一般设置”“虚拟光碟设置”和“虚拟硬碟设置”三个设置选项。

**2. 虚拟光碟**

在此选项卡中包括“压制虚拟光碟”“创建虚拟光驱”“定制虚拟光碟”“还原烧录虚拟光碟”和“复制光碟”五个选项。

**3. 虚拟快碟**

在此选项卡中包括“创建虚拟硬碟”“加载虚拟硬碟镜像文件”“保存虚拟硬碟”“移除虚拟硬碟”和“浏览虚拟硬碟”五个选项。

**4. 在线升级**

用户可通过此项功能对该软件进行在线升级。

该软件操作功能主要有备份刻录数据光盘、创建管理及使用虚拟镜像光盘。

**二、创建镜像文件**

根据数据来源的不同，FarStone VirtualDrive Pro 为用户提供了两种不同的光盘镜像文件创建方式。

**1. 将光盘文件压制为虚拟光驱镜像文件**

**操作步骤：**

❶将需要压制为虚拟光驱镜像文件的光盘放入光驱，启动 FarStone VirtualDrive Pro，

并在功能列表选项中选择“虚拟光碟”选项卡，在此选项卡中选择“压制虚拟光碟”选项，弹出“虚拟光碟-压制虚拟光碟”窗口，如图 12—5 所示。

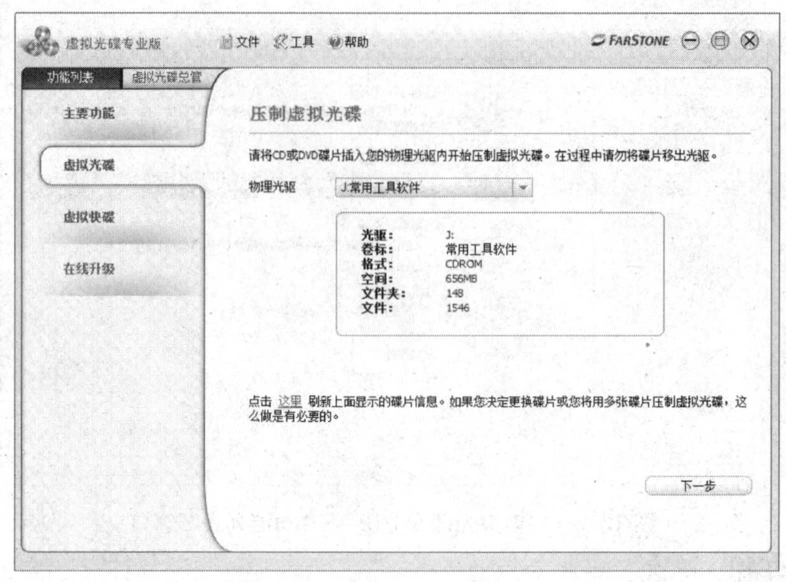


图 12—5 “虚拟光碟-压制虚拟光碟”窗口

❷在此窗口中直接单击“下一步”按钮。在弹出的窗口中选择虚拟光碟的保存路径及文件名。然后单击“下一步”按钮。

❸在弹出的“虚拟光碟”窗口-“虚拟光碟压制设置”中设置一些压制光碟的选项。如果不清楚 CD/DVD 碟片的防拷贝类型，此时可选择“使用智慧型算法”单选按钮。如果很清楚 CD/DVD 碟片的防拷贝类型，可在此选择“其他防拷类型”单选按钮，并在此后的下拉列表中选择防拷贝类型。如果不知道光盘属于哪一个防拷贝类型，可单击“这里”超链接。当勾选“使用数据压缩”复选按钮时，可以节省硬盘空间，但会导致更长的压制时间。在此有“低”“普通”和“高”几个单选按钮，如图 12—6 所示。

❹进行完相应的设置后单击“下一步”按钮，即开始进行虚拟光碟的压制。最后单击“完成”按钮即完成将光盘压制为虚拟光驱镜像文件的过程。

**2. 利用硬盘数据压制虚拟光驱镜像文件**

FarStone VirtualDrive Pro 除了能够将光盘压制为虚拟光驱镜像文件外，还能够将硬盘不同位置处的任意文件或文件夹压制为镜像文件。

**操作步骤：**

❶在 FarStone VirtualDrive Pro 程序主界面的“虚拟光碟”选项卡中单击“定制虚拟光碟”超链接，弹出“ATA 备份文件. cif - CD - DVD 刻录”窗口。

❷在“ATA 备份文件. cif - CD - DVD 刻录”窗口中上面的左窗格中选择文件或文件夹的路径，在相应的右窗格中会对应地显示出相应的文件或文件夹，可在此单击选择其中的文件或文件夹，然后按住 Ctrl 键再继续单击选择其他的文件或文件夹，最后用鼠标把选取的文件或文件夹拖曳到该窗口下面的右窗格中。

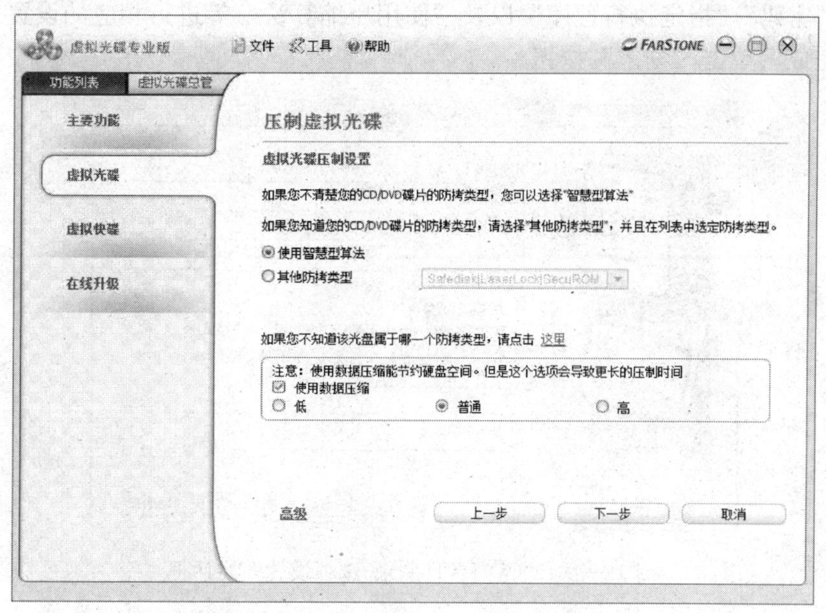


图 12—6 “虚拟光碟”窗口-“虚拟光碟压制设置”

❸在窗口下面的左窗格上方输入压制光碟后的名称如“ATA 备份文件”，在“默认刻录设备”下拉列表中选择“生成镜像文件”选项，如图 12—7 所示。

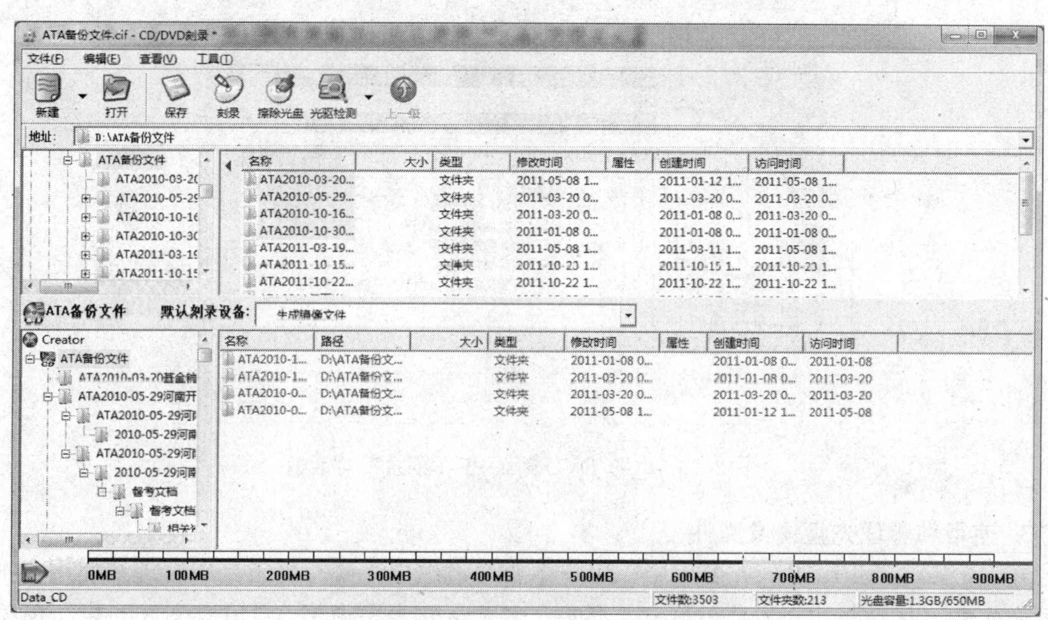


图 12—7 “ATA 备份文件. cif - CD - DVD 刻录”窗口中的四个窗格

❹在如图 12—7 所示的窗口中单击“刻录”按钮，弹出“CD - DVD 刻录-选择目标路径”对话框。在该对话框中选择生成镜像文件所在的磁盘路径以及文件名称，如“ATA 备份文件. VCD”，然后单击“下一步”按钮。

❺在弹出的“CD/DVD 刻录-选项设置”对话框中，可以对“光盘卷标”“光盘描述说

明”“作者”“密码”“指定执行程序”以及“使用压缩算法”等进行相应的设置，如图12—8所示。设置完成后单击“刻录”按钮。

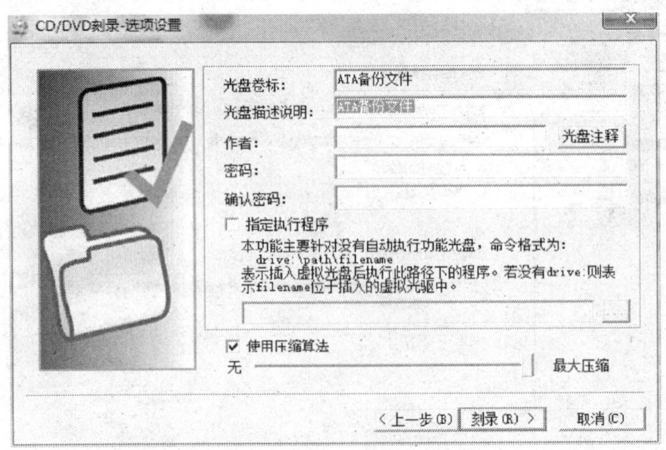


图 12—8　“CD/DVD 刻录-选项设置”对话框

❻弹出“CD/DVD 刻录-正在刻录”对话框，显示出刻录的进程，如图 12—9 所示。在最后提示“刻录进程成功结束”对话框中单击“确定”按钮，即完成利用硬盘数据压制虚拟光驱镜像文件的操作。

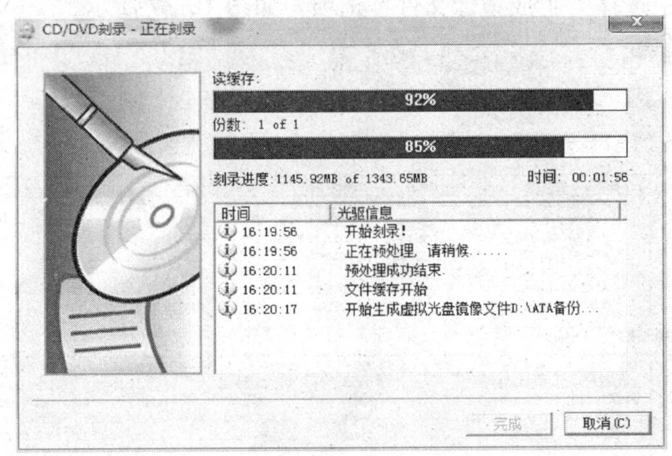


图 12—9　“CD/DVD 刻录-正在刻录”对话框

**3. 使用和管理光盘镜像文件**

在 FarStone VirtualDrive Pro 中，用户主要通过虚拟光碟总管工具来管理和使用虚拟光碟镜像文件，其界面共分为菜单栏、工具栏、“光驱列表”窗格、“镜像文件列表”窗格和“内容”窗格等部分。单击工具栏中的“添加”按钮后，即可在弹出的对话框内选择虚拟光碟镜像文件，以便将其添加至虚拟光碟总管中。

在“镜像文件列表”窗格内选择镜像文件后，“内容”窗格中便会显示所选镜像文件中的内容。在“内容”窗格中双击某一文件后，虚拟光碟总管会在进行解压缩操作后打开选定文件。

以上方法能够让用户访问虚拟光驱镜像文件中的文档、图像、压缩文件等内容，但由于并没有加载镜像文件，因此某些可执行文件会出现无法运行的状况。此时，只需选择镜像文件后单击工具栏中的“插入”按钮，使用虚拟光驱加载该镜像文件，即可像使用普通光盘一样在 Windows 资源管理器内使用镜像文件。

**提示**

在“光驱”列表窗格中，选择加载有镜像文件的虚拟光驱后，单击工具栏内的“弹出”按钮，即可将镜像文件“退出”虚拟光驱。

当用户的镜像文件较多时，可使用光盘柜对镜像文件进行分类管理，方法是在右键单击“镜像文件列表”窗格空白处后，选择“新建光盘柜”命令。然后，在弹出的对话框内输入光盘柜名称与描述信息，并单击“创建”按钮。

成功创建光盘柜后，只需在“镜像文件列表”窗格内将镜像文件拖曳到光盘柜名称上，即可将该镜像文件添加至相应的光盘柜内，如图 12—10 所示。

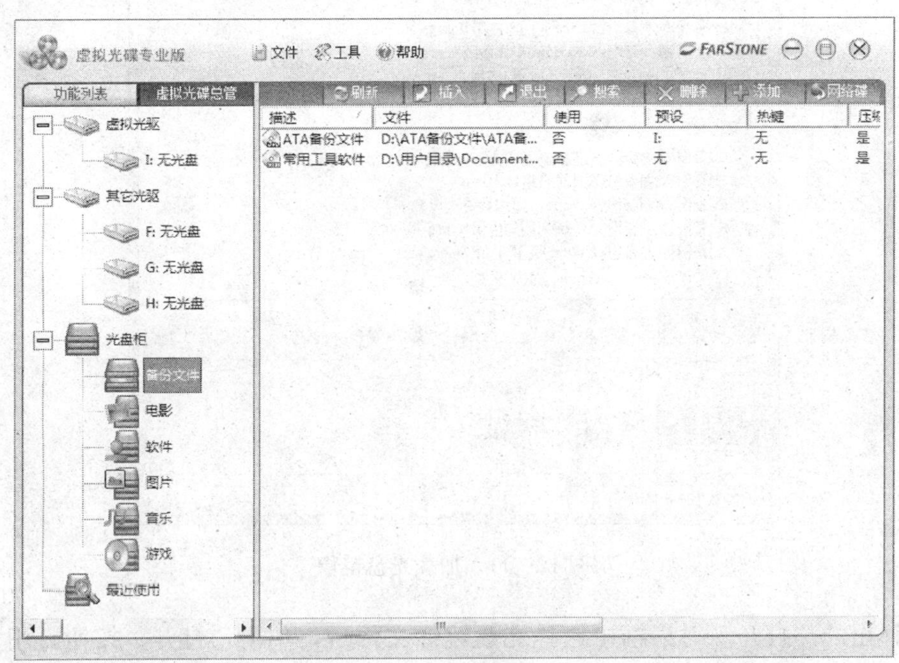


图 12—10　创建光盘柜

# 课题 57　虚拟光驱工具——DAEMON Tools

**学习目标：**

1. 掌握使用和管理光盘镜像文件的方法。
2. 掌握创建光盘镜像文件的方法。

DAEMON Tools 是目前较为知名的一款虚拟光驱工具，能够利用各种光盘创建光盘镜像，并支持 CUE、ISO、BWT、DCD、PDI 等多种类型的虚拟光驱镜像文件。这样既可以更好地保护光盘，又能够在使用镜像文件时获得比直接读取光盘更快的速度。

## 一、使用和管理光盘镜像文件

通过 DAEMON Tools 使用和管理光盘镜像的方法极其简单，这使得用户能够更为便捷地完成任务，下面简单介绍具体操作方法。

### 1. 加载光盘镜像

加载光盘镜像是将创建好的光盘镜像文件加载到虚拟光驱上。

**操作步骤：**

❶启动 DAEMON Tools 后，单击通知区域内的 DAEMON Tools 图标，并双击“设备 0：[F：] 无媒体”图标，如图 12—11 所示。

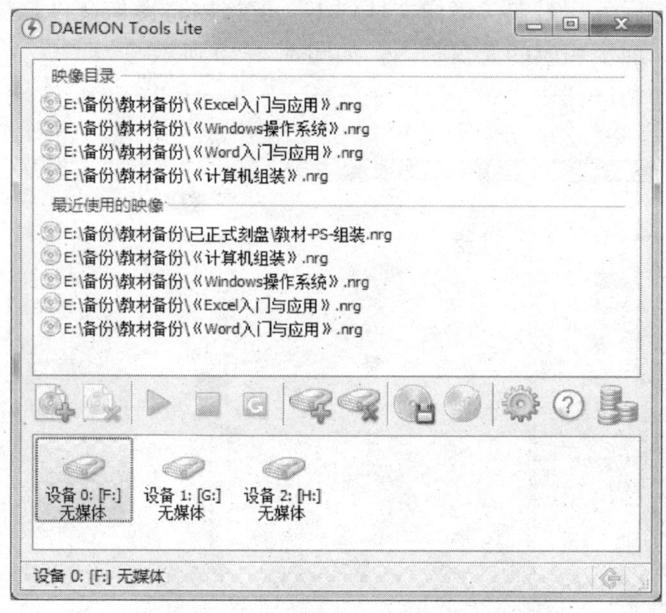


图 12—11　加载光盘镜像

❷在弹出的“打开”对话框中选择光盘镜像文件后，单击“打开”按钮。用户便可在 DAEMON Tools 创建出的虚拟光驱中像使用普通光盘一样使用光盘镜像。

### 2. 收录光盘镜像

虽然使用 DAEMON Tools 加载光盘镜像的操作方法极其简便，但要从数量众多的文件夹内找到所需光盘镜像文件却不是一件容易的事情。此时，可利用 DAEMON Tools 的光盘镜像收录功能，将常用光盘镜像收录在 DAEMON Tools 中，以便用户更加方便地加载这些光盘镜像。

**操作步骤：**

❶在通知区域中，单击 DAEMON Tools 中的“参数选择”图标。然后，在弹出的“参数选择”对话框的“面板选项”选项卡中，勾选“启用 DT 面板”复选框，并依次单击“应用”和“关闭”按钮。

❷此时，Windows任务栏的上方将出现横条状的DAEMON Tools面板。单击其中的“装载和驱动器管理”按钮，在打开的“装载和驱动器管理”对话框中单击“添加文件”按钮。然后，在弹出的对话框内选择光盘镜像文件，即可将其收录至DAEMON Tools内。

**提示**

在“装载和驱动器管理”对话框中，右键单击对话框上半部分的空白区域后，在弹出的快捷菜单中选择“添加文件”选项，也可在弹出对话框内选择所要收录的光盘镜像文件。

当需要加载DAEMON Tools已收录的光盘镜像时，只需右键单击通知区域内的DAEMON Tools图标，并在“映像目录”级联菜单中选择相应的光盘镜像文件即可。

**二、创建光盘镜像文件**

作为一款优秀的虚拟光驱软件，DAEMON Tools除了能够兼容众多格式的虚拟光驱镜像文件外，还能够根据现有光盘创建光盘镜像文件。

**操作步骤：**

❶单击DAEMON Tools面板内的“制作光盘镜像”按钮后，弹出“光盘映像”对话框。在“设备”下拉列表中选择要制作的光盘镜像并装入光盘到光驱，并在“读取速度”下拉列表中选择合适的读取速度。

❷在“目标映像文件”选项中单击目标浏览按钮，弹出“另存为”对话框，在其中选择存放镜像文件的合适路径、输入镜像文件的文件名及镜像文件的文件类型。然后单击“保存”按钮。

❸再次返回到“光盘映像”对话框后，可根据需要勾选“压缩映像数据”“失败时删除映像”“添加到映像目录”及“使用密码保护映像”等复选框。然后单击“开始”按钮，即可开始创建光盘镜像文件，如图12—12所示。这时弹出“光盘映像进度”对话框，在镜像文件制作完成后，会在该对话框中提示“光盘映像已完成。”，然后单击“关闭”按钮，如图12—13所示。此时创建光盘镜像文件的过程全部结束。

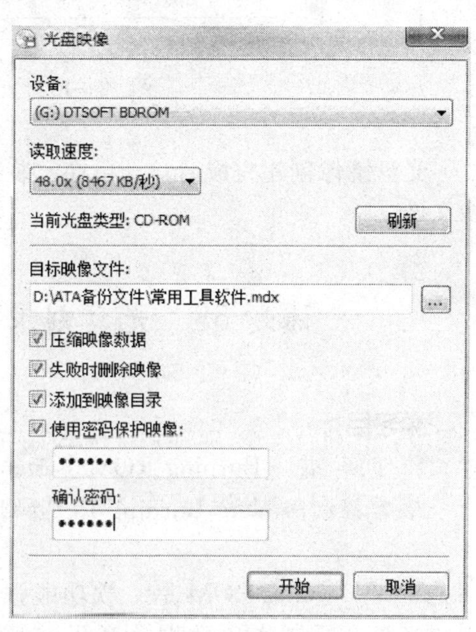


图12—12 “光盘映像”对话框

**提示**

在创建光盘镜像前，必须先将源光盘放至光驱中。如果DAEMON Tools未能检测到该光盘，可单击如图12—12所示的“光盘映像”对话框中的“刷新”按钮重新检测，因为DAEMON Tools只有在用户指定的光驱内检测到光盘时，才能开始创建光盘镜像文件。

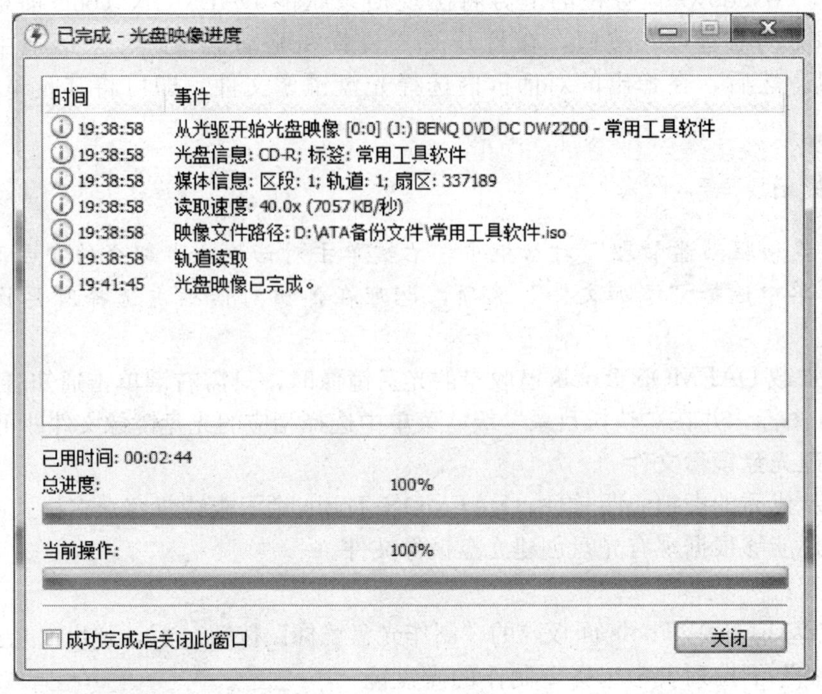


图 12—13 “已完成-光盘映像进度”对话框

光盘镜像创建完成后，即可在“装载和驱动器管理”对话框中查看到刚刚创建的光盘镜像文件。

## 课题 58 光盘刻录工具——Nero Burning ROM

**学习目标：**

1. 了解 Nero Burning ROM 界面。
2. 掌握利用 Nero Burning ROM 刻录光盘的方法。

Nero Burning ROM 是一款功能强大的刻录软件，它能够利用 CD、DVD、BD 等类型的光盘介质制作出数据、音乐和视频等不同类型的光盘文件。更为重要的是，Nero Burning ROM 的使用方法极其简单，用户只需几个简单的步骤，即可创建出符合要求的光盘文件。

### 一、界面简介

Nero Burning ROM 的界面（见图 12—14）主要由菜单栏、工具栏、光盘浏览器、文件浏览器和光盘容量标尺等部分组成，下面将对各部分的功能逐一进行说明。该软件的简单操作都是依靠一些常用按钮实现的，这些常用按钮的作用见表 12—1。

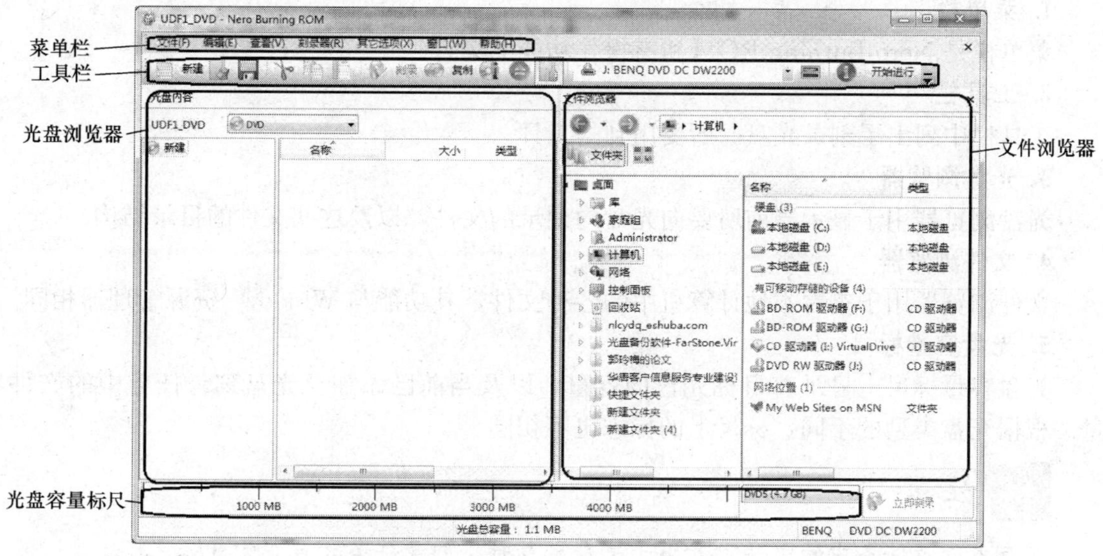


图 12—14　Nero Burning ROM 界面

**表 12—1**　　　　　　　　　　　**常用按钮**

| 按钮图标 | 名称 | 功能 |
|---|---|---|
| 新建 | 新建 | 新建光盘编辑项目 |
|  | 打开 | 打开现有光盘编辑项目 |
|  | 保存 | 保存当前光盘编辑项目 |
|  | 剪切 | 剪切所选对象 |
|  | 复制 | 复制所选对象 |
|  | 粘贴 | 粘贴所剪切或复制的对象 |
| 刻录 | 刻录光盘 | 开始刻录光盘 |
| 复制 | 复制光盘 | 开始复制光盘 |
|  | 光盘信息 | 查看光驱内光盘的信息 |
|  | 弹出光盘 | 弹出光驱托盘 |
|  | 浏览器 | 打开/关闭浏览器窗格 |
| J: BENQ DVD DC DW2200 | 刻录机列表 | 在刻录机下拉列表中显示刻录设备 |
|  | 选择刻录机 | 从刻录设备中选用适合的刻录机 |
|  | 关于 | 显示关于 Nero Burning ROM 的程序信息 |

**1. 菜单栏**

菜单栏是 Nero Burning ROM 所有操作功能的集合。

**2. 工具栏**

工具栏中列出了刻录光盘时所要用到的工具。

**3. 光盘浏览器**

光盘浏览器用于显示当前所要向光盘内刻录的文件，以及这些文件的目录结构。

**4. 文件浏览器**

文件浏览器用于查看本地计算机中的各种文件，其功能与 Windows 资源管理器相同。

**5. 光盘容量标尺**

光盘容量标尺上显示着目标光盘的容量，以及当前已添加至光盘刻录任务中的文件容量。根据光盘类型的不同，标尺上的标志也不相同。

 **注意**

只有当刻录任务中的文件容量小于光盘容量时，刻录任务才可正常开始。

## 二、刻录光盘

### 1. 刻录一般数据光盘

无论使用 Nero Burning ROM 刻录哪种类型的光盘，其操作方法都基本一致。下面将以刻录 DVD 数据光盘为例，介绍使用 Nero Burning ROM 刻录光盘的方法。

**操作步骤：**

❶启动 Nero Burning ROM 后，程序将自动弹出“新编辑”对话框。在该对话框中，将左上角下拉列表框内的选项设置为“DVD”，并在其下拉列表框内选择“DVD - ROM (ISO)”选项。选择完成后，在右侧对应的“ISO”选项卡内设置光盘所要使用的文件系统、字符集及其他选项，如图 12—15 所示。

图 12—15 “ISO”选项卡

根据用户在“ISO”选项卡内所设置刻录参数的不同，刻录出的光盘会拥有不同的兼容性，部分刻录参数会使得光盘无法被某些操作系统所识别。

❷选择“标签”选项卡，在其中选择“自动”单选按钮，并在“光盘名称”文本框内输入目标光盘的名称标志。设置时，可根据目标光盘类型及其内容进行填写。完成后单击“新建”按钮，如图12—16所示。

图12—16 “标签”选项卡

此处所设置的光盘名称标志是在将光盘放入光驱后，显示在Windows资源管理器光驱盘上的名称标志，因此，合理设置该名称有助于用户以后使用光盘时了解其内容。

❸进入Nero Burning ROM主界面后，将需要刻录的文件从“文件浏览器”窗格内拖曳到“光盘内容”窗格内，并单击工具栏上的“刻录”按钮，如图12—17所示。

出于节约成本方面的考虑，每次刻录光盘时应刻录尽量多的内容，以减少刻录光盘剩余空间的浪费。

❹在弹出的对话框中，选择“刻录”选项卡，并勾选其中的“写入”复选框，然后单击“刻录”按钮。Nero Burning ROM便开始进行光盘刻录任务，如图12—18所示。

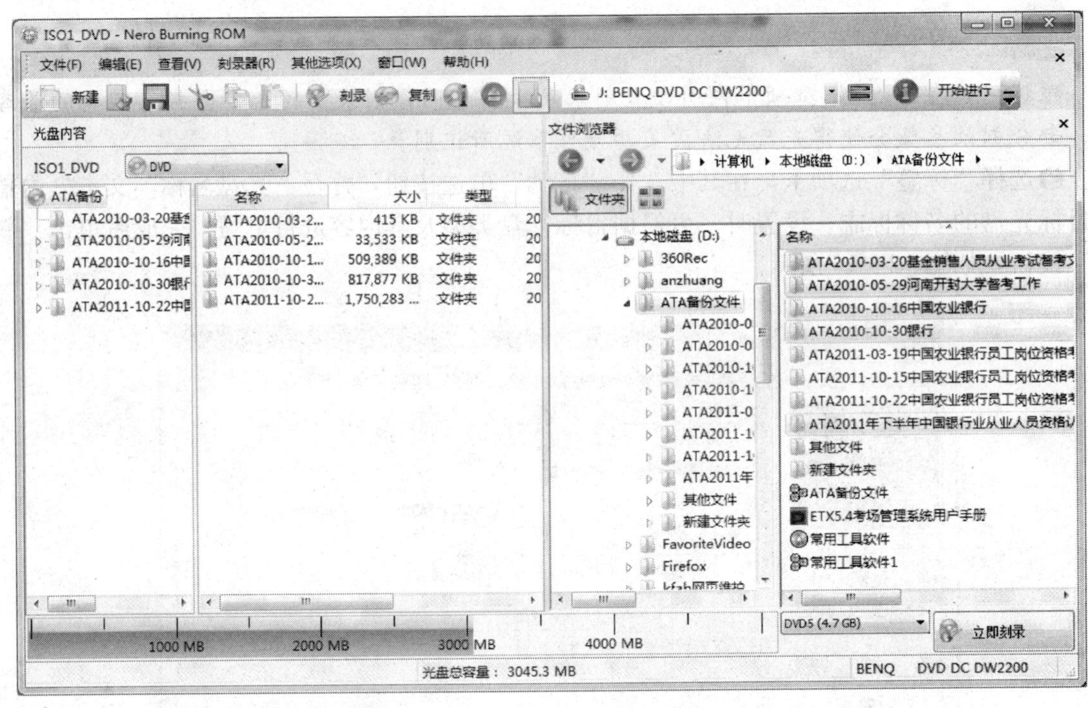

图 12—17　选取待刻录文件或文件夹

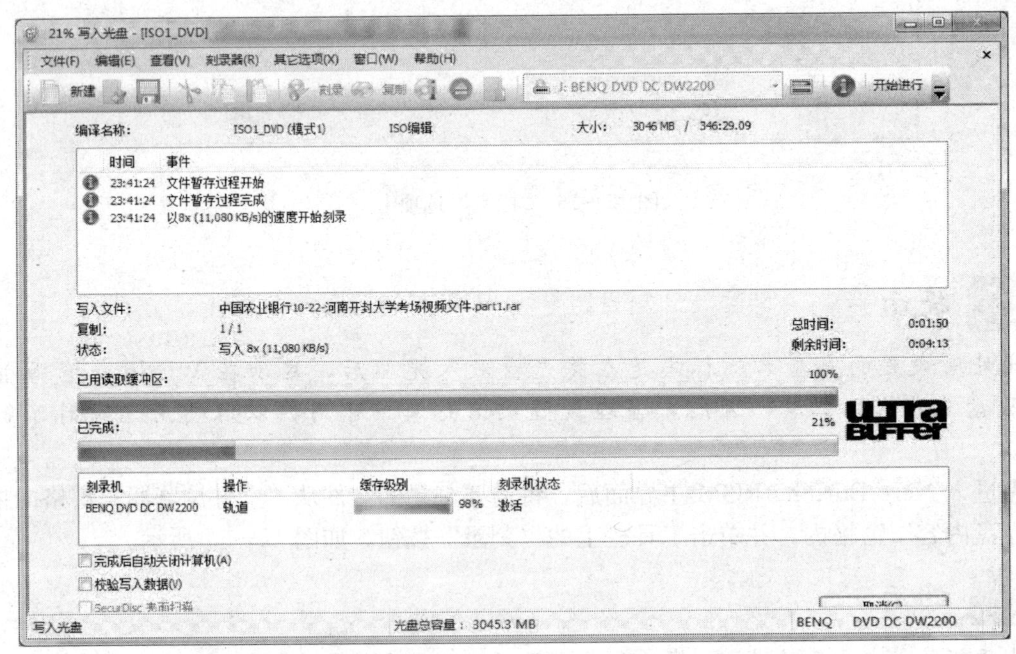

图 12—18　光盘刻录进程

❺光盘刻录完成后，弹出信息提示框（见图 12—19），在此提示框中指示出每个刻录过程开始的时间。最后单击“确定”按钮，即可返回到 Nero Burning ROM 程序主界面，完成整个刻录任务。

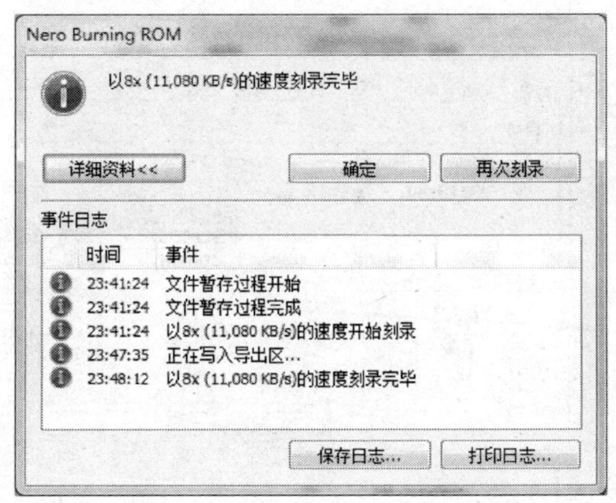


图 12—19 刻录完毕信息提示框

**2. 刻录启动光盘**

启动光盘是数据光盘的一种重要类型，其最大的特点是能够将计算机启动至某种操作系统（例如 DOS），以便用户进行系统清理、维护等操作。下面将介绍使用 Nero Burning ROM 刻录启动光盘的方法。

**操作步骤：**

❶启动 Nero Burning ROM 后，在弹出的“新编辑”对话框中将光盘介质设置为“CD”，并在其光盘类型列表内选择“CD-ROM（启动）”选项。

**提示**

单击 Windows 系统桌面中的“开始”按钮后，选择“所有程序/Nero/Nero11/Nero Burning ROM”命令，即可启动 Nero Burning ROM。

❷选择“启动”选项卡，单击其中的“浏览”按钮，并在弹出的对话框内选择可启动映像文件，如图 12—20 所示。选择“标签”选项卡，并在其中设置“光盘名称”，如图 12—21 所示。

图 12—20 “启动”选项卡

图 12—21 “标签”选项卡

## 提示

*默认情况下，Nero 在创建“CD - ROM（启动）”光盘刻录项目时会使用 Nero 自带的可启动映像文件。*

❸选择“刻录”选项卡，在其中的“操作”选区中勾选“写入”复选框，在“写入”选区中，单击“写入速度”下拉列表，从中选择合适的写入速度。之后单击“新建”按钮，如图 12—22 所示。

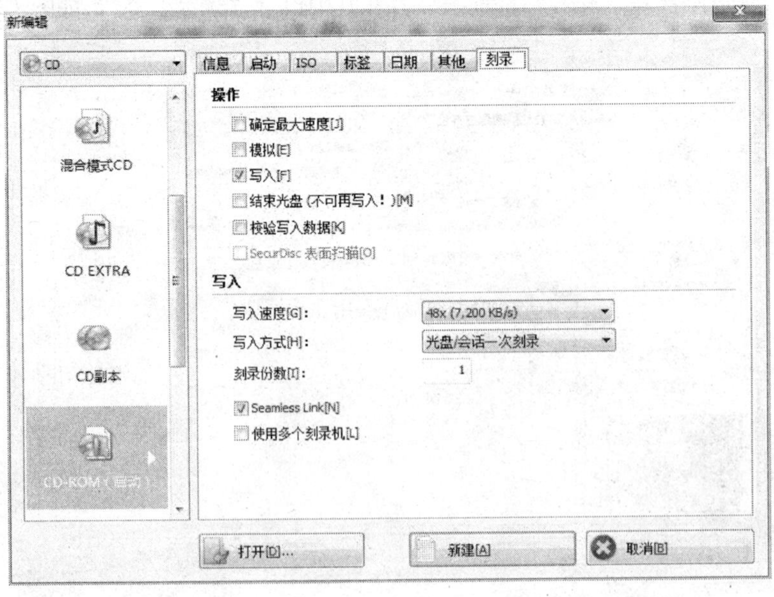


图 12—22 “刻录”选项卡

❹进入 Nero Burning ROM 主界面后，在“文件浏览器”窗格内选择要刻录到光盘中的文件或文件夹，并将其拖曳至“光盘内容”窗格内。

❺当需要刻录的内容全部添加至“光盘内容”窗格中后，将空白刻录盘放入刻录机内。单击“光盘信息”按钮，从弹出的“光盘信息”对话框中可以查看刻录光盘的信息，如图 12—23 所示。

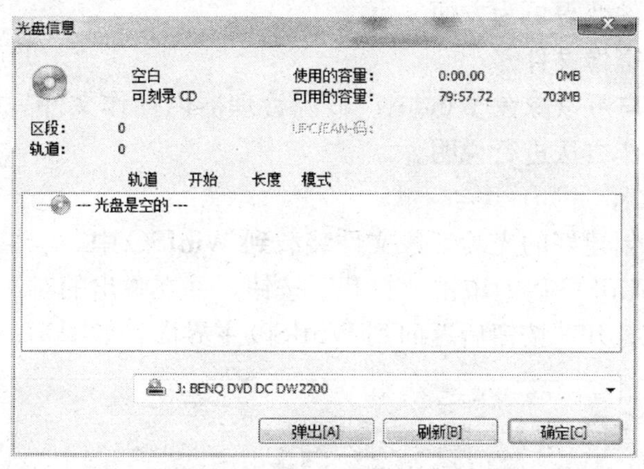


图 12—23 “光盘信息”对话框

**提示**

根据用户所刻录光盘的类型及数据量的多少，刻录所花费的时间也不一样。所刻录的数据量越多，所花的时间越长；反之，则可快速完成刻录任务。

❻单击“刻录”按钮，在弹出的“刻录编译”对话框中可直接单击“刻录”按钮，Nero Burning ROM 便开始刻录光盘（刻录光盘进程见图 12—18）。刻录完成后，在弹出的信息提示对话框内单击“确定”按钮，即可结束刻录过程。

**注意**

为了保证 Nero Burning ROM 能够正常地完成光盘刻录任务，在开始刻录前，应尽量关闭一切不必要的程序，并要避免在刻录光盘时操作计算机。

❼光盘刻录完成后，重新启动计算机，并在 BIOS 内将光驱设置为第一启动设备，以检测刚刚刻录的启动光盘能否正常启动计算机。

**提示**

如果发现刻录后的光盘无法启动计算机，除了应检查操作步骤是否有误外，检验启动映像文件的正确性也极其重要。

## 课题 59　光盘镜像编辑工具——WinISO

**学习目标：**

1. 掌握编辑现有光盘镜像文件的方法。

2. 掌握创建光盘镜像文件的方法。

WinISO 是一款优秀的光盘镜像编辑工具，可处理 ISO、BIN 等常见格式的光盘镜像文件。通过 WinISO，用户可在光盘镜像内部直接进行添加、删除、重命名、提取文件等操作，使修改光盘镜像文件变得更为方便。

## 一、编辑现有光盘镜像文件

在 WinISO 中，用户可以像在 Windows 资源管理器内操作文件一样来处理光盘镜像中的内容，下面将对其操作方法进行说明。

### 1. 装载光盘镜像文件

这一操作是把预先创建好的光盘镜像文件装载到 WinISO 中。

操作步骤：启动 WinISO 后，单击“打开”按钮，并在弹出的对话框内选择所要编辑的光盘镜像文件，单击“打开”按钮后返回到 WinISO 主界面，如图 12—24 所示。

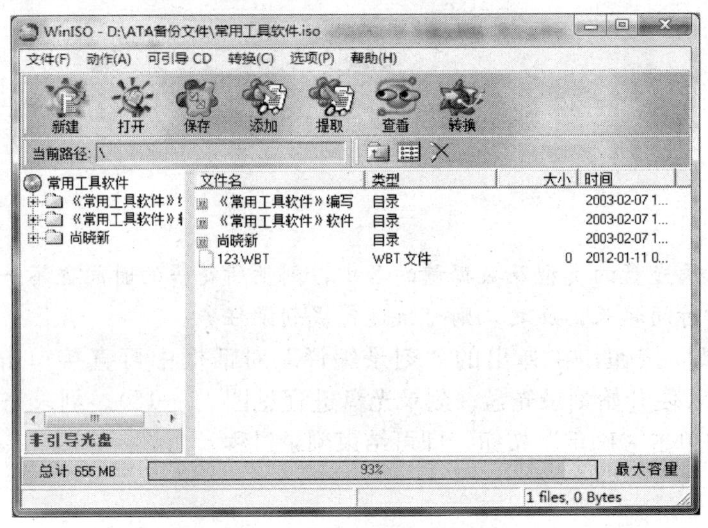


图 12—24 WinISO 主界面

 **提示**

WinISO 支持 ISO、NRG、BIN、VCD、IMG、C2D 等多种格式和类型的光盘镜像文件。

### 2. 选择“删除”命令

操作步骤：在 WinISO 主界面右侧的文件列表内用右键单击文件或文件夹，在弹出的快捷菜单中选择“删除”命令，即可从光盘镜像内删除相应文件或文件夹。

### 3. 选择“添加”命令

操作步骤：在 WinISO 主界面中，单击“添加”按钮，在弹出的对话框内选择要添加至光盘镜像内的文件后再单击“打开”按钮，即可将该文件添加到当前已经打开的镜像文件中。

### 4. 选择“保存”命令

操作步骤：完成整个编辑操作后，单击 WinISO 主界面内的“保存”按钮，WinISO 便会将修改后的结果保存至光盘镜像文件内。

**二、创建光盘镜像文件**

创建光盘镜像文件是一种很重要的应用。

**操作步骤：**

❶单击 WinISO 工具栏内的“新建”按钮后，用右键单击文件列表空白处，在弹出的快捷菜单中选择“添加文件”或“添加目录”命令，在弹出的“浏览文件夹”对话框中选择相应文件或文件夹，即可把它们添加到当前新建的镜像文件中，如图 12—25 所示。

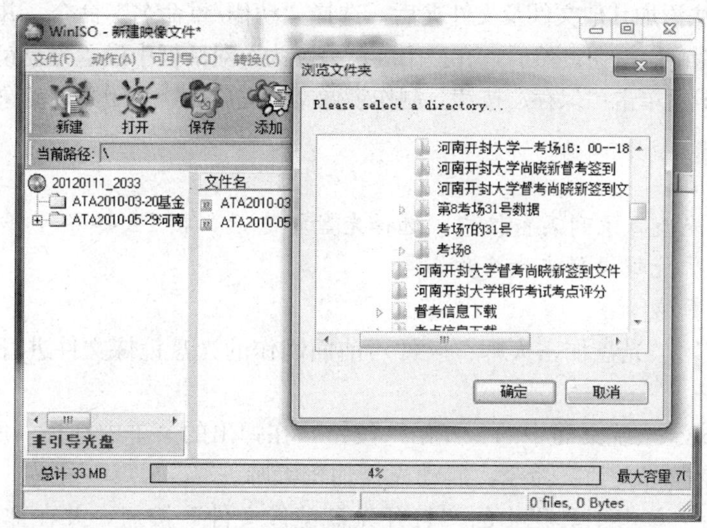


图 12—25　添加文件或文件夹

❷单击工具栏中的“保存”按钮，在弹出的“另存为”对话框内设置镜像文件的保存位置与名称后，单击“保存”按钮，WinISO 便会生成相应的镜像文件。

## 课题 60　刻录加密光盘

**学习目标：**

1. 了解制作光盘镜像的方法。
2. 掌握加密光盘镜像、刻录光盘镜像的方法。

光盘是很多用户备份数据时的首选介质，其特点是价格低廉且制作和使用都非常简便。不过，对于需要备份敏感数据的用户来说，除了要选择合适的备份方式外，防止非授权用户对备份数据的访问便成为一个必须解决的问题。在此介绍综合运行多款软件来刻录加密光盘的方法。

**一、制作光盘镜像**

要刻录加密光盘文件，首先要制作光盘镜像文件。

**操作步骤：**

❶启动 WinISO 后，单击“添加”按钮，并在弹出的“打开”对话框中选择所要刻录的文件。然后，选择“动作/添加目录”命令，在弹出的“浏览文件夹”对话框中选择所要刻录至光盘的文件夹。

**提示**

在 WinISO 主窗口中，用右键单击文件列表区域内的空白处后，在弹出的快捷菜单中选择“添加目录”命令，也可弹出用于向光盘内添加文件夹的“浏览文件夹”对话框。

❷使用相同方法添加其他文件及文件夹后，选择“动作/重命名”命令，并在为光盘设置新的名称后，单击“保存”按钮。然后，在弹出的“另存为”对话框中设置光盘镜像文件的保存位置与文件名称，完成后单击“保存”按钮。制作镜像文件完成后，关闭光盘镜像编辑工具。

**提示**

在 WinISO 的光盘目录列表窗格中，选择光盘标志后，按 F2 键即可将光盘标志调整为“改写”，从而使用户能够设置光盘名称。

**二、加密光盘镜像**

这项操作是使用“光盘加密大师”软件对前面制作的光盘镜像文件进行加密。

**操作步骤：**

❶单击 Windows 系统桌面中的“开始”按钮，在弹出的菜单中选择“所有程序/光盘加密大师 5.0.0/光盘加密大师”命令，启动光盘加密大师。

❷在其主界面中单击工具栏中的“打开光盘镜像文件”按钮，并在弹出的“打开光盘镜像文件”对话框中选择刚刚创建的 ISO 镜像文件，将其导入至光盘加密大师内，如图 12—26 所示。

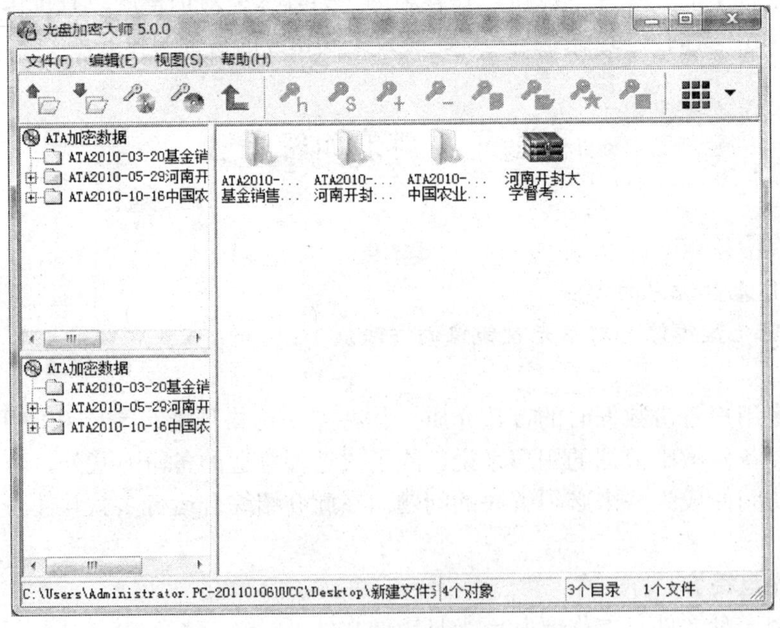


图 12—26 导入 ISO 镜像文件

**提示**

目前“光盘加密大师”只能对ISO格式的光盘镜像文件执行加密操作，因此在加密其他格式的光盘镜像时，应先使用WinISO将其转换为ISO格式的光盘镜像文件。

❸选择“编辑/全选”命令，即可选择右侧窗格中的所有文件夹及文件，单击“隐藏选定目录”按钮 ，然后选择所有文件，再单击“变为超大文件”按钮 ，如图12—27所示。

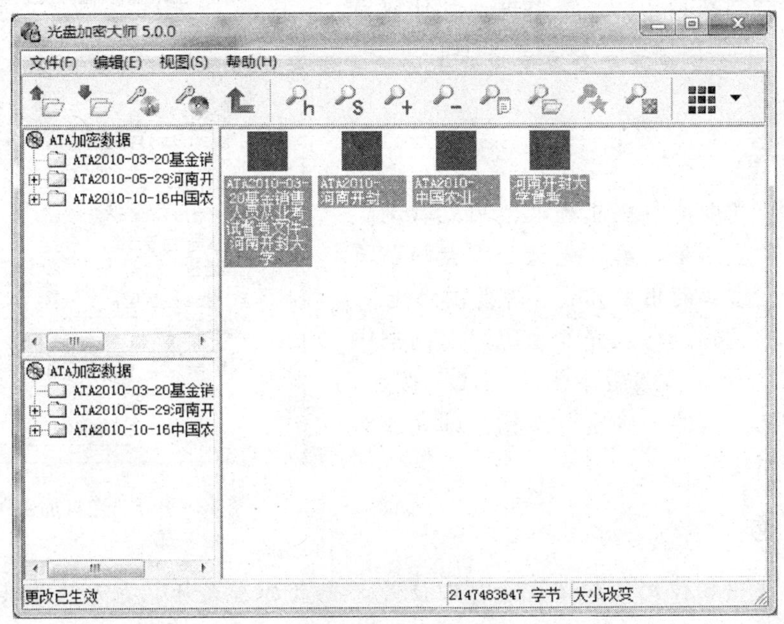


图12—27 对所选文件或文件夹进行相应编辑操作

**提示**

将文件设置为超大文件后，Windows资料管理器将显示文件容量为2 GB，这样便可防止光盘使用者复制这些文件。

❹双击某一个指定文件夹后，选择其中的所有文件，并单击“变为超大文件”按钮。然后，单击“返回上级目录”按钮 ，使用同样方法将其他指定的文件夹中的所有文件也变为超大文件。

**提示**

在“光盘文件系统”窗格中，可通过直接双击快速打开某一文件夹，在其中可直接选择某一文件选项，单击右键，在弹出的快捷菜单中也可以选择“变为超大文件”选项快速进行相应设置。

❺使用相同方法隐藏光盘内的所有文件夹，并将光盘内的所有文件设置为超大文件。

**注意**

将“光盘文件系统”窗格中的光盘内容进行隐藏目录、增大文件容量等操作后，还应对ISO9660光盘文件系统下的光盘内容进行相应设置，才能真正起到对光盘内容加密的作用。

❻单击“写入光盘密码”按钮，然后在弹出的“光盘加密”对话框中勾选“即使密码正确也禁用光盘浏览器的复制功能”复选框，并在设置光盘密码后单击“下一步”按钮，如图12—28所示。

**注意**

如果不勾选“即使密码正确也禁用光盘浏览器的复制功能”复选框，则“光盘加密大师”将对拥有光盘访问密码的用户开放文件复制功能。

❼在弹出的“确定写入光盘密码”对话框中可以对密码进行验证。然后单击“完成”按钮，并单击弹出对话框内的“确定”按钮，即完成对镜像文件的加密任务。

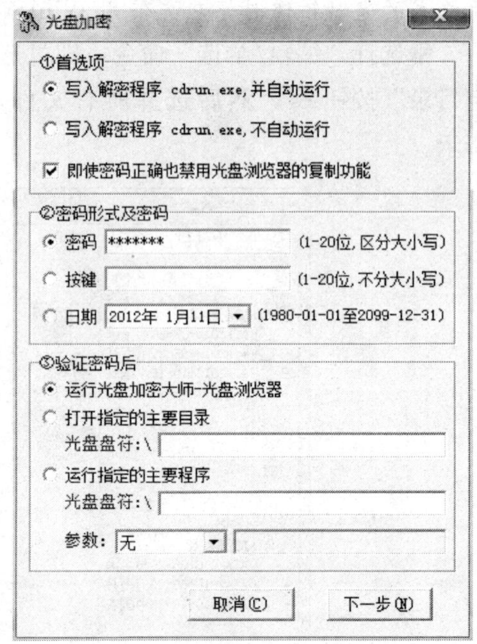


图12—28 “光盘加密”对话框

**注意**

一旦ISO光盘镜像文件加密成功，即使是“光盘加密大师”也无法将其打开，因此在加密前必须保证所有设置准确无误，否则便需要重新制作ISO光盘镜像。

**三、刻录光盘镜像**

此项操作是把加密过的镜像文件刻录成真实的光盘文件。

**操作步骤：**

❶启动Nero Burning ROM，并在关闭自动弹出的“新编辑”对话框后分别选择“新建”和“打开”命令，在弹出的“打开”对话框中选择前面加密的光盘镜像文件。

❷在弹出“刻录编译”对话框后，将空白光盘放至刻录机内，并单击该对话框中的“刻录”按钮，开始进行刻录。光盘刻录成功后，单击弹出的信息提示对话框中的“确定”按钮，即可完成本次加密光盘的刻录操作。

**提示**

由于ISO光盘镜像在制作时就已经设置好了与内容相关的各个设置，因此在刻录光盘镜像时只需对刻录参数进行调整即可。

❸将刻录后得到的光盘放入光驱，通过Windows资源管理器浏览光盘内容，即可看到光盘内除了cdrun.exe、autorun.inf以及其他大小都为2 GB的文件外，没有任何文件夹。在运行cdrun.exe并输入相应密码后，即可在弹出的“ATA加密数据”窗口内正常查看和运行光盘中的内容，如图12—29所示。

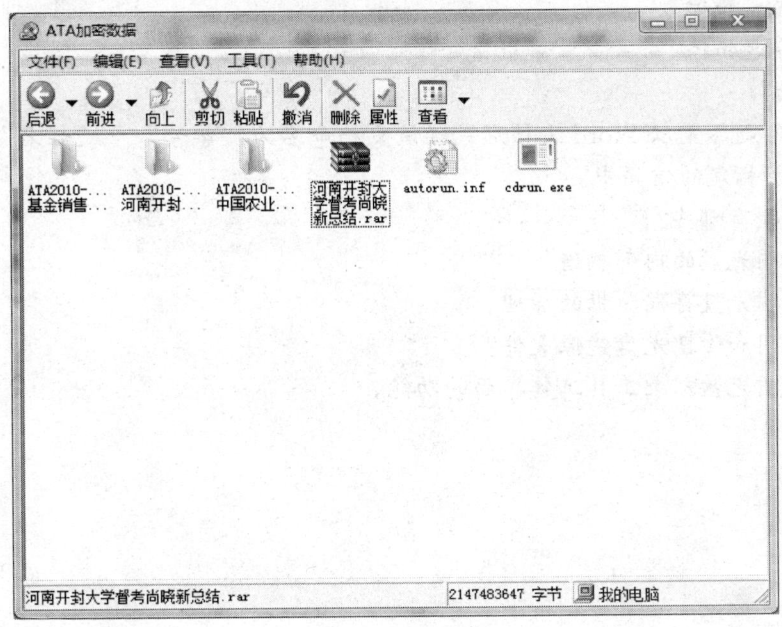


图 12—29 输入密码后打开“ATA 加密数据”窗口

**提示**

要正常浏览和使用“光盘加密大师”加密后的光盘，就必须要运行加密光盘内的光盘浏览器程序，即 cdrun.exe 文件。

## 练　　习

### 一、截图题

用截图的方式回答以下问题。要求图片均为 JPEG 格式，其命名以题号为序进行，如第 2 题中的第 3 小题，则命名为“2－3.JPEG”。将这些图片均存入以“学号”＋“姓名”命名的文件夹中，将该文件夹压缩存入作业 U 盘或发送至教师指定的信箱中。

1. 打开虚拟光碟-功能列表。
2. 在“虚拟光碟”选项卡中包括哪几个选项？
3. 在虚拟光碟中的设置包括哪些？
4. 将光盘压制为虚拟光驱镜像文件。
5. 利用硬盘数据压制虚拟光驱镜像文件。
6. 使用虚拟光驱工具加载光盘镜像、收录光盘镜像。
7. 使用虚拟光驱工具创建光盘镜像文件。
8. 使用光盘刻录工具刻录一般数据光盘。
9. 使用光盘刻录工具刻录启动光盘。
10. 使用光盘镜像编辑工具创建光盘镜像文件。
11. 制作光盘镜像。

12. 加密光盘镜像。

13. 刻录光盘镜像。

## 二、简答题

将以下简答题答案以Word文档形式（该文档命名为“学号”＋“姓名”）存入作业U盘或发送至教师指定的信箱中。

1. 光盘类型有哪些?
2. 简要说明光盘的内部构造。
3. 简要说明光盘存储数据的原理。
4. 如何使用和管理光盘镜像文件?
5. 简要说明光盘刻录工具工作界面的功能。